Gott – Bildung – Arbeit

Waxmann Verlag GmbH
Steinfurter Straße 555, 48159 Münster
info@waxmann.com

Glaube – Wertebildung – Interreligiosität
Berufsorientierte Religionspädagogik

herausgegeben von

Albert Biesinger
KIBOR – Katholisches Institut für
Berufsorientierte Religionspädagogik Tübingen

Michael Meyer-Blanck
bibor – Bonner evangelisches Institut für
berufsorientierte Religionspädagogik

Friedrich Schweitzer
EIBOR – Evangelisches Institut für
Berufsorientierte Religionspädagogik Tübingen

Band 4

Waxmann 2013
Münster/New York/München/Berlin

Albert Biesinger, Matthias Gronover,
Michael Meyer-Blanck, Andreas Obermann,
Joachim Ruopp, Friedrich Schweitzer (Hrsg.)

Gott – Bildung – Arbeit

Zukunft des Berufsschulreligionsunterrichts

Waxmann 2013
Münster/New York/München/Berlin

Bibliografische Informationen der Deutschen Nationalbibliothek
Die Deutsche Nationalbibliothek verzeichnet diese Publikation in
der Deutschen Nationalbibliografie; detaillierte bibliografische
Daten sind im Internet über http://dnb.d-nb.de abrufbar.

Glaube – Wertebildung – Interreligiosität
Berufsorientierte Religionspädagogik, Band 4

ISSN 2195-3023
ISBN 978-3-8309-2978-9

© Waxmann Verlag GmbH, 2013
Postfach 8603, 48046 Münster

www.waxmann.com
info@waxmann.com

Umschlaggestaltung: Pleßmann Design, Ascheberg
Titelbild: © Elisabeth Kühlechner, Miesbach
Satz: Sven Solterbeck, Münster

Gedruckt auf alterungsbeständigem Papier,
säurefrei gemäß ISO 9706

Inhalt

Religionsunterricht in der Pluralität

Religion, Ökonomie und Ethik

Die Zukunftsfähigkeit des BRU

Vorwort

Religionsunterricht an der Berufsschule ist spannend. Er ist voller Leben und Fragen, voller Statements und Zweifel. Er hält die Gottesfrage wach, er nimmt die beruflichen Bezüge ernst, in denen sich die Schülerinnen und Schüler bewegen, und er wird im Bewusstsein erteilt, dass er einen bedeutsamen Beitrag zur Bildung von jungen Menschen leistet.

Der Religionsunterricht an der Berufsschule hat in den vergangenen Jahren stark an Beachtung gewonnen. Auch die Behauptung, der Berufsschulreligionsunterricht (BRU) sei ein Stiefkind der Religionspädagogik oder ein nicht wahrgenommenes Fach berufsschulischer Bildungsgänge, lässt sich so nicht mehr aufrecht erhalten. Ganz im Gegenteil: Der BRU erhält mittlerweile viel Aufmerksamkeit durch religionspädagogische Forschung, vor allem auch empirische Studien. In Schule und Gesellschaft richten sich außerordentliche Erwartungen an ihn:

- Welchen Beitrag leistet der BRU für bildungsferne Jugendliche?
- Wie trägt er zur interreligiösen Verständigung in einer pluralen Gesellschaft bei?
- Wie können ethische Orientierungen durch ihn gestärkt werden?
- Wie hängen Menschsein und Religion auch in beruflichen Kontexten zusammen?

Die Buchreihe „Glaube-Wertebildung-Interreligiosität" stellt die wissenschaftliche Bearbeitung dieser Fragen berufsorientierter Religionspädagogik in den Vordergrund. Dabei wird deutlich, dass viele der genannten Fragen für die Religionspädagogik insgesamt bedeutsam sind. Allerdings ist angesichts vielfältiger gesellschaftlicher Veränderungen die Frage zu stellen, ob und wie der BRU auch künftig die an ihn gerichteten Erwartungen aufnehmen kann und wie es ihm weiterhin gelingen kann, sich auf Veränderungen einzustellen. Außerdem muss man sich fragen, welche Ressourcen der BRU der Zukunft braucht, um seinen Aufgaben gerecht zu werden.

Die in diesem Band versammelten Beiträge gehen zurück auf den Zukunftskongress zum Berufsschulreligionsunterricht „Gott-Bildung-Arbeit", der im November 2012 in Frankfurt am Main stattgefunden hat. Dieser bundesweit angelegte und ökumenisch ausgerichtete Kongress war der erste seiner Art. Erstmals kamen Religionslehrerinnen und -lehrer beider Konfessionen sowie Vertreter/innen aus Kirche, Politik und Wirtschaft aus dem ganzen Bundesgebiet zusammen. An die 300 Kolleginnen und Kollegen waren in Frankfurt versammelt. Über den wissenschaftlichen Austausch hinaus war dies ein Zeichen des Interesses und der Wertschätzung des BRU durch die Kirchen, die Bildungsverantwortlichen und die Wirtschaft.

Möglich wurde der Kongress in dieser Form insbesondere durch die Errichtung von mittlerweile drei Instituten, die die berufsorientierte Religionspädagogik in den Mittelpunkt ihrer Arbeit stellen: Das Katholische Institut für berufsorientierte Religionspädagogik (KIBOR), das Evangelische Institut für berufsorientierte Religionspädagogik (EIBOR) in Tübingen sowie das Bonner evangelische Institut für berufsorientierte Religionspädagogik (bibor). Alle drei Institute verdanken ihre Entstehung der neuen Plausibilität des BRU. Denn die Berufliche Bildung und das

Duale System haben in Deutschland – und Europa – einen hohen Stellenwert. Schon statistisch ist daran zu erinnern, dass in Deutschland eine Mehrheit der Jugendlichen bzw. jungen Erwachsenen eine berufliche Schule besucht und damit eine tendenziell ähnliche Situation besteht wie in der von allen Kindern besuchten Grundschule. Die religionspädagogische Aufgabe beim Übergang ins Erwachsenenalter und Eintritt ins Berufs- und Erwerbsleben ist kaum zu überschätzen. Das gilt auch für den Aufbau beruflicher Handlungsfähigkeit, wenngleich das gesellschaftliche Bewusstsein dafür mitunter wenig ausgeprägt scheint. Auch im schulorganisatorischen Zusammenhang bleibt der BRU leider noch häufig zurück. Für die Arbeit der Institute ergeben sich daraus spezifische Aufgaben. Das wird durch die Beiträge in diesem Band eindrücklich dokumentiert.

Die Reihe „Glaube-Wertebildung-Interreligiosität" möchte den Diskurs zur berufsorientierten Religionspädagogik stärken. Dabei sind ökumenische Weite, ein interreligiöser Horizont, das Gespräch mit der Berufspädagogik und der Bildungspolitik, die Standards empirischer Bildungsforschung sowie der Bezug zur Schulpraxis entscheidende Kennzeichen. Für diesen Band wurden Beiträge des Kongresses teils überarbeitet, teils neu formuliert. Mehrere Beiträge wurden eigens für diesen Band verfasst.

Besonderer Dank gilt den Sekretariaten der Institute sowie den wissenschaftlichen Hilfskräften, die die Fertigstellung betreut haben: Mirjam Kromer, Simon Linder, Christoph Marstaller, Christina Mennig und Daniel Trick. Zu danken ist auch den Kooperationspartnern des Zukunftskongresses: dem Zentrum für Religionspädagogische Bildungsforschung in Jena und der Philosophisch-Theologischen Hochschule in Sankt Georgen in Frankfurt, auf deren Campus der Kongress unter günstigen Bedingungen und in gastlicher Atmosphäre stattfinden konnte. Ohne die personelle und finanzielle Unterstützung der Arbeit der drei Institute (bibor, EIBOR und KIBOR) durch die jeweiligen Kirchen und durch die Ministerien in den Ländern wären weder der Zukunftskongress noch dieser Band möglich gewesen.

Anlässlich des Kongresses wurde die Frankfurter Erklärung zur Zukunftsfähigkeit des Berufsschulreligionsunterrichts verabschiedet. Diese Erklärung möchte Ergebnisse bündeln, aber auch den kritischen Diskurs anregen. Auch dieser Text findet sich in diesem Band. Er ist zugleich eine Aufforderung, auf den eingeschlagenen Arbeitswegen weiterzugehen und die Reihe bundesweiter ökumenischer BRU-Kongresse fortzusetzen.

Albert Biesinger
Matthias Gronover
Andreas Obermann
Michael Meyer-Blanck
Joachim Ruopp
Friedrich Schweitzer

Albert Biesinger und Matthias Gronover[1]

Selbstentfaltung durch Arbeit – Selbstentfaltung als Arbeit. Religionsunterricht an berufsbildenden Schulen und Arbeit

Arbeit ist ein zentraler Bezugspunkt im Leben junger Menschen in der heutigen Gesellschaft. In ihrer Wahrnehmung *ist man zu einem großen Teil dasjenige, was man arbeitet.* Dies aber nicht, weil der Verdienst im Vordergrund steht, sondern weil Jugendliche „sehr hohe Ansprüche [...] an ihre Selbstverwirklichung im beruflichen Leben [haben]. Neben der Sicherheit des Arbeitsplatzes spielt die Chance, sich in der Arbeitstätigkeit persönlich zu entfalten und kreativ und selbstbestimmt eigene Fähigkeiten und Fertigkeiten in diese Tätigkeit einzubringen, eine sehr große Rolle" (Hurrelmann, 2007, S. 103). Die Wahrnehmung der Arbeit ist zentral für den Aufbau eines Selbstkonzepts, das eine realistische Beziehung zwischen Berufsanforderungen und den Kompetenzen, die Schülerinnen und Schüler mitbringen, spiegelt. Inwieweit Selbstentfaltung durch Arbeit aus religionspädagogischer Perspektive möglich und nötig ist, soll hier diskutiert werden.

Die Entwicklungsaufgaben Jugendlicher sind vielfältig. Neben der Ablösung vom Elternhaus ist die Gestaltung von Beziehung zu Freunden und zu möglichen Lebenspartnern eine zentrale Bedeutung, die Identifikation mit einem Geschlecht ist genauso eine Entwicklungsaufgabe wie die Vorbereitung auf das Erwerbsleben und die Organisation des eigenen Lebens. In Anbetracht dieser Herausforderungen ist eine religionspädagogische Herangehensweise an das Thema Arbeit gehalten, deren sinnstiftende Dimension im Blick auf Lern- und Entwicklungsprozesse herauszuarbeiten und dabei eine Überhöhung der Arbeit gleichzeitig zu vermeiden. Dazu fragen wir zunächst sehr grundlegend nach dem, was Arbeit eigentlich ist. An diesem Punkt ist wichtig, zwischen Erwerbsarbeit und Arbeit zu unterscheiden. Letztere hat eine anthropologisch-existenzielle Bedeutung, während die Merkmale von Erwerbsarbeit wie Taktung der Zeit und Effizienzsteigerung entgrenzt und nicht mehr nur in konkreten Arbeitsverhältnissen geltend sind.

Die Dominanz, die das Thema Arbeit in den westlichen Industriegesellschaften hat, lässt den Kurzschluss zu, der Mensch sei das, was er arbeite – oder anders: Der Mensch verfolge seinen Beruf aus Berufung, und wo dies nicht geschehe, sei dies eine Defizitanzeige. Diese letztlich auch theologisch falsche Aufladung der Arbeit ist sicher ein Grund ihrer gesellschaftlichen Überhöhung. Ein anderer mag darin liegen, dass die tägliche Erwerbsarbeit, wenn ihr nachgegangen wird, nicht nur in zeitlicher Hinsicht erhebliche Lebenszeit kostet, sondern auch in leiblicher und sozialer Hinsicht ressourcenverbrauchend ist. Die Wirkungen der Arbeit erfährt man am

---

[1] Der Abschnitt „Religionsunterricht an berufsbildenden Schulen und Arbeit" wurde von Albert Biesinger verfasst, die anderen Teile von Matthias Gronover.

eigenen Leibe, ihre Energiekosten führen oft genug zu psychischen Einbußen und Leiden (Bröckling, 2007). Ihre sozialen Kosten werden nach außen bemerkbar, wenn Ehrenamt und Vereins- sowie Kirchenleben verebben, weil immer weniger Zeit und Muße dafür vorhanden ist; nach innen ist Arbeit oft von extrem spezialisierten, wenig kommunikationsförderlichen Tätigkeiten geprägt (Sennet, 2012). In zeitlicher Hinsicht bestimmt die getaktete Zeit, die effizient gestaltet sein soll, das Erwerbsleben (Höhn, 2006).

Schon diese Schlaglichter zeigen, dass der Diskurs über Arbeit nicht nur einen distinkten Bereich der gesellschaftlichen Wirklichkeit betrifft. Die Dynamik der Erwerbsarbeit greift weit über das Wirtschaftssystem hinaus und betrifft Lebensbereiche, die vormals von der Erwerbsarbeit gar nicht betroffen waren. Aus Sicht einer berufsorientierten Religionspädagogik ist vor diesem Hintergrund dringlich, diese Dynamik aufzudecken und grundlegend zu fragen, welchen Beitrag sie mit Blick auf den berufsspezifischen Kompetenzerwerb zu leisten vermag. Denn Erwerbsarbeit ist ein zentraler Bereich individueller Identitätsbildung (Keupp et al., 2008, S. 111–129). Religionspädagogisch ist also zu beleuchten, wie der Faktor Arbeit in seiner doppelten Relativität vermittelt werden kann: zum einen ist Arbeit reale Bedingung gelingender Biografie. Zum anderen ist sie eben nicht der entscheidende Faktor, der den Menschen zum Menschen macht, sondern Mittel zum Zweck. Berufsspezifischer Kompetenzerwerb, so viel ist schon hier klar, kann also nicht nur spezifisch vom Arbeits- und Berufsbild her verstanden werden, sondern schließt den biografischen und gesellschaftlichen Kontext von Arbeit und Beruf notwendig mit ein.

1.   Entgrenzung der Arbeit

Wenn das oben skizzierte Bild von Arbeit zutrifft, dann ist Arbeit nicht nur in differenzierten Teilbereichen der Gesellschaft bedeutsam, sondern sie hat normative Kraft über diese Teilbereiche hinaus: „Arbeit wird zunehmend zur Entfaltungsbedingung des sich seiner selbst bewusst werdenden Subjekts, und sie wird zunehmend zum Vektor des gesellschaftlichen Fortschritts" (Baumgartner & Korff, 1999, S. 92). Wer heute von Arbeit redet, spricht immer auch von Möglichkeiten und Grenzen subjektiver Entfaltung. Der gesellschaftliche Diskurs über Arbeit hat längst normative Kraft in anderen Teilbereichen – sei es Religion, Sport oder auch Privatheit. „In dem Maße aber, wie Erwerbsarbeit auch alle anderen gesellschaftlichen Zusammenhänge dominieren kann, werden diese in ihrem ausdifferenzierten Eigensinn beeinträchtigt – und verliert die Gesellschaft im Ganzen. Um nicht an Substanz zu verlieren, ‚braucht' sie nämlich die Leistungen aller ihrer ausdifferenzierten Sphären, seien es Politik, Kunst oder Religion" (Möhring-Hesse, 2011, S. 17).

Hier wird klar, dass eine theologische Überhöhung der Arbeit nicht angezeigt ist. Die Differenzierung zwischen Arbeit und Erwerbsarbeit ist vielmehr notwendig, um gesellschaftliche Fehlentwicklungen offenzulegen. Das schließt nicht aus, dass auch Erwerbsarbeit in einem positiven Sinn Arbeit ist. Positiv gewendet bedeutet Arbeit „zunächst Teilnahme am göttlichen Schöpfungswerk, in der die Gottebenbildlichkeit des Menschen wurzelt. Der Mensch erweist sich gerade in seiner Tätigkeit, die als Widerspiegelung der göttlichen Tätigkeit gesehen wird, als Ebenbild Gottes. Dies impliziert zugleich den Gedanken der menschlichen Arbeit als Weiterentwicklung der Schöpfung" (Nothelle-Wildfeuer, 2011, S. 136). Angewendet auf die gesellschaftliche Realisierung von Arbeit ist sie *„ein Schlüssel* und wohl der wesentliche Schlüssel in der gesamten sozialen Frage" (Papst Johannes Paul II., 1981, I.3).[2] Wenn in der Arbeit Lösungsmöglichkeiten für die soziale Frage liegen und die Bedeutung der Arbeit stetig zunimmt, ist zu fragen, inwieweit das Wachstum der Arbeit reguliert werden muss.

Die Bedingungen der Arbeit haben sich verändert. Nicht nur prekäre Arbeitsverhältnisse sind weiter verbreitet, sondern auch die Bedingungen bürgerlicher Erwerbsarbeit haben sich weiter differenziert. Vor allem Sozialformen und Zeitmanagement wirken sich auf Arbeitnehmer insofern ungünstig aus, weil notwendige Begrenzungen der Arbeit je individuell und eigenverantwortlich gesetzt werden müssen. Die Soziologie spricht von der Entgrenzung der Arbeit. Soziologische Untersuchungen zu diesem Phänomen der Entgrenzung der Arbeit zeigen, dass über die oben genannten zeitlichen, räumlichen und leiblichen Aspekte hinaus Entgrenzungen auch die Sozialformen und die Arbeitsmittel betreffen. „Entgrenzung kann dabei allgemein als sozialer Prozeß definiert werden, in dem unter bestimmten historischen Bedingungen entstandene soziale Strukturen der regulierenden Begrenzung von sozialen Vorgängen ganz oder partiell erodieren bzw. bewußt aufgelöst werden. Folge ist zumindest vorübergehend eine Phase der Öffnung gesellschaftlicher Möglichkeiten mit neuen Chancen und Risiken für Betroffene. Deren soziale Verteilung ist jedoch in der Regel ungleich, so daß meist Gruppen von ,Gewinnern' und ,Verlierern' entstehen. Eine solche Entgrenzung gesellschaftlicher Strukturen vollzieht sich in verschiedenen sozialen Dimensionen: Zeit, Raum, eingesetzte Technik, Sozialorganisation, Tätigkeitsinhalt, Motivation und Sinn usw." (Voß, 1998, S. 474). Diese Sozialdimensionen hat Günter Voß auf Entgrenzungsphänomene hin untersucht. Dabei unterschied er zwischen Entgrenzungen in der Erwerbsarbeit und solchen im Bereich von „Arbeit und Leben". Für unseren Zusammenhang sind die Sozialdimensionen von „Sozialorganisation" und „Sinn/Motivation" interessant, weil in ihnen eine Nähe zu Themen des Religionsunterrichts vermutet werden kann.

Die Entgrenzung bei der Sozialorganisation sieht Voß horizontal im Bereich der Erwerbsarbeit wie vertikal durch die vermehrte Implementierung von Team- und Gruppenarbeiten sowie abgeflachten Hierarchien gegeben. Im Bereich des Zusammenhangs von Arbeit und Leben sieht er die Entgrenzung in der „wachsende[n] Rolle diffuser Sozialformen und -normen zwischen Arbeit und Privatleben (zum Beispiel bei dienstlichen Sozial-Events, der Aufwertung persönlicher Kontakte in der Arbeit, bei der Nutzung privater Beziehungen für berufliche Zwecke, bei der Kontaktpflege usw.)" (ebd., S. 480). Die Entgrenzung in der Sozialdimension „Sinn/Motivation"

---

2   Zur sozialethischen Einordnung dieser Enzyklika vgl. Große Kracht, H.-J. (2010). Der Mensch – ein arbeitendes Wesen? Theologisch-soziale ethische Anmerkungen zur Bedeutung menschlicher Arbeit modernen Gesellschaften. In A. Biesinger & J. Schmidt (Hrsg.), *Ora et labora. Eine Theologie der Arbeit* (S. 185–200). Ostfildern: Matthias-Grünewald-Verlag.

sieht er im Bereich der Erwerbsarbeit durch die Verpflichtung zur Selbstmotivation und zur eigenen Sinnsetzung; im Bereich „Arbeit und Leben" sieht er die Tendenz zur „Durchmischung von Arbeits-und Lebensmotivationen. Arbeit als aufgewertete Lebenssphäre, Privatheit als verstärkt beruflich zu nutzender Bereich und ‚Arbeit'" (ebd., S. 480). Gerade dieser letzte Punkt ist im Zusammenhang mit den gesellschaftlichen Bedingungen von Burn-Out und Depression breit erforscht und diskutiert.[3]

Der gesellschaftliche Diskurs über Arbeit hebt ihre Bedeutung als Existenzgrundlage hervor – Arbeitslosigkeit und Arbeitsunfähigkeit stellen nicht nur eine Bedrohung eines Alltagssegmentes dar, sondern haben Auswirkungen auf die konkreten Entfaltungsmöglichkeiten eines Menschen –, betont aber auch deren sinnstiftende Funktion. Gerade dieser Aspekt wurde theologisch reflektiert. Ansgar Kreutzer stellt im gesellschaftlichen Diskurs über Arbeit eine Identifizierung von Arbeit und Religion fest, weil die gesellschaftliche Bewertung der Arbeit (und gemeint ist hier in erster Linie die Lohnarbeit im kapitalistisch verfassten Wirtschaftssystem) ihren realen Wert übersteige. Der Diskurs über Arbeit sei metaphorisch geprägt und dadurch auf seine eigene Überschreitung hin ausgelegt. Dies sei zu vergleichen mit dem theologischen Diskurs über Gott (Kreutzer, 2011, S. 177–186). Von dieser Parallele her differenziert Kreutzer drei „Entgrenzungen" im gesellschaftlichen Diskurs über Arbeit: erstens eine semantische Entgrenzung der Arbeit, indem diese ähnlich dem Sport in eine Nähe zur Religion gebracht werde; zweitens eine existenzielle Entgrenzung, weil Arbeit realiter menschliche Ressourcen brauche und verbrauche; und drittens stellt Kreutzer fest, dass Arbeit „*soziologisch betrachtet grundsätzlich Funktionen* übernimmt, *die in der Gesellschaft traditionell der Religion zugeschrieben wurden* (Sinnstiftung, Kontingenzbewältigung)" (ebd., S. 178). Entgrenzungen machen nach Kreutzer Begrenzungen nötig: (1) Eine Arbeitsmoral, die sich als output-orientiert und leistungsbezogen versteht, fordert die christliche Rechtfertigungslehre heraus. Er warnt vor der Definitionsmacht der Wirtschaft und der Dynamik, der Mensch sei die Summe seiner Leistungen. Kreutzer betont: die Anerkennung des Menschen durch Gott geschehe vor jeder Leistung durch den Menschen (ebd., S. 183). (2) Die alles durchdringende Dynamik der Erwerbsarbeit benötige das Korrektiv der Muße, also alltäglicher Inseln der Ruhe, die Lebenskraft spenden und „nicht zuletzt in eine ‚prophetische Haltung', die nicht bei selbstgenügsamer Frömmigkeit verharrt, sondern in eine Kritik ungerechter und pathologischer gesellschaftlicher Zustände umschlägt" (ebd., S. 185). (3) Wird Arbeit funktional mit Religion gleichgesetzt, ohne diese Gleichsetzung kenntlich zu machen, dann muss seitens der Wissenschaft (insbesondere der Soziologie und Theologie) Ideologiekritik geübt werden. Arbeit solle dem Leben dienen, also ein Mittel für ein erfülltes Leben sein, sei aber nicht schon dessen Zweck (ebd., S. 185–186).

Der gesellschaftliche Diskurs über Arbeit bewegt sich im Spannungsfeld der Aspekte „Mitwirkung an der Schöpfung Gottes", „Entgrenzung der Arbeit" und

---

3   Zur breiteren Kontextuierung vgl. Bröckling, U., Krassmann, S. & Lemke, T. (Hrsg.) (2000). *Gouvernementalität der Gegenwart. Studien zur Ökonomisierung des Sozialen*. Frankfurt a.M.: Suhrkamp; Han, B.-C. (2012). *Müdigkeitsgesellschaft*. Berlin: Matthes & Seitz; Ehrenberg, A. (2011). *Das Unbehagen in der Gesellschaft*. Berlin: Suhrkamp.

„Überhöhung der Arbeit". Natürlich ist dem auch die Schule ausgesetzt. Gerade der Religionsunterricht an berufsbildenden Schulen steht vor der Herausforderung, in diesem Kraftfeld bei den Schülerinnen und Schülern eine Sensibilität auszubilden, die Entfaltungsmöglichkeiten in Beruf und Erwerbsarbeit erkennen lässt. Es kommt darauf an, Arbeit als eine Möglichkeit der Selbstentfaltung zu entdecken – und es kommt darauf an, Arbeit daran zu bemessen, inwieweit sie Selbstentfaltung zulässt.

2.   Selbstentfaltung durch Arbeit – Selbstentfaltung als Arbeit

Man kann den Befund der Entgrenzung der Arbeit als Signum der Postmoderne begreifen. Dann betreffen Entgrenzungsphänomene nicht nur das Wirtschaftssystem (Luhmann, 1988), sondern auch andere Bereiche wie beispielsweise auch die individuelle Psyche. Die *Möglichkeit* der Selbstentfaltung kann so als *Imperativ* der Selbstentfaltung wahrgenommen werden. Ein Phänomen wie das der Entgrenzung, das viele Teilbereiche der Gesellschaft betrifft, kann mit Blick auf Chancen und Grenzen von Jugendlichen umso weniger beurteilt werden.

In der philosophischen Reflexion der Postmoderne schlägt sich dies entsprechend deutlich nieder: „Der Preis, den das auf sich selbst bezogene postmoderne Subjekt für seine Bindungs- und Ortlosigkeit aufzubringen hat, ist seine Indifferenz gegenüber Anderen und Anderem, aber auch und vor allem gegenüber sich selbst. Das philosophische Postmodernedenken setzt bei dieser Indifferenz an, indem es *Differenz* überhaupt als *gleich-gültige* auslegt. Das Verständnis von Indifferenz *als* gleichgültige Differenz beansprucht nichts geringeres als dies, sich philosophischen Letztbegründungsansprüchen und damit eines sinnstiftenden einheitlichen Grundes zu entziehen und dadurch das Projekt der Moderne schlussendlich zu vollenden" (Hanzig-Bätzing, 2000, S. 285). Die philosophische Analyse ergibt, dass eine entscheidende Bedingung gelingenden Lebens die individuelle Offenheit zur Begegnung mit anderen Menschen und dem Fremden ist. Erst durch die Begegnung könne Identitätsarbeit überhaupt stattfinden. Identität werde so zur Funktion der Wahrnehmung der eigenen irreduziblen Selbstbezüglichkeit (ebd., S. 299). Selbstentfaltung hinge demnach von dialogischen Begegnungen ab. Für eine berufsorientierte Religionspädagogisch ergibt sich daraus die Aufgabe, religiös konnotierte Begegnungsräume mit klarem Berufsbezug zu schaffen. Dies umso mehr, als religiöse Erziehungs- und Bildungsprozesse immer sowohl sozial-gesellschaftlich als auch anthropologisch-koexistenziell imprägniert sind. Die Entfaltung des Menschen durch Arbeit wird dann in religionspädagogischer Perspektive vor allem durch die Reflexion von Erfahrungen mit Arbeit geprägt sein. Selbstentfaltung entspringt dieser Reflexion, so dass sie sich „im Wechselspiel von Selbstbezug und Selbstentzug, in der Differenz von Eigenem und Fremdem" herausbildet (Brinkmann, 2012, S. 199).

Aber was heißt „Arbeit" in diesem grundlegend anthropologischen Zusammenhang? Der Philosoph Eugen Fink hat Arbeit als leibliche Notwendigkeit bestimmt. Als

Grundvollzug menschlichen Daseins ist Arbeit ein Ko-Existential neben Herrschaft/ Konflikt, Eros/Sexualität, Tod und Spiel. Dabei werden diese Ko-Existentialien von Fink nicht nur in einem anthropologischen Interesse in den Blick genommen, sondern immer auch in ihrer sozialen und – Fink war Erziehungswissenschaftler und Bildungstheoretiker – erziehungswissenschaftlichen Bedeutung.

Arbeit ist nach Finks Analyse ein grundlegendes menschliches Phänomen, das einen performativen Charakter hat. Durch Arbeit kommt der Mensch zu sich selbst. Er kann gar nicht anders, als sich arbeitend zu erhalten und die Kontingenz seiner Umwelt so abzufedern. „Die ‚natürlichen Bedürfnisse‘ seines leibsinnlichen Lebens sind sinnhaft aufgehellt, tragen eine tiefe, symbolische Bedeutsamkeit in sich; sie sind Weisen eines magisch verstehenden Umgangs mit den Elementen, ‚Einverleibungen der Erde‘, eine Kommunion des ausgesetzten Geschöpfs mit dem mütterlichen Grund, dem es nie entrinnen, nie entgehen kann, dem es mit jedem Bissen, mit jedem Trunk anheimfällt" (Fink, 1979, S. 233–234). Finks Analyse versteht den Leib als notwendige Voraussetzung der Arbeit. Dies hat Konsequenzen für das Verständnis von Arbeit selbst, wie es aus der phänomenologischen Perspektive hervorgeht. Zum einen ist Arbeit immer konkret, weil sie immer rückgebunden ist an den eigenen Leib. In diesem Sinne ist sie auch geschichtlich und nicht zu verwechseln mit dem schöpferischen Handeln Gottes. Sie ist immer rückgebunden an die konkrete Umwelt und Gesellschaft, in Finks Worten rückgebunden an eine „uns umgebende und auch uns selber einnehmende und durchstimmende Natur" (ebd., S. 236). Diese konkrete Verortung der Arbeit bringt mit sich, dass auch in phänomenologischer Perspektive Arbeit immer auch die Arbeit der Anderen meint. „Die Arbeit steckt in den Dingen selber, hat sich in ihnen niedergeschlagen, ‚objektiviert‘. […] Die Ausgangs-Dinge für unsere ‚Arbeit‘ sind selber schon Arbeitsprodukte, verweisen auf frühere geschichtliche Lagen, sind Resultate einer geringer entwickelten ‚Technik‘" (ebd., S. 241). Dieser überindividuelle Seinszusammenhang der Arbeit wird so zum Schicksalszusammenhang der Menschen, indem sie bleibend verwiesen auf die Arbeit der anderen existieren. Zugleich können sich die Menschen gestalterisch zu dieser Geschichte verhalten, weil sie frei sind. Der Umgang des Menschen mit seiner Umwelt geschieht nicht distanzlos wie bei Tieren, sondern in Freiheit. Der Mensch „umstellt sich immer mehr mit Gebilden, die er ins Dasein rief, durch seine Freiheit ins Bestehen herbeizwang" (ebd., S. 243). Letztlich kommt der Mensch in der Arbeit zu sich selbst.

Bei Fink wird deutlich, dass Arbeit gar nicht anders verstanden werden kann als in ihrer sozialen und damit gesellschaftlichen Verwiesenheit. In ihr kommt die „Verwiesenheit, Ambivalenz und Gebrochenheit menschlicher Praxis" (Brinkmann, 2012, S. 207) zum Vorschein. Es ist gerade Finks Bestimmung von Arbeit als Grundphänomen menschlichen Daseins, die aufzeigt, dass Arbeit immer in größeren Verweisungszusammenhängen gesehen werden muss. Sie ist zwar notwendig, um die Kontingenz der menschlichen Umwelt bewältigen zu können; zugleich aber ist sie als Produkt menschlichen Handelns an die Freiheit des Menschen geknüpft. Arbeit entspringt zwar immer der leibseelischen Erkenntnis, etwas tun zu müssen; zugleich aber ist sie Ausdruck planerischen Handelns in die eigene Zukunft hinein. Arbeit entspringt zwar der menschlichen Anlage, seiner Innerlichkeit Ausdruck zu verleihen; zugleich aber knüpft sie immer an vorgängige Kulturen und Äußerlichkeiten an.

Insofern Arbeit also als Mittel zur Selbstentfaltung verstanden werden kann und insofern diese Selbstentfaltung geknüpft ist an ein bestimmtes Weltverhältnis – also eine immanente Begegnungsstruktur mit der eigenen Umwelt – geht es nicht erst im Nachklapp dazu immer auch um die Gottesbeziehung. Vielmehr wird aus dem bisher Gezeigten deutlich, dass ein grundsätzliches Verständnis von Arbeit aus sich heraus nach theologischen Implikationen fragen muss. *„Arbeit ist zwar zunächst eine Notwendigkeit, die zum menschlichen Leben gehört. Als menschliches Handeln aber steht sie wie die Schöpfung als ganze immer schon in einem Bezug zum Schöpfer"* (Lehmann, 2010, S. 21). Eine Theologie der Arbeit müsse, so Karl Lehmann, drei Aspekte zentral hervorheben: Erstens den Aspekt der Arbeit als Mitarbeit an der Schöpfung Gottes, zweitens den Aspekt der Mühsal der Arbeit und drittens das Wechselspiel von Arbeit und Muße (ebd., S. 31). Selbstentfaltung durch Arbeit gewinnt so auch theologisch ein aktives und ein passives Moment. Arbeit in der Gottesbeziehung ist dann immer auch Arbeit an der Gottesbeziehung.

3. Religionsunterricht an berufsbildenden Schulen und Arbeit

Wir Menschen sind durch „Ko-Existentialien" grundsätzlich wissenschaftlich beschreibbar und bestimmbar. Eugen Fink hat das Ko-Existential „Arbeit" definiert als Auseinandersetzung mit der Welt zur Schaffung künstlicher Produkte: „Was als Herrentum des Menschen über die Dinge aussieht, hat zugleich noch eine geheime, untergründige Seite: der Mensch verliert sich in die Gebilde, die er schafft – er gibt sein Leben, seine Mühe, seinen planenden Gedanken in die Arbeit hinein und *vergegenständlicht* sich in seinen Werken [...]" (Fink, 1979, S. 245). Diese Definition lässt sich selbstverständlich erweitern. Allerdings ist es ohne Frage von entscheidender Bedeutung, ob Arbeit im Blick auf das Menschsein so grundlegend ist, dass man den Menschen ohne „Arbeit" in seiner lebensbiographischen Perspektive gar nicht denken und beschreiben kann.

Das ko-existentiale Spiel ist das Gegenteil von Arbeit. Allerdings sind alle fünf Ko-Existentialien Finks ja auch von vornherein kohärent und nicht gegeneinander ausspielbar. Für den Blick auf den Religionsunterricht ist entscheidend, zwischen Arbeit und Erwerbsarbeit zu unterscheiden. Selbstverständlich existiert der Mensch auch, wenn er nicht für den Erwerb von Geld und Gütern arbeitet oder nicht mehr arbeiten kann oder durch Arbeitslosigkeit keiner Erwerbsarbeit nachgehen kann. Ein Kleinkind „arbeitet" nicht in diesem Sinne und ein in der Demenz zu pflegender Mensch „arbeitet" auch nicht zur Schaffung von Vermögen.

Lebensbiographisch aber gehört es zum Menschen, auch zur Würde des Menschen, dass er eigenständig und selbständig arbeiten kann, dass er etwas hervorbringt: Güter, Ideen, Material, Dienstleistungen, Innovation, Fürsorge, Pflege u. a.

Umso mehr stellt sich jetzt die Frage, ob und wie sich die Sozial- und Sinndimensionen der Arbeit für diejenigen Menschen, die sich als „in-existent in der Gottesbeziehung" interpretieren, erschließen können (Schreijäck, 1989). Für glaubende Menschen ist – zumindest aus christlicher Perspektive – die Auseinandersetzung mit der Welt gleichzeitig auch Auseinandersetzung mit der von Gott geschaffenen Welt, Auseinandersetzung mit der Schöpfung also. Insgesamt ist demnach eine mechanistische Abspaltung im Blick auf einzelne Wirklichkeitsbereiche schöpfungstheologisch undenkbar. Immerhin ist Gott von den grundlegenden Vollzügen des Menschen nur dann ausgrenzbar, wenn man von einer Abspaltung und Trennung zwischen ihm als dem Schöpfer der Wirklichkeit und der konkreten Wirklichkeit ausgeht.

Wenn man auf das Bild schaut, das Jugendliche von der Arbeit zeichnen, werden drei Aspekte deutlich: Erstens erscheint Jugendlichen Arbeit als Mühsal: „Als Arbeit gilt bei den Jugendlichen, die sich in der Regel auf einen Beruf in einer Werkstatt oder in der Fertigung eingestellt haben, eine Tätigkeit, bei der ‚man schmutzig wird' oder die ‚anstrengend ist'" (Schmidt, 2010, S. 250). Zweitens sind der Lohn der Arbeit und ein festes Arbeitsverhältnis prägend für dieses Bild der Jugendlichen. Drittens ist es Jugendlichen wichtig, wenn auch implizit, dass Arbeit Beziehungsgeschehen ist. Betriebe sind hierarchisch organisiert, man arbeitet, um Kundenwünsche zu erfüllen. Diese drei Aspekte dürften sich auch bei areligiösen Jugendlichen wiederfinden. Sie bieten Anschlussmöglichkeiten für religionsdidaktische Konkretionen.

Interessant an dieser Kategorisierung ist, dass Jugendliche nicht nur Elemente der Arbeit benennen, wie sie uns schon in der akademischen Diskussion der Arbeit begegnet sind (Mühsal). Es ist bemerkenswert, dass die Jugendlichen Arbeit nicht isoliert mit Blick auf einen bestimmten Betrieb verstehen, sondern folgende Kontextuierung vornehmen: Arbeit geschieht in Beziehungen, es müssen Wünsche erfüllt bzw. Aufträge ausgeführt werden. Diese Beziehungsdimension ist in den jugendlichen Äußerungen implizit vorhanden, was im Umkehrschluss heißt, diese ausdrücklich machen zu müssen. „Jugendliche verknüpfen Selbstwertgefühl und Sinn des Lebens durchaus mit Arbeit – allerdings vor allem in materieller Hinsicht. An dieses Grundgefühl anknüpfend sollten in der Behandlung des Themas Arbeit weitere Aspekte zutage gefördert werden, die bei den Jugendlichen durchaus vorhanden, aber teilweise nur schwach bewusst sind, wie beispielsweise der Wunsch, durch die Arbeit einen ‚Platz in der Welt zu finden' und ‚Spuren zu hinterlassen'" (ebd., S. 254). Gerade mit Blick auf Jugendliche im Übergangssystem wird dabei zu betonen sein, dass Arbeit im Sinne der aufgezeigten wissenschaftlichen Analyse nicht aufgeht in der Erwerbsarbeit, sondern eine grundlegende Dimension des Menschseins überhaupt ist.

In diesem Verständnis ist Arbeit als „Mit-Arbeit an der Schöpfung Gottes" zu verstehen und religionsdidaktisch fruchtbar zu machen. Diese Grundidee ist nicht neu. Sie ist allerdings weiter zu buchstabieren angesichts ganz neuer Arbeitsformen und globalisierter Arbeitszusammenhänge. Das Christentum hatte es in einer bäuerlichen Struktur und Mentalität im Blick auf Inkulturation leicht. Aussaat und Ernte waren in den kirchlichen Jahreskreis integriert. Das Erntedankfest war in der bäuerlichen Kultur ein großes Ereignis und ein Tag der Gottesbeziehung. Man könnte heute auf einen Erntedankaltar natürlich auch eine CD oder einen Stick oder ein iPad legen. Immerhin sind das für viele Menschen die Arbeitswerkzeuge, mit denen sie ihren Lebensunterhalt eigenständig verdienen können.

Mit-Arbeit an der Schöpfung heißt auch, die Geheimnisse der Schöpfung auf der Makro- und Mikroebene bis hin in den Nano-Bereich Schritt für Schritt immer besser zu verstehen. Arbeit ist also auch Erkundung der Geheimnisse der Schöpfung, die uns – vermutlich – nur noch in unwesentlichen Schritten zugänglich und verstehbar sind. Die sich derzeit jagenden Erkenntnisse im Blick auf das Universum oder auf noch andere Universen belegen dies.

Gerade das Verweilen an den kleinen Dingen des Alltags aber ist lebensbedeutsam. Auch die Mitarbeit an der Schöpfung – durch Erwerbsarbeit oder andere alltägliche Verrichtungen, letztlich durch das eigene Dasein – verlangt nach Muße und Ruhe. Gerade diese Pausen im Alltag lassen Hoffnung und Zuversicht gedeihen. „Jedes Unterrichtsgespräch, das sich intensiv genug in das Thema hineinbohrt, mündet unweigerlich in diesem Horizont. Hier stehen Optionen zur Wahl, die niemanden unberührt lassen und von der Entscheidung dispensieren. Gerade junge Menschen spüren das, da sie am Anfang eines zu gestaltenden Lebens stehen" (Jungnitsch, 2010, S. 203).

Die Betonung von Ruhe und Muße wirkt auch der in diesem Artikel anfangs betonten Entgrenzung der Arbeit entgegen. Eine Mystifizierung der Arbeit würde den entgrenzten Diskurs über Arbeit nur noch unterstützen, wonach jemand die Summe dessen ist, was er geleistet hat. Es ist vor allem eine ehrfurchtsvolle Selbstbeschränkung nötig, die es möglich macht, die Bedeutsamkeit der Arbeit maßvoll beurteilen zu können. Insofern Arbeit immer geschichtlich konkret ist, ist sie auch von Menschen verantwortet. Es gehört zur Selbstentfaltung des Menschen zu arbeiten und es gehört zu dieser Entfaltung, Arbeit auf sich selbst zurückzubeziehen und Verantwortung für die eigene Arbeit zu übernehmen. Religionsdidaktisch würde dies heißen, die speziellen ethischen Herausforderungen von Arbeit und Erwerbsarbeit verstärkt zu beachten. Alfons Auer hat schon 1966 in seinem Band „Christsein im Beruf" die Fragestellungen einer „immanenten Berufsethik" und der „christlichen Integrierung der immanenten Berufsethik" (Auer, 1966, S. 197–229) erarbeitet. Schöpfungsmysterium, Sündenmysterium, Christenmysterium sowie Ethos und Spiritualität des Berufes sind in einem eigenen Kapitel (ebd., S. 251–307) auf dem damaligen Diskussionsstand präzise erarbeitet.

4. Schluss

Mit Blick auf die Struktur der menschlichen Arbeit wurde deutlich, dass sie ein Grundphänomen menschlichen Daseins ist und nur in ihrer doppelten Relativität angemessen zu verstehen ist. Arbeit ist notwendig in Bezug auf den Umgang des Menschen mit der Welt und zum anderen immer auch Widerfahrnis, weil Arbeit immer dort ansetzt, wo andere aufgehört haben zu arbeiten. Mit Blick auf die bildungstheoretische Weiterführung beruflicher Bildung muss klar zwischen Erwerbsarbeit und Arbeit unterschieden werden. Selbstentfaltung durch Arbeit geschieht vor allem dort, wo menschliches Handeln reflexiv wird. Religionsdidaktisch sind vor diesem Hintergrund Modelle zu präferieren, die Handlungen ins Gespräch bringen. So kann auch deutlich werden, *in welchem Maße* der gesellschaftliche Diskurs über Arbeit entgrenzt ist.

Gerade wenn man die Koordinaten nicht nur empirisch reduziert und im Blick auf das Sichtbare eingrenzt, sondern den Menschen – wie Karl Rahner zu Recht formuliert – eben auch als ein Wesen der Freiheit, als Wesen der Transzendenz versteht, kommt man zu einer „Unterbrechung des Üblichen" (Johann Baptist Metz) und damit auch zu einer Weite des Denkens, das über die konkreten Produktionsverhältnisse hinaus reicht. Das sollte jedenfalls Ziel im Religionsunterricht sein.

Berufliche Bildung bedarf des Erwerbs konkreter Kompetenzen. Wer Flugzeugmotoren oder Bremsen für Lastkraftwagen baut, muss präzise Kompetenz haben. Gerade auch die Theologie muss unter den Anforderungskategorien Verantwortungsbewusstsein, Solidarität, Schutz des Lebens einfordern, dass diese Motoren so funktionieren, dass Menschen nicht gefährdet werden und dass die Bremsen von Lastkraftwagen so funktionieren, dass keine Unfälle entstehen. Ein Teilaspekt dieser zu erwerbenden berufsspezifischen Kompetenz stört dann sicherlich die gängigen Kompetenzraster: „Vielleicht ist jedoch der *homo faber* sogar nur Nachzügler der technischen Intelligenz, wie sie sich in erstaunlicher Baukunst von Vögeln, Bienen, Bibern, Ameisen und Termiten offenbart. Vielleicht hat der Mensch geträumt, bevor er die Arbeit erfand. Träume jedoch scheinen auch im Schlaf von Tieren zu sein. Aber nicht der Versuch, Träume ins Wachsein zu befördern" (Blüm, 2006, S. 120).

Selbstentfaltung wurde weiter oben bestimmt als die Differenz zwischen Selbstbezüglichkeit und Selbstentzug. Der provokanteste Anstoß, den eine Religionsdidaktik im berufsbildenden Bereich zum Thema Arbeit geben kann, besteht wohl in der Betonung des menschlichen Traums. In ihm werden die gesellschaftlichen Dispositive neu konfiguriert, Konstellationen, die uns notwendig erscheinen, werden in neue Beziehungen zueinander gebracht – Arbeit wird im Traum herausgelöst aus scheinbar zwingenden sozialen Strukturen. Jugendliche haben für solche Neuordnungsprozesse ein gut ausgeprägtes Sensorium, das es religionsdidaktisch zu nutzen gilt.

Literatur

Auer, A. (1966). *Christsein im Beruf. Grundsätzliches und Geschichtliches zum christlichen Berufsethos*. Düsseldorf: Patmos.

Auer, A. (1984). *Umweltethik. Ein theologischer Beitrag zur ökologischen Diskussion*. Düsseldorf: Patmos.

Baumgartner, A. & Korff, W. (1999). Wandlungen in der Begründung und Bewertung von Arbeit. In W. Korff (Hrsg.), *Handbuch der Wirtschaftsethik* (1. Band) (S. 88–99). Gütersloh: Gütersloher Verlagshaus.

Blüm, N. (2006). Die Moderne als Grenzbeseitigung. Über Ideologien der Arbeit, Technik und Selbstherrlichkeit. *Die neue Ordnung 60*(2), 111–122.

Brinkmann, M. (2012). *Pädagogische Übung. Praxis und Theorie einer elementaren Lernform*. Paderborn: Schöningh.

Bröckling, U. (2007). *Das unternehmerische Selbst. Soziologie einer Subjektivierungsform.* Frankfurt a.M.: Suhrkamp.

Bröckling, U., Krassmann, S. & Lemke, T. (Hrsg.) (2000). *Gouvernementalität der Gegenwart. Studien zur Ökonomisierung des Sozialen.* Frankfurt a.M.: Suhrkamp.

Ehrenberg, A. (2011). *Das Unbehagen in der Gesellschaft.* Berlin: Suhrkamp.

Fink, E. (1979). *Grundphänomene des menschlichen Daseins* (E. Schütz & F.-A. Schwarz, Hrsg.). Freiburg i.Br.: Alber.

Große Kracht, H.-J. (2010). Der Mensch – ein arbeitendes Wesen? Theologisch-soziale ethische Anmerkungen zur Bedeutung menschlicher Arbeit modernen Gesellschaften. In A. Biesinger & J. Schmidt (Hrsg.), *Ora et labora. Eine Theologie der Arbeit* (S. 185–200). Ostfildern: Matthias-Grünewald.

Han, B.-C. (2012). *Müdigkeitsgesellschaft.* Berlin: Matthes & Seitz.

Hanzig-Bätzing, E. (2000). Entgrenzung als Bedingung gelingenden Lebens in der Postmoderne. *Philosophisches Jahrbuch 107*(2), 284–300.

Höhn, H.-J. (2006). *Zeit-Diagnose. Theologische Orientierung im Zeitalter der Beschleunigung.* Darmstadt: Wissenschaftliche Buchgesellschaft.

Hurrelmann, K. (2007). *Lebensphase Jugend. Eine Einführung in die sozialwissenschaftliche Jugendforschung* (9. Auflage). Weinheim: Beltz Juventa.

Jungnitsch, R. (2010). Theologie der Arbeit im Religionsunterricht an beruflichen Schulen. Ein paar beiläufige Assoziationen. In A. Biesinger & J. Schmidt (Hrsg.), *Ora et labora. Eine Theologie der Arbeit* (S. 201–207). Ostfildern: Matthias-Grünewald.

Keupp, H., Ahbe, T., Gmür, W., Höfer, R., Mitzscherlich, B., Kraus, W. & Straus, F. (2008). *Identitätskonstruktionen. Das Patchwork der Identitäten in der Spätmoderne* (4. Auflage). Reinbek: Rowohlt-Taschenbuch.

Kreutzer, A. (2011). Arbeit als Religion? *Theologisch-praktische Quartalschrift 159*(2), 177–186.

Lehmann, K. (2010). Arbeit als Realisierung der Gottesbeziehung. In A. Biesinger & J. Schmidt (Hrsg.), *Ora et labora. Eine Theologie der Arbeit* (S. 13–31). Ostfildern: Matthias-Grünewald.

Luhmann, N. (1988). *Die Wirtschaft der Gesellschaft.* Frankfurt a.M.: Suhrkamp.

Möhring-Hesse, M. (2011). Wenn Erwerbsarbeit zur Hauptsache wird. Zu den destruktiven Folgen des Subjektivierung und Entgrenzung der Arbeit. *Amosinternational, 5*(2), 12–18.

Nothelle-Wildfeuer, U. (2011). Arbeit – Cantus firmus kirchlicher Sozialverkündigung. *Internationale katholische Zeitschrift 40*(2), 127–137.

Papst Johannes Paul II. (1981). Laborem exercens. *Kirchliches Amtsblatt für die Diözese Rottenburg-Stuttgart 36*(22), 241–263.

Sennet, R. (2012). *Zusammenarbeit. Was unsere Gesellschaft zusammenhält.* München: Hanser Berlin.

Schmidt, J. (2010). ‚Theologie der Arbeit' ohne Chance auf Arbeit? Die Auswertung von Aspekten einer Unterrichtseinheit zum Thema ‚Arbeit' bei Jugendlichen ohne Ausbildungsplatz. In A. Biesinger & ders. (Hrsg.), *Ora et labora. Eine Theologie der Arbeit* (S. 229–260). Ostfildern: Matthias-Grünewald.

Schreijäck, T. (1989). *Bildung als Inexistenz. Elemente einer theologisch-anthropologischen Propädeutik zu einer religionspädagogischen Bildungstheorie im Denken Romano Guardinis.* Freiburg i.Br.: Herder.

Voß, G. G. (1998). Die Entgrenzung von Arbeit und Arbeitskraft. Eine subjektorientierte Interpretation des Wandels der Arbeit. *Mitteilungen aus der Arbeitsmarkt- und Berufsforschung 31*(3), 473–487.

Michael Meyer-Blanck und Andreas Obermann

Gott – Bildung – Arbeit. Die Religion des BRU

1. Was kategorial nicht zusammenpasst, aber sachlich zusammengehört

Der Frankfurter Kongress zum BRU am 16. 11. 2012 und die „Frankfurter Erklärung" des Kongresses standen unter dem Thema „Gott – Bildung – Arbeit". Damit sind drei sehr unterschiedliche Stichworte und Kategorien zusammengebracht, die erst einmal nicht zusammenpassen. „Bildung" ist die Bemühung um die Möglichkeiten des Menschen als Menschen, zunächst abgesehen von gesellschaftlichen Funktionssystemen. Die *Bildung* des Menschen bezieht ihre Würde daraus, dass sie Selbstzweck ist – und gerade nur so tüchtig macht für das Leben und Zusammenleben. Ganz anders ist es beim Stichwort *Arbeit*: Hier klingt die Fähigkeit des Menschen an, auf seine Umwelt einzuwirken und gerade daraus seine Würde zu beziehen. Das Schlimmste an der Arbeitslosigkeit ist es bekanntlich, zum Nicht-Wirken verurteilt zu sein, die eigenen Kräfte als unnötig bescheinigt zu bekommen. Mit der Arbeit ist aber auch das Wirtschaftssystem angesprochen, in dem der Mensch nicht als Mensch zählt, sondern als Anbieter von Arbeitskraft und als Konsument. Gerade dieser eher unmenschlich erscheinende Zusammenhang – das Wirtschaftssystem interessiert sich nicht für den Menschen, sondern nur für seine Arbeit und sein Geld – kommt aber andererseits dem Menschen auch zugute, denn die Prosperität der Wirtschaft ermöglicht Freiheiten durch selbstverständliche Realitäten wie Freizeit, elektronische Kommunikation und Fürsorge für die Armen. Der beamtete Kapitalismuskritiker sitzt von daher immer im Glashaus seiner eigenen Alimentierung. Wie dem auch sei: „Bildung" und „Arbeit" gehören zwei unterschiedlichen Bezugssystemen an.[1]

---

[1] Es ist jedenfalls systemisch unterkomplex gedacht, wenn in theologischen Stellungnahmen „die Wirtschaft" kritisiert oder gar als „gottlos" angeklagt wird. Karl-Ludwig Kley, Vorsitzender der Geschäftsleitung bei Merck, meint dazu: „Als überzeugter Anhänger der Sozialen Marktwirtschaft und evangelischer Christ beobachte ich eine besorgniserregende Entwicklung in der evangelischen Kirche, ein Sichverfestigen wirtschaftsfeindlicher Ressentiments. [...] Besonders deutlich wurde das jüngst beim Kirchentag in Hamburg. Unter dem Motto ‚Soviel Du brauchst' ernteten nicht wenige Theologen, Künstler, Politiker, Gewerkschafter und Wissenschaftler breiten Applaus, indem sie in einen wirtschaftskritischen und moralischen Entrüstungskanon einstimmten." (Kley, 2013). – Bei derartigen Überlegungen muss mindestens in Rechnung gestellt werden, dass die Wirtschaft kein autonomer Sektor der Gesellschaft ist, sondern eine Dimension und damit zugleich die „Umwelt" aller psychischen und sozialen Systeme (Luhmann, 1993). Das bedeutet, dass in der funktional differenzierten Gesellschaft alle am Wirtschaftssystem Anteil haben – und dass in Staaten des Exportüberschusses (wie Deutschland) und in Zeiten der Hochkonjunktur alle davon profitieren. Die Kosten des dualen Systems der Berufsausbildung in Deutschland werden so von der positiven Leistungsbilanz ermöglicht, während das duale System andererseits bei der sorgfältig eingestellten Allokation hilfreich ist, welche ihrerseits die Exportüberschüsse (mit) ermöglicht.

Das einleitende Stichwort *Gott* schließlich ist gänzlich inkompatibel. Besser und leichter wäre es gewesen, „Religion – Bildung – Arbeit" zu formulieren; aber damit wäre das Sperrige der Religion als Religion sofort in die metatheoretische Perspektive überführt worden. In der evangelischen Religionslehre – so der offizielle Name des Faches BRU – geht es aber nicht nur um Religionstheorie. Der BRU ist keine Religionskunde mit Religionstheorien – so wahr er das hoffentlich *auch* ist und so wahr er durch Kenntnisse und Fertigkeiten religionstheoretisch kompetent macht. Grundsätzlich aber ist der BRU *evangelische Religionslehre.* Er macht kompetent in Sachen evangelischer Religion, dogmatisch gesprochen: Er lehrt, macht kompetent, bildet für die Deutung des Lebens vom Evangelium her. Das Evangelium wird selbstverständlich nicht im missionarischen Sinne „vermittelt", so dass man nach dem Unterricht daran glauben soll. Aber dennoch soll man die Frage danach, was denn Religion sei, an diesem Exempel, dem Evangelium lernen: Bewusst leben (die Bibel nennt das „umkehren") und die Welt aus der Perspektive des das Denken Überschreitenden betrachten (die Bibel nennt das „Reich Gottes"): Kehrt um, Gottes Herrschaft ist nahe (Mk 1,14). Das ist *evangelische Religionslehre* – man kann dafür sein oder dagegen, aber kompetent in der Zustimmung oder Ablehnung soll man sein.

Damit ist die grundlegende Bildungsaufgabe des Religionsunterrichts beschrieben. Diese Aufgabe ist grundsätzlich in allen Schulformen dieselbe. Das Besondere des BRU ist es nun, dass der Lebensweltbezug nicht allgemein ist, sondern berufsbezogen. „Gott" und die „Lehre des Evangeliums" sollen nicht allgemein, individuell, gesellschaftlich und kirchlich zur Sprache kommen, sondern bezogen auf die besonderen Herausforderungen einer Lebensphase – der Berufsausbildung. Das ist andererseits wiederum nicht überraschend, weil das Evangelium immer konkret ist. In der allgemeinen Bildung kann der Lebensweltbezug noch diesen grundsätzlichen existenziellen Charakter haben; im BRU aber rückt die Religionslehre in den Kontext der *Arbeit* als dem entscheidenden Einschnitt in das Leben – nach der familiären Liebeskommunikation und schulischen Bildungskommunikation.

Was wird aus der Religion des Menschen angesichts seiner Funktion in der Arbeitswelt? Das ist die Grundfrage des BRU. Hinzu tritt dann die ebenso wichtige: Was wird aus der Arbeitswelt angesichts der Religion? Diese Fragen müssen nicht in jeder Stunde thematisiert werden, aber sie bilden den Fokus einer sehr speziellen Bildung, der beruflichen, und einer sehr speziellen Gottesfrage, nämlich angesichts des Menschen als *homo faber.* Was ist der Mensch von Gott her, angesichts der Tatsache, dass er als Arbeiter gefragt ist, weil seine Arbeitszeit gefragt ist? Damit ist die spezielle Thematik der Religion des BRU angesichts von Bildung und Arbeit angesprochen, um die es in diesem Beitrag vor allem geht.

2.   Die Religion des BRU

Den Theoriebegriff „Religion" kann man als eine Vermittlungskategorie für die mit den Kategorien „Gott", „Bildung" und „Arbeit" umschriebenen Erfahrungsbereiche bezeichnen. Der Begriff „Religion" bringt zusammmen, was eigentlich nicht zusammenpasst. Er umfasst nicht nur die Lehren, Praktiken und Organisationen der Religionsgemeinschaften (so die institutionelle Sicht des Grundgesetzes), sondern auch vielfältige individuelle und soziale Gegebenheiten. Das macht das Großartige des Religionsbegriffes aus – und zugleich seine Gefahr: „Religion" ist ein „umbrella term", ein großer Sonnenschirm, der den verschiedensten phänomenologischen, anthropologischen und soziologischen Theorien reichlich Schatten spendet, so dass man schnell nicht mehr klar sieht.[2] Eine – nicht ganz ernst gemeinte, aber auf ein Problem hinweisende – Definition für Religion stammt von Eberhard Hauschildt:[3] Religion ist da, wo einer Religion feststellt: Die Vielfalt dieser Kategorie bietet die Chance und die Herausforderung, genauer zu sagen, was man unter Religion, und in unserem Fall, unter der Religion des BRU versteht.

2.1   Abgrenzungen der Religion des BRU

Im Kontext der genannten drei Stichworte „Gott – Bildung – Arbeit" lässt sich die Religion des BRU nun zunächst von ihren Rändern her gut abgrenzen. Der eine Rand ist durch die Kategorie „Gott" markiert. Gott soll nicht – wie in Seelsorge, Liturgie und Predigt – in seinem Wort und Gebot zum Thema werden. Es soll nicht zum Glauben/zu Gott bekehrt werden. Ziel des RU ist nicht das Christwerden oder Christsein, sondern die Kompetenz, um Christsein zu erkennen, zu benennen und kritisch zu beurteilen und zu reflektieren. Denn andernfalls wäre man bei den alten Verkündigungskonzeptionen, die nicht die Schule als Lernort im Blick hatten. Umgekehrt kann die Religion des BRU aber auch nicht einfach mit der allgemeinen Bildung identifiziert werden. Religion ist etwas Anderes als identitätsbezogene, ethische und kommunikative Bildung. Darauf legen vor allem diejenigen Pädagogen Wert, die sich für die berufsübergreifende Bildung besonders engagieren, wie Otto Allendorff von der Bezirksregierung Köln und Detlef Buschfeld von der Universität Köln. Das Fach Religion muss sich anders definieren als die Fächer Sport oder Deutsch/ Kommunikation, die ebenfalls etwas für die Identitätsbildung tun. In der Religionslehre geht es um die Weltbetrachtung unter der Hypothese, dass man für identitätsbezogene, ethische und kommunikative Prozesse das Walten Gottes ins Spiel bringen kann. Es geht im BRU also um *mehr* als um allgemeine Bildungsziele und um *weniger* als um das Wort Gottes. Es geht um die evangelische Lehre von der Religion angesichts von Gott, Bildung und Arbeit.

2.2   Die Religion als Frage jedes Menschen

Der BRU thematisiert die Fragen aller Menschen angesichts ihrer Arbeit. Das geschieht von Antworten her, mit denen nicht alle etwas anfangen können, mit denen

---

2   Dazu siehe die knappe Einführung bei Rössler (1994, S. 75–117) sowie den alle einschlägigen Theorien vorstellenden Band von Drehsen, Gräb & Weyel (2005).

3   Mündlich, im Rahmen des Bonner praktisch-theologischen Doktorandenkolloquiums.

sich aber für alle angesichts des Berufes die Auseinandersetzung lohnt, weil damit jeden Menschen berührende Dimensionen der beruflichen Existenz angesprochen sind.

Die Religion bietet Umgangsweisen mit dem unglücklichen (und dem glücklichen!) Zufall, mit der Schuld und dem Glück, mit Tod und Lebendigkeit sowie mit Erfahrungen, die keiner beobachtbaren Regelhaftigkeit folgen (Ungerechtigkeit, Ungleichheit, ethische Aporien). Mit diesen Erfahrungen muss sich jeder Mensch auseinandersetzen. Man kann darauf religiös oder nicht religiös reagieren. Nicht jeder Mensch hat Religion, aber jeder Mensch beschäftigt sich mit den von den Religionen thematisierten Kontingenzen. Die elementaren Lebensthemen Liebe, Glück, Schönheit, Güte, Sein und Werden transzendieren ethische, psychologische und politische Strategien. Glück und Güte, Sein und Werden lassen sich nicht ökonomisch, politisch oder pädagogisch herstellen. Diese Widerfahrnisse sind kontingent, aber gleichwohl real. Religionen sind Sprachen für diese Dimension der *conditio humana*. Wissenschaft und Politik können die Welt verändern (vgl. das bekannte Diktum von Karl Marx), aber die Religion interpretiert diese Welt als eine andere. Die Grenzen zur Philosophie sind fließend, insofern Philosophen ebenfalls die Fragen nach dem Kontingenten und nach Gott stellen. Die Religionen aber geben auch Antworten auf die Frage nach Gott, weil glaubende Menschen von eigenen Erfahrungen sprechen.[4]

Bisweilen geben Religionen auch Antworten auf Fragen, die keiner gestellt hat. Dann sind sie besonders stark. Denn dann helfen sie dem Menschen, Fragen zu stellen, die sie bisher nur geahnt haben. Ein Beispiel ist die Frage nach der Identität jenseits von psychologischen und soziologischen Theorien oder die Frage nach dem kollektiven Anfang und der individuellen Zukunft allen Seins.

3.   Die gelehrte Religion des BRU

In der Didaktik des Berufsschul-Religionsunterrichts (BRU) lassen sich drei Konzeptionen unterscheiden, wobei wir der dritten den Vorzug geben, ohne die anderen ausschließen zu wollen. Selbstverständlich handelt es sich um idealtypische Beschreibungen, so dass die Konzepte in der Realität in Mischformen begegnen.

3.1   Ein problemorientierter und sozialisationsbegleitender Ansatz des BRU

Eine *erste Konzeption* ist der Identitätsbildung und Lebensorientierung der Lernenden verpflichtet. Sie will die Jugendlichen bei ihrer Sozialisation und Identitätsbildung unterstützen. Religion ist material und kategorial eine Dimension, die eher im Hinter-

---

4   In der EKD-Denkschrift „Identität und Verständigung" heißt es zur Differenz des RU zu den Fächern Ethik und Philosophie treffend: „In anderen Worten ist diese Differenz mit der Gotteserfahrung gegeben, nicht schon mit der Frage nach Gott, die auch Philosophen stellen" (EKD, 1994, S. 79).

grund steht; Gott, Bibel, Kirche und andere Religionen kommen explizit kaum vor; „Religion" ist eine Deutung, die eher von den Unterrichtenden dem unterrichtlichen Geschehen gegeben wird. Das Wesentliche ist die Lebenshilfe, die oftmals auch gegen die Anforderungen der Arbeitswelt geltend gemacht wird. Das ist ein didaktischer Ansatz, der wesentlich dem älteren thematisch-problemorientierten bzw. dem sozialisationsbegleitenden Konzept zugeordnet werden kann. Im Mittelpunkt stehen nicht Gott, Bildung und Arbeit. Im Zentrum steht vielmehr der von den verschiedensten Anforderungen herausgeforderte junge Mensch. Dieses Konzept hat das Verhalten Jesu gegenüber anderen Menschen und die diakonische Praxis der Kirche für sich und ist von daher gewiss eine Form von evangelischer Religionslehre. Jedoch kommt hier die Lehre zu kurz zugunsten des Helfens.

So hieß es im „Handbuch Religionsunterricht an berufsbildenden Schulen" von 1997 (S. 145) über den damals neuesten, erst „als ‚Entwurf'" existierenden Ansatz eines „beziehungsorientierten" BRU, dass es um die „Befreiung aus gescheiterten zu glückenden Beziehungen" gehe:

„Inhalte und Methoden des BRU sind gleichsam Beziehungsmuster des Lebens und Zusammenlebens der Jugendlichen in Kooperation mit RL. Praktisch nimmt dieser BRU-Ansatz Elemente und Inhalte unter dem Aspekt der Befreiung aus gescheiterten zu glückenden Beziehungen auf […], [es geht um ein] Verständnis des Glaubens als einer kommunikativen Selbst-Inszenierung in der Erlebnisgesellschaft, womit Fragen der Ästhetik als einer Wahrnehmungs- und Ausdruckslehre in den BRU hereinkommen: befreiungstheologische Visionen und Optionen in einer immer enger und destruktiv werdenden Kapitalismus-Welt […]" (Comenius-Institut Münster, 1997, S. 145).

Die schultheoretischen und professionellen Probleme eines derartigen Ansatzes liegen auf der Hand: Schulisches Handeln, das im Betrieb und in der Schule gegen die lehrenden Grundsätze der Schule kompensatorisch handeln will, verwirrt die Schüler und die Kollegen – und überfordert die Lehrenden. Die Stichworte „Helfersyndrom" und berufliche Erschöpfung sind nicht weit, wenn der Unterricht prinzipiell zu Seelsorge und Diakonie wird.

3.2   Die Lernfelddidaktik

Die *zweite Konzeption* ist die im letzten Jahrzehnt diskutierte Lernfelddidaktik. Diese wurde ja nicht religionsdidaktisch erfunden, sondern berufspädagogisch entwickelt. Die Religionsdidaktik hat sich aus guten Gründen daran beteiligt. Die Religion sollte aus ihrem frommen oder psychologisch-therapeutischen Sonderdasein befreit und in das berufliche Lernkonzept integriert werden. Religion wurde im Berufsalltag aufgesucht und von ihrer interpretativen Kraft für die einzelnen Berufsfelder her definiert.

Diese Konzeption hat zunächst für sich, dass sie die Fehler der ersten Konzeption vermeidet. Sie ist nicht seelsorgerlich, sondern didaktisch, lehrend; sie überfordert nicht die Lehrer und will nicht die Schüler beglücken, indem ihnen umfassende (und damit unrealistische) Versprechungen gemacht werden – als könnte man die Schule und die Betriebe nach den aktuellen Bedürfnissen der Jugendlichen umgestalten. Bildung soll bekanntlich niemals nur für die Zukunft da sein,[5] sondern ihren Sinn aktuell in sich selbst haben, sonst hat sie bei den Schülern verspielt; aber Bildung konfrontiert immer auch mit dem Widerständigen, weil nur dieses hilft, künftige Herausforderungen anzunehmen und zu bestehen. Diese zweite Konzeption von BRU bedeutet darum einen großen Fortschritt, weil sie berufsvorbereitend und berufsbezogen didaktisch vorgeht und nicht a-schulisch individuell und seelsorgerlich.

Der Nachteil besteht jedoch darin, dass es sich zwischen der Berufstätigkeit und der Religion um ein material sehr begrenztes Überschneidungsfeld handelt. Bei Erzieherinnen und Bestattern, auch noch bei Pflegeberufen leuchtet der Berufsfeldbezug unmittelbar ein: Hier wird im späteren Beruf explizit religiös kommuniziert. Im Berufsalltag werden religiöse Fragen gestellt, mit denen man kompetent umgehen können sollte, auch wenn man selbst keine religiösen Antworte geben kann oder möchte.

Schwieriger wird das schon bei den ethisch herausfordernden Berufen in der Wirtschaft und im Bankenwesen. Dort sind immer wieder differenzierte Abwägungen zwischen wirtschaftlichem Interesse und menschlicher Identifikation gefragt. Zu fragen ist hier: Sind wirtschaftsethische Entscheidungen notwendig religiöse Themen? Die Antwort ist nicht leicht, weil Ethik noch nicht Religion ist. Andererseits entstehen ethische Orientierungen aus der grundlegenden eigenen Lebenseinstellung. Wer meint, dass der freie Geld- und Warenfluss allen am besten dient, der wird sich anders verhalten als jemand, der von der biblischen Weisheit her überzeugt ist: „Wer sich des Armen erbarmt, der leiht dem Herrn, und der wird ihm vergelten, was er Gutes getan hat" (Spr 17,19). Oder einfacher gesagt: „Unrecht Gut gedeiht nicht." Um es noch einmal in der ausführlichen biblischen Form auszudrücken: „Unrecht Gut hilft nicht; aber Gerechtigkeit errettet vom Tode" (Spr 10,2). Was jemand tut oder lässt, das hängt zusammen mit dem, wovon er überzeugt ist – „worauf Du nu (sage ich) Dein Herz hängest und verlässest, das ist eigentlich Dein Gott" (Luther, 1967, S. 560,22ff). Ist das aber noch ein wirklicher Berufsfeldbezug?

Vollends schwierig wird es dann bei Handwerksberufen. Gibt es eine spezielle Religion im Berufsfeld von Mechatronikern, Bäckern, Fleischern und Friseurinnen? Der Berufsfeldbezug greift jedenfalls fehl, wenn die Anknüpfung bei der eigentlichen handwerklichen Tätigkeit versucht wird, z.B. bei ´Haargeschichten´ aus der Bibel, bei Schlachte- und Speisegeboten aus dem Alten Testament, beim Abendmahlsbrot oder bei der johanneischen Brotrede Jesu für das Bäckerhandwerk. Das ist eine etwas

---

5   Hier besteht ein Spannungsverhältnis, das Schleiermacher in seiner Pädagogik-Vorlesung von 1820/21 so charakterisierte: „So haben wir einen Gegensatz: das unabsichtliche, freie Leben mit der Jugend kann nur den Charakter haben, ihr zur Befriedigung in der Gegenwart zu verhelfen; die Erziehung dagegen opfert die Gegenwart der Zukunft auf" (Schleiermacher, 2008, S. 105. 14. Vorlesung am 24. November 1820). – Zugespitzter heißt es dann in der Vorlesung von 1826: „Die Lebenstätigkeit, die ihre Beziehung auf die Zukunft hat, muss zugleich auch ihre Befriedigung in der Gegenwart haben; so muss auch jeder pädagogische Moment, der als solcher seine Beziehung auf die Zukunft hat, zugleich auch Befriedigung sein für den Menschen, wie er gerade ist" (Schleiermacher, 1983, S. 48).

merkwürdige Verbindung auf der Ebene der Stichworte, Realien, der Signifikanten. Hier sind die didaktischen Karikaturen nicht weit.

3.3   Verantwortung für Leben und Beruf – eine differenzierte Beruflichkeit als Fokus des BRU

Aber auch im Hinblick auf das Handwerk hat der BRU durchaus eine spezifische Aufgabe, womit wir bei der *dritten Konzeption* sind. Diese knüpft an die zweite an, doch jetzt wird die Beruflichkeit im weiteren Sinne als dem eben genannten verstanden und bezieht sich auf das berufliche Handeln als solches. Kann man die zweite Konzeption als *materialen Berufsbezug* bezeichnen, so geht es bei der dritten um einen *kategorialen* Berufsbezug (Obermann 2011). Dabei dient die Religion nicht mehr direkt dem Agieren in dem beruflichen Handlungsfeld, sondern dem Schüler und seiner Interpretation des beruflichen Handlungsfeldes. Die Religion hilft dabei, die eigene Situation verantwortlicher Berufstätigkeit überhaupt zu bedenken.

Einiges davon klang eben schon an: Es geht in allen Berufen letztlich um die Vermittlung von verschiedenen Interessen. Im Beruf handeln, heißt immer auch Verantwortung tragen für andere Menschen, seien diese Kunden, Klienten, Patienten oder schlicht Konsumenten von erfreuenden oder auch gefährdenden Waren. Der Satz, „worauf Du Dein Herz hängest und verlässest, das ist eigentlich Dein Gott", gilt darum für jegliche berufliche Abwägung zwischen eigenem und fremdem Vorteil bzw. dem Weg der Auseinandersetzung mit anderen, auch Vorgesetzten, und dem Weg des geringsten Widerstandes.

Die eigentliche, nämlich kategoriale berufliche Herausforderung besteht darin, dass man nun aus dem familiären und dem allgemeinbildenden, rundherum schützenden Umfeld eintritt in ein System, in dem Lebensmöglichkeiten primär über Vorteile und Geld verteilt und geregelt werden. Im Wirtschaftssystem dient man dem anderen nicht unmittelbar, sondern – auch im Dienstleistungsbereich – vermittelt über den Markt und über Geld. Die Religion hat in dieser Situation dabei zu helfen, sich weder einfach anzupassen, noch eine ignorante oder systemfeindliche Haltung anzunehmen, sondern verantwortlich zu handeln. Verantwortlich handeln aber heißt vor allem unterscheiden; so z. B. zwischen dem Vorteil für den Betrieb und damit für alle und dem Vorteil für den Kunden als einem fremden Anderen.

Der kategoriale Berufsbezug hat aber noch einen zweiten Aspekt. Dabei geht es weder um das berufliche Handeln, noch um die eigene Verantwortlichkeit, sondern um die eigene Würde. Jeder Beruf ist vor Gott nicht nur ein Broterwerb, sondern Mitarbeit an der Schöpfung. Jeder Beruf hat von daher eine andere Würde. Man arbeitet nicht nur für Geld und für andere, sondern für die Welt. Es ist ein Unterschied, ob man eine Wand anstreicht oder die Straße verschönert, ob man Steine zusammenfügt oder anderen ein Zuhause schafft. Der BRU hat die Aufgabe, den tieferen Sinn des beruflichen Handelns zu erschließen. Das betrifft nicht zuletzt das Leiden unter dem negativen Image, das junge Menschen in Handwerken wie Friseur, Metzger und Fleischer haben: Offensichtlich schreckt viele Jugendliche bei diesen Berufen weniger die körperliche Anstrengung ab, sondern vor allem der Mangel an Achtung, der ihnen entgegengebracht wird, so Dr. Joachim G. Ulrich vom Bundesinstitut für berufliche Bildung (BIBB) bei mehreren bibor-Veranstaltungen 2012. Genau hier setzt die „Imagekampagne" des Handwerks[6] an, sofern sie das öffentliche Ansehen des Handwerks zum Positiven verändern will. Dabei generiert sich die Kampagne durchaus pädagogisch und sollte von daher pädagogisch wie religionspädagogisch unterstützt werden.

Wer backt, bereitet das tägliche Brot[7], der Metzger sorgt für die verantwortliche Gestaltung des Schöpfungsauftrags und die Gebäudereinigung ist eine Verbindung des Gesunden und des Schönen, ohne die auch der Klügste nicht sein kann.

Erst recht die Friseurin macht Menschen nicht nur ansehnlich schön und attraktiv, sondern sie verhilft zu neuem Erfolg und „rettet dein nächstes Date"[8]. „Ich ziehe keine Mauern hoch. Ich baue Gott ein Haus" – auch diese neue Werbung des Handwerks für den Beruf des Maurers ist in diesem Zusammenhang vorbildlich:

Quelle: www.handwerk.de

---

6   www.kampagnenmaterial.handwerk.de.

7   So lässt die Kampagne den Bäcker sagen: „Ich backe keine Brötchen. Ich arbeite am perfek-ten Morgen" (www.kampagnenmaterial.handwerk.de/fileadmin/downloads/motive_2013/Broetchen/210x297_HWD_Baecker_AZ_72dpi.pdf). Ein eindrückliches Beispiel ist hierfür beispielsweise der Film des Bäckerhandwerks „Sei Held der Nacht. Werde Retter des Morgens!" (http://pti.ekmd-online.de/portal/start/1-nachrichten/17960.html).

8   www.kampagnenmaterial.handwerk.de/fileadmin/downloads/motive_2013/Haare/210x297_HWD_Friseur_AZ_72dpi.pdf.

Die genannten Beispiele der Imagekampagne des Handwerks knüpfen an den oben genannten Imageproblemen vieler Handwerksberufe an: Durch das Zusammenspiel der Emotionen weckenden Bilder und der überraschenden verbalen Assoziationen (Kommentierungen) werden die jeweiligen Berufe in ein neues Licht gerückt. Die Kampagne eröffnet neue Blickwinkel auf selten wahrgenommene Seiten der Berufe und stellt Dienstleistungen in den Mittelpunkt, die sonst mit diesem Handwerk kaum assoziiert werden. Psychologisch wäre das hier angewandte Kommunikationsmuster (oder auch Werbetechnik) als „Reframing" (Umdeutung) oder als „Referenztransformation" zu beschreiben: Durch eine Umdeutung wird einer Berufssituation ein anderer Sinn zugewiesen (zugespielt), indem die Situation in einen anderen (fremden) Kontext (Rahmen) gesehen wird.[9] Diese Neuorientierung weckt die Kreativität des Adressaten, gibt so Anlass zum Nach- und Neudenken und initiiert Lernprozesse. Was das Handwerk im Blick auf das Image von Handwerksberufen intendiert, ist auch ein Grundanliegen des BRU – dass nämlich die jugendlichen Auszubildenden sich selbst als würdevolle Person im Kontext ihrer Berufswelt aus der Sicht der Religion wahrzunehmen, zu deuten und kritisch zu verstehen lernen. Dabei liefert die Imagekampagne auch materiale Perspektiven nicht nur beim oben zitierten Bau eines Hauses für Gott.[10] Neue ethische und schöpfungstheologische „Rahmen" zur Reflektion des Berufs im Zusammenhang zur Religion stehen beispielsweise im bibor-Filmprojekt „Woran Du Dein Herz hängst …"[11] im Zentrum:

- Das Vertrauen der Landschaftsgärtnerin, dass ihre Schöpfung wachsen wird, auch wenn sie nicht mehr ist.
- Den Respekt des Fleischers vor dem Schwein, das er töten, aber nicht erschaffen kann.
- Das soziale Gewissen der Bankerin, die Kredite verkauft oder verweigert.

4.   Religion und Kompetenz – eine Bemerkung zu den neuen Lehrplänen

Es gibt keine religiösen Kompetenzen, wohl aber religiös relevante Kompetenzen, so hat das mit Recht Bernd Schröder bei einem Hearing des bibor zur Kompetenzorientierung im Mai 2013 gesagt. Die Kompetenzen sind also nicht der Gehalt, sondern die Operationalisierungsform des RU. So ist die Kompetenzorientierung dann hilfreich, wenn man sie nicht überschätzt. Religiös relevante Kompetenzen können nur dann relevant sein, wenn es eine Religion des BRU gibt. Wenn das zutrifft, dann ist die Kompetenzorientierung allerdings zu befürworten. In der Systematik des von uns Ge-

---

9   Vgl. zum „Reframing" z.B. das Lexikon der Psychologie auf CD-ROM (2000) zur Stelle oder Sawizki, 1996, S. 151–165.

10 Auch andere bewusst religiös konnotierte Themenpakete der Kampagne eignen sich als Anregung, Religion und Beruf in neue Kontexte zu setzen. Zu denken ist hier beispielsweise an die direkt die Schöpfung und Gott benennenden ersten Plakatserien der Kampagne mit Collagen als Paradiesszenen und Anklängen an den biblischen Schöpfungsbericht (Gen 1).

11 www.bibor.uni-bonn.de/news/filmprojekt-woran-du-dein-herz-haengst.

sagten sind die Kompetenzen als eine bestimmte Form von Berufs- und Schülerorientierung aufzufassen. Sie dienen dazu, um genauer hinzusehen, was vorher da ist und was nachher. Sie beantworten aber nicht die inhaltliche Frage, was durch den BRU an Einsicht wachsen soll. Kompetenzzuwächse können nur an lohnenden Gegenständen erworben werden. Damit erhalten die „Inhalte und Themen […] ihre Funktion und Bedeutung primär durch ihre Leistung für den Aufbau der Kompetenzen religiöser Bildung" (EKD, 2010, S. 15). Das heißt: Die Kompetenzen der Wahrnehmung, Deutung, Kritik und Gestaltung von Religion entstehen an den Inhalten und sollten auf Probleme bzw. Anforderungssituationen bezogen sein: Von daher hat Rainer Möller diesen Zusammenhang zu Recht herausgestellt. Als „1. Schritt" des kompetenzorientierten RU – nicht speziell des BRU – formuliert er: „Kompetenzen und Inhalte verschränken, Anforderungssituationen identifizieren" (Möller, 2012, S. 1).

So weit so gut. Es gibt jedoch zwei grundsätzliche Probleme. Das erste ist die Operationalisierungsfalle, in die schon der lernzielorientierte Unterricht vor 40 Jahren tappte, bis er sich dann in den 80er Jahren in Wohlgefallen auflöste. Man kann nicht alles planen, lehren, testen und optimieren – hier verbinden sich die Logik des Kapitals und die Sicht des Menschen als trivialer Maschine, die nach dem Muster von Reiz und Reaktion funktioniert.[12] Also: Kompetenzorientierung ja, aber nur mit dem Beipackzettel „Risiken und Nebenwirkungen"!

Das gilt ganz allgemein, aber speziell für die Religion als Theorie des zwar real Lebendigen, aber des zugleich kategorial nicht Operationalisierbaren. Religion ist Leben und Leben muss gelebt, nicht programmiert werden – man weiß, wo das endet.

Es besteht darum ein Problem bei den so genannten „Anforderungssituationen" der Kompetenzorientierung, dass diese für das Sperrige der Religionen im Prinzip keine Antennen haben, weil sie immer von realen lebenspraktischen Problemlösungen ausgehen. Grundsätzlich ist Religion mehr als eine Problemlösung und greift über alles Problematische hinaus. Und manchmal löst die Religion eben nicht die Probleme, sondern sie schafft einem Probleme – man denke an Luthers Erlebnis bei Stotternheim oder an Bonhoeffers Engagement am 20. Juli. Aber auch an weitaus weniger dramatische Erlebnisse kann man denken – etwa, wenn jemand tatsächlich gläubig wird. Das wäre kompetenzorientiert gesehen ein theoretisch schwer einzuholender didaktischer Betriebsunfall, weil im Religionsunterricht passieren kann, was eigentlich nicht passieren soll.

Obwohl Gott, Bildung und Arbeit erst einmal nicht zusammenpassen, sollen sie im BRU einander zugeordnet werden, weil sie zueinander gehören. Dabei kommt es letztlich nicht allein darauf an, wie die Lehrpläne geschrieben werden, sondern darauf, ob den Schülerinnen und Schülern tatsächlich religiös relevante Kompetenzen zuwachsen. So ist beispielsweise die evangelische Religionslehre die Kunst (Befähigung) der lebenswichtigen Unterscheidungen zwischen dem, was der Mensch tun kann und dem, was grundsätzlich außerhalb seiner Handlungsmöglichkeiten liegt, zwischen seiner bewusst wahrgenommenen Verantwortung und der Geschichte seines

---

12 An den Hochschulen steht man gerade in der Gefahr, die Geisteswissenschaften mit dieser Logik zugrunde zu richten.

Daseins, die nicht in seiner Hand liegt. Probleme wollen bewältigt, aber das Leben will schlicht auch gelebt werden – und wenn alle Probleme gelöst sind, dann fängt das Problem mit der Lebenskunst erst an. Der Mensch braucht auch einen interpretatorischen Ort, wenn er alle seine Verantwortlichkeiten mit Bravour erfüllt hat, oder auch – das allerdings erst in zweiter Linie – wenn er daran gescheitert ist. Dieser Ort ist das religiöse Selbst- und Weltverhältnis, das etwas grundsätzlich Anderes ist als die Fähigkeit ethischer Urteilsfindung und eines angemessenen ethischen Handelns. Die evangelische Religionslehre führt die genannten Unterscheidungen klassischer Weise auf die grundlegende Unterscheidung zwischen Gesetz und Evangelium[13] zurück, oder, in neuprotestantischer Begrifflichkeit, auf die Unterscheidung zwischen Sittlichkeit und der Erfahrung „schlechthinniger Abhängigkeit."

Wenn der BRU auf diese Weise das rechte Unterscheiden lehrt, dann hat er eine Kompetenz vermittelt, die ihn für jeden Beruf unentbehrlich macht, so dass wir dann gewissere und selbstgewissere Friseurinnen, Bäcker und Banker haben. So wächst zusammen, was zusammengehört: Gott, Bildung und Arbeit.

Literatur

BSLK (1967). *Die Bekenntnisschriften der evangelisch-lutherischen Kirche.* Göttingen: Vandenhoeck & Ruprecht.

Comenius-Institut Münster (Hrsg.) (1997). *Handbuch Religionsunterricht an Berufsbildenden Schulen.* Gütersloh: Gütersloher Verlagshaus.

Drehsen, V., Gräb, W. & Weyel, B. (Hrsg.) (2005). *Kompendium Religionstheorie.* Göttingen: UTB.

EKD (1994). *Identität und Verständigung: Standort und Perspektiven des Religionsunterrichts in der Pluralität. Eine Denkschrift der Evangelischen Kirche in Deutschland.* Gütersloh: Gütersloher Verlagshaus.

EKD (2010). Kerncurriculum für das Fach Evangelische Religionslehre in der gymnasialen Oberstufe. Themen und Inhalte für die Entwicklung von Kompetenzen religiöser Bildung. EKD-Texte, 109. http://www.ekd.de/download/ekd_texte_109.pdf [02.08.2013].

Frey, D., Graf Hoyos, C. & Schönpflug, W. (Hrsg.) (2000). *Lexikon der Psychologie auf CD-ROM.* Heidelberg: Springer Spektrum.

Kley, K.-L. (10. Juli 2013). Siehe, das sind die Gottlosen. *Frankfurter Allgemeine Zeitung, 157,* 12.

Luhmann, N. (1993). *Soziale Systeme: Grundriß einer allgemeinen Theorie.* Frankfurt: Suhrkamp.

Luhmann, N. (2000). *Die Religion der Gesellschaft.* Frankfurt: Suhrkamp.

Meyer-Blanck, M. (1998). Zwischen Qualifikationszwang und individuellem Glauben. Religionspädagogische Perspektiven im Hinblick auf die berufliche Bildung. *Loccumer Pelikan, 1998,* 171–176.

Meyer-Blanck, M. (2006). Zwischen Bildung und Lernfelddidaktik: Religionsunterricht an der Berufsschule vor neuen Herausforderungen. Anmerkungen in zehn Thesen. In H. Goebel &

---

13 Ausführlicher zum Lebensbezug der RU im Hinblick auf die Allgemeinbildenden Schulen siehe auch Meyer-Blanck (2012).

A. Obermann (Hrsg.), *Unterwegs in Sachen Religion: Zum Religionsunterricht an berufs-bildenden Schulen. Festschrift für Dieter Boge* (33–41). Münster: Lit.

Meyer-Blanck, M. (2012). Die Unterscheidung von Gesetz und Evangelium als Aufgabe des problemorientierten Religionsunterrichts. In Th. Klie, D. Korsch & U. Wagner-Rau (Hrsg.), *Differenz-Kompetenz: Religiöse Bildung in der Zeit*. Leipzig: Evangelische Verlagsanstalt, 159–168.

Möller, R. (2012). Kompetenzorientierter Religionsunterricht in der Praxis. Ein Planungsmo-dell. *CI-Informationen. Mitteilungen aus dem Comenius-Institut, 2012*(2), 1–3.

Obermann, A. (2011). Der kategoriale Berufsbezug des BRU: Überlegungen zu einem „alten" Thema aus berufspädagogischer Sicht. *BRU-Magazin,* 55, 48–49.

Oser, F., Bauder, T., Salzmann, P. & Heinzer, S. (Hrsg.) (2013). *Ohne Kompetenz keine Quali-tät: Entwickeln und Einschätzen von Kompetenzprofilen bei Lehrpersonen und Berufsbil-dungsverantwortlichen.* Bad Heilbrunn: Julius Klinkhardt.

Rössler, D. (1994). *Grundriss der Praktischen Theologie*. Berlin: Gruyter.

Rothgangel, M., Adam, G. & Lachmann, R. (Hrsg.) (2012). *Religionspädagogisches Kompen-dium*. Göttingen: Vandenhoeck & Ruprecht.

Sawizki, E. R. (1999). *NLP im Alltag. Einführung. Techniken. Übungen*. Offenbach: GABAL.

Schleiermacher, F. (1983). *Pädagogische Schriften 1. Die Vorlesungen aus dem Jahre 1826*. Unter Mitwirkung von Theodor Schulze hg. von Erich Weniger. Frankfurt: Küpper.

Schleiermacher, F. (2008). *Pädagogik. Die Theorie der Erziehung von 1820/21 in einer Nach-schrift*, hg. von Christiane Ehrhardt und Wolfgang Virmond. Berlin: Gruyter.

Joachim Ruopp und Friedrich Schweitzer

Die Zukunft des BRU und der BRU der Zukunft

Demographie – bildungspolitische Optionen – Profil und Unterrichtsqualität[1]

Die Zukunft des BRU (Religionsunterricht im beruflichen Schulwesen) hängt ab vom BRU der Zukunft. Je mehr dieser Unterricht sich durch seine Qualität auszuweisen vermag, desto sicherer wird seine Zukunft sein. Denn dann wird er sich der Zustimmung bei den Schülerinnen und Schülern, aber auch bei Schule, Wirtschaft und Politik gewiss sein können. Insofern lohnt sich die Arbeit an der Unterrichtsqualität, auch wenn dabei zunächst noch offen ist, wie diese Qualität genauer zu bestimmen ist. Darauf verweist die Verbindung zwischen Unterrichtsqualität und Profil: Die Qualität ergibt sich von bestimmten Profilen her und ist an entsprechenden Erwartungen zu messen.

Auch wenn der BRU sich demnach nicht einfach in einer Art Opferrolle befindet und keineswegs passiv der Zukunft ausgeliefert ist, darf zugleich nicht übersehen werden, dass es auch äußere Entwicklungen gibt, von denen nachhaltige Wirkungen auf diesen Unterricht ausgehen. In erster Linie gilt dies für die demographische Entwicklung. Denn diese Entwicklung trifft den BRU gleich doppelt: zum einen mit dem absoluten Schülerrückgang im Allgemeinen, der kein Fach unberührt lassen wird; zum anderen mit dem auch relativen Rückgang gerade bei den evangelischen und katholischen Schülerinnen und Schülern, der zu einer überproportionalen Rückläufigkeit bei diesem Anteil der Schülerschaft führt. Zu den äußeren Faktoren können darüber hinaus bildungspolitische Entscheidungen gezählt werden. Diese betreffen unter Umständen sogar die Existenz des Faches als solche, etwa wenn über die Möglichkeit von „Ethik für alle" nachgedacht wird – nicht als „Ersatz" für diejenigen, die nicht am BRU teilnehmen, sondern anstelle des Religionsunterrichts. Auswirkungen auf den BRU hätte aber auch die Einführung eines Islamischen BRU, und keineswegs nur in einem negativen Sinne.

Bei all dem gilt allerdings, dass sich die Zukunft nicht vorhersagen lässt, auch nicht für ein Unterrichtsfach. Im Folgenden stützen wir uns deshalb zum einen auf verfügbare statistische Angaben, zum anderen auf Szenarien, die verschiedene Entwicklungsmöglichkeiten, aber auch Entscheidungsoptionen abbilden. Wir setzen ein bei demographischen Entwicklungen, diskutieren dann bildungspolitische Optionen, um vor diesem Hintergrund schließlich die Frage nach Profil und Unterrichtsqualität aufzunehmen.

---

[1] Vorliegender Text stützt sich auf einen früheren Beitrag zur Zukunft des Religionsunterrichts insgesamt (Schweitzer, 2013) und nimmt die dort entwickelte Zugriffsweise auf, nun aber in spezifischer Konzentration auf den BRU.

1.   Demographie und ihre Implikationen für den BRU

Wie ändern sich die Bedingungen, die Struktur und die Schülerschaft im BRU durch den demographischen, religiösen und sozialen Wandel? Diese Frage ist eine Zukunfts- frage für den BRU wie auch für Schulen insgesamt. Einerseits haben demographisch bedingte Veränderungen im BRU längst begonnen bzw. sie werden dort im Vergleich zu anderen Schulformen gleichsam vorweggenommen. Denn aufgrund der besonde- ren Gestalt des BRU sowie der Situation im berufsbildenden Schulwesen ist dieses Fach anfälliger für solche Veränderungen als beispielsweise der Religionsunterricht an allgemeinbildenden Gymnasien. Aussagen zum BRU sind in der genannten Hinsicht alles andere als Zukunftsprognosen, weil die Zukunft schon Gegenwart bzw. deutlich absehbar ist. Das gilt insbesondere für die Präsenz muslimischer Schülerinnen und Schüler an den Schulen und im BRU. Dennoch sind die Konsequenzen demographi- scher Entwicklungen nicht einfach abzusehen, weil sie mit bildungspolitischen Opti- onen verbunden sind, die sich wiederum nicht ohne Weiteres prognostizieren lassen und zudem innerhalb Deutschlands auch ganz verschieden aussehen können.

Besondere Aufmerksamkeit im Blick auf Zukunftsprognosen verdienen u.E. vor allem zwei Probleme: die nicht immer einfache Datenlage sowie die Frage der Vali- dität der Daten. Statistisch erfassbare bzw. erfasste Merkmale und die wissenschaft- lichen und bildungspolitischen Interessen aus der Perspektive des BRU sind nicht immer deckungsgleich. Statistische Beschreibungen der multireligiösen Situation an Berufsschulen, des religiösen Profils der – wie häufig in nicht unproblematischer Wei- se formuliert wird – „Gäste" im evangelischen und katholischen Unterricht an Berufs- schulen sowie der Situation von Muslimen in Deutschland sind für viele Fragen auf Schätzungen oder sogar bloße Eindrücke angewiesen. Einige Beispiele: Die Daten- bank des Zensus 2011 erfasst bei der Religionszugehörigkeit nur evangelische bzw. katholische Christen (soweit in Körperschaften des öffentlichen Rechts organisiert) und „Sonstige, keine, ohne Angabe" – obwohl die letzte Rubrik mit über 31 Millionen Menschen die größte ist (Statistische Ämter des Bundes und der Länder [StÄ], 2013)! Die Zahl der Muslime in Deutschland anhand von Merkmalen wie „Ausländer" oder „Migrationshintergrund" zu extrapolieren ist kein befriedigendes Verfahren mehr, weil Migration so komplex geworden ist, dass sie nicht auf eine Religion allein mehr abbildbar ist, und das Merkmal „Ausländer" genau so wenig. Beispiel: Von den etwa 4 Millionen Muslimen in Deutschland haben „nur" etwa 3 Millionen einen türkischen Migrationshintergrund (Haug, Müssig & Stichs, 2009, S. 76). Die Studie „Muslimi- sches Leben in Deutschland" belegt, dass die seitherigen Schätzungen, die sich an der religiösen Prägung des Migrationslandes orientierten, ungenau sind, und ebenso, dass mittlerweile 45% der Muslime in Deutschland eine deutsche Staatsangehörigkeit besitzen (ebd., 2009, S. 11–13). Was die schulstatistisch gewissermaßen von unten erhobenen Daten anbelangt, ist mindestens mit Ungenauigkeiten im Blick auf die Religionsmerkmale zu rechnen. Fehler mögen hier an mangelndem Interesse an prä- ziser Datenerfassung liegen, aber auch auf Eigenheiten bei der konfessionellen bzw. religiösen Selbstzuschreibung von Schülerinnen und Schülern zurückzuführen sein.

Festzuhalten bleibt insgesamt, dass belastbares Datenmaterial eine dringende Notwendigkeit ist, um gegenwärtige Bemühungen um religiöse Bildung richtig zu deuten und Optionen für die Zukunft angemessen entwickeln zu können. In dieser Hinsicht sind auch die Erwartungen an eine künftige evangelische Bildungsberichterstattung hoch.[2]

In Deutschland wird es in Zukunft weniger Menschen und weniger Schülerinnen und Schüler geben. Bis zum Jahr 2030 wird die Bevölkerung in Deutschland um 5,7% zurückgehen (gegenüber dem Stand von 2008), die Zahl der Kinder und Jugendlichen aber um 17% (StÄ, 2011, S. 7). Die Entwicklung in den einzelnen Bundesländern dürfte freilich verschieden sein, weil es durch die Binnenwanderung bedingt „Gewinner" (Süddeutschland, Stadtstaaten) und „Verlierer" gibt (Ostdeutschland) (ebd., S. 7 u. S. 18–20; die zugrunde liegenden Szenarien bzw. Wenn-Dann-Annahmen werden auf S. 9 erläutert). Die Folgen für die Schülerzahlen im beruflichen Schulwesen lassen sich schon jetzt ablesen. Deutschlandweit ist die Anzahl der Schülerinnen und Schüler an beruflichen Schulen gegenüber dem Stand des Schuljahrs 2008/09 bis heute auf 2.625.200 Schülerinnen und Schüler zurückgegangen. Der Rückgang in diesen vier Jahren beträgt minus 11,1% und der Bildungsvorausberechnung der Statistischen Ämter zufolge wird der Rückgang bis zum Schuljahr 2025/26 bei minus 26,4% liegen. Er betrifft die Flächenländer in Ost und West gleichermaßen, lediglich die Stadtstaaten stehen besser da. Dabei sind die Schulen des dualen Systems (minus 34,0%) bzw. der sog. Schulberufssysteme, die insbesondere Ausbildungen im Gesundheits- und Sozialwesen umfassen (minus 36,2%), besonders betroffen, während Bildungsgänge, die zu einer Hochschulzugangsberechtigung führen, weniger stark zurückgehen (minus 23,7%) (Hetmeier, Schräpler & Schulz, 2010, S. 63–65).

Anteil und Anzahl evangelischer Christen in Deutschland werden weiter sinken. Waren im Jahr 1990 noch 36,9% der Bevölkerung in Deutschland Mitglied der evangelischen Kirchen, waren es 18 Jahre später nur noch 30,0%. Für die katholische Kirche sehen die Zahlen in der Tendenz gleich, aber etwas weniger deutlich ausgeprägt aus: Von (1990) 35,7% geht die Anzahl der Mitglieder auf 30,7% zurück (Eicken & Schmitz-Veltin, 2010, S. 578). Der Mitgliederverlust durch Tod ist (für die evangelische Kirche) fast doppelt so hoch wie der Verlust durch Austritt (ebd., S. 581). Die Taufzahlen gehen mindestens im Umfang des Geburtenrückgangs zurück, außerdem wird vermehrt zumindest vorläufig auf die Taufe verzichtet. Weiter ist beispielsweise die Taufziffer von Kindern, deren Mütter zwar evangelisch, aber nicht verheiratet sind, stark rückläufig (Ahrens, 2005, S. 2 u. S. 17–19). Zur demographischen Entwicklung kommen also Formen des sozialen Wandels, die in der Folge auch das religiöse Profil von Lerngruppen im BRU komplexer machen.

Die Anzahl der muslimischen Schülerinnen und Schüler ist bedeutend. In Deutschland leben derzeit (2008) zwischen 3,8 und 4,3 Millionen Muslime, das sind zwischen 4,6% und 5,2% der Gesamtbevölkerung (Haug et al., 2009, S. 80). Die muslimische Bevölkerung ist im Schnitt jünger (nämlich 3,6 Jahre) als die andersreligiöse aus den-

---

2   Besondere Fragen und Probleme der Datenlage zum evangelische Religionsunterricht notieren Elsenbast, Fischer, Schöll & Spenn (2008), S. 72–81.

selben Herkunftsländern (ebd., S. 114); man kann daher vorsichtig annehmen, dass durch mehr bevorstehende Phasen der Familiengründung durchschnittlich mehr muslimische Kinder zu erwarten sind. Nach wie vor sind bei den schulischen Übergängen auf Haupt- und Realschulen, dem klassischen Reservoir für den sich anschließenden Übergang ins berufliche Schulwesen, Schülerinnen und Schüler mit Migrationshintergrund überdurchschnittlich stark vertreten (Autorengruppe Bildungsberichterstattung, 2012, S. 254). Auch wenn die Probleme der statistischen Erfassung sowie der Bedeutung des Merkmals „Migrationshintergrund" bewusst gehalten werden, erscheint die Erwartung begründet, dass auch die Zahl der Muslime beim Übergang ins berufliche Bildungswesen überdurchschnittlich sein wird.

In der Tübinger Studie zu Kindern im Elementarbereich (Schweitzer, Edelbrock & Biesinger, 2011, S. 37) schätzen die Erzieherinnen den Anteil an muslimischen Kindern auf etwa 13% und den der konfessionslosen auf bis zu 18%. Auch diese Zahlen deuten auf eine zunehmende quantitative Annäherung der Gruppen evangelisch, katholisch, muslimisch und konfessionslos hin, die im beruflichen Schulwesen früher ankommen könnte als in anderen Schulen.[3]

Muslimische Schülerinnen und Schüler haben bislang nur unterdurchschnittlich Zugang zu Angeboten religiöser Bildung an öffentlichen Schulen. Selbst in Nordrhein-Westfalen, einem Bundesland mit überdurchschnittlich hoher Anzahl von Muslimen (7 bis 8% Anteil der Bevölkerung im Vergleich zu 5% im Bundesschnitt [MAISNRW, 2010, S. 34]) und früh ausgebauten Strukturen islamischen Religionsunterrichts, nehmen 62,9% an keinem Religionsunterricht teil und nur 13,9% werden durch islamischen Religionsunterricht (gemeint ist vermutlich die in Nordrhein-Westfalen bis 2012 übliche Religionskunde) erreicht. 11,3% besuchen christlichen Religionsunterricht und 9,2% besuchen ein Ersatzfach (ebd., S. 89). Die außerschulische Religionsunterweisung erreicht knapp 60% der Muslime nie (ebd., S. 89). Mit der wachsenden Zahl von muslimischen Schülerinnen und Schülern geht eine große Akzeptanz eines einzuführenden islamischen Religionsunterrichts einher: 83,3% der befragten Muslime ab 16 Jahren sind für die Einführung von islamischem Religionsunterricht in öffentlichen Schulen. Selbst Aleviten befürworten noch zu 61,2% den islamischen Religionsunterricht als Schulfach (ebd., S. 90): „Rechnerisch ergibt sich ein Potential von etwa 217.000 bis 254.000 Schülern im schulpflichtigen Alter für islamischen Religionsunterricht in Nordrhein-Westfalen" (ebd., S. 152).[4] Mit der Einführung des

---

3   Weitere Extrapolationen, insbesondere längerfristige, dürften spekulativ sein, weil schwer abzusehen ist, wie die auf mehr soziale Gerechtigkeit und Integration bedachten Bildungsbemühungen im frühkindlichen Bereich gelingen werden, und weil ein sich in Deutschland vermehrt integrierender Islam mit Bewegungen rechnen muss, die wir heute kaum oder gar nicht in Anschlag bringen (Konfessionslosigkeit bei muslimischem Hintergrund, Konversionen, weitere, auch rückwärts gerichtete Migrationsbewegungen).

4   Für Deutschland als Ganzes folgert die Studie „Muslimisches Leben in Deutschland": „Es kann also davon ausgegangen werden, dass bei muslimischen Schülern ebenso wie bei sonstigen religiösen Minderheiten in Deutschland ein Bedarf an auf ihre Religion ausgerichteten Unterrichtsangeboten besteht. Unter den befragten Muslimen sprachen sich 76 Prozent für die Einführung islamischen Religionsunterrichts an öffentlichen Schulen aus" (Haug et al., S. 330).

islamischen Religionsunterrichts in Nordrhein-Westfalen, ab dem Schuljahr 2012/13 für die Grundschulen, ab dem darauffolgenden Schuljahr für die Sekundarstufe I, taucht die Möglichkeit eines islamischen Religionsunterrichts auch im beruflichen Bildungswesen – also eines IBRU – am Horizont auf und es wird ebenso die Notwendigkeit deutlich, dass sich die Träger konfessionellen Religionsunterrichts insgesamt neu positionieren müssen (Meyer-Blanck & Obermann, 2013).

Noch einmal ganz anders müssen alle genannten Aspekte in Ostdeutschland betrachtet werden. Dass Ostdeutschland vom demografischen Wandel überdurchschnittlich betroffen ist, wurde oben schon erläutert. Für die Frage nach den christlichen Konfessionen und dem Islam gilt, dass Letzterer in Ostdeutschland kaum eine Rolle spielt, und dass selbst beide großen christlichen Kirchen zusammen genommen längst eine Minderheit sind. So liegt wohl auch in allen ostdeutschen Bundesländern (mit der Ausnahme Berlins) der Anteil der Schülerinnen und Schüler, die den BRU besuchen, bei deutlich unter 10% (Biewald, 2013). Allerdings bleibt bemerkenswert, dass der BRU dort, wo er erteilt wird, viele konfessionslose Schülerinnen und Schüler einlädt und die Erwartungen an ihn hoch sein können (ebd.).

Resümierend können fünf Aspekte bzw. offene Fragen genannt werden, die demographischer, sozialer und konfessioneller Wandel bereits mit sich bringt und in Zukunft verstärkt bringen wird:

1. Der Rückgang der Schülerzahlen insgesamt im beruflichen Schulwesen hat Auswirkungen auf Schulstrukturen. Die Anzahl der Standorte für duale Ausbildungen wird geringer werden, vor allem im ländlichen Bereich werden berufliche Schulen die Differenziertheit ihres Bildungsangebots nicht halten können. Berufliche Schulen insgesamt, nicht nur der BRU (aber eben auch der BRU), werden sich einem außerordentlichen Veränderungsdruck ausgesetzt sehen.

2. In Baden-Württemberg sind im Jahr 2010/11 etwa ein Viertel der vorgesehenen Stunden im konfessionellen Religionsunterricht nicht erteilt worden (Lorenz, 2012, S. 220). Die beruflichen Schulen haben derzeit immer noch ein strukturelles Unterrichtsdefizit, zu dem der ausfallende Religionsunterricht deutlich beiträgt. Sollte es gelingen, das Unterrichtsdefizit zu verringern, was dann der Fall ist, wenn der Abbau von Lehrerstellen den zurückgehenden Schülerzahlen nicht eins zu eins folgt, könnte der Religionsunterricht sich von dieser Seite her stabilisieren.

3. Der BRU der Zukunft wird sich, wenn er in der bisherigen Form bestehen bleibt, auf eine weiter zunehmende Anzahl von nicht-getauften, freikirchlichen, vor allem aber muslimischen und konfessionslosen Schülerinnen und Schüler einstellen müssen. Ob unter diesen Bedingungen der BRU – hier nur für den evangelischen gesprochen – weiter in einleuchtender Art und Weise als „Gastgeber" für alle anderen auftreten kann, ist eine offene Frage. Umso mehr, als auch in Zeiten geringer werdender kirchlicher Finanz- und Personalressourcen kirchliches Handeln, und auch kirchlich mitverantwortetes Handeln wie der Religionsunterricht, unter erhöhtem Druck stehen wird. Der BRU wird seine Plausibilität und womöglich auch seinen Nutzen vermehrt deutlich machen müssen (zu den didaktischen Fragen, die solchermaßen gesteigerte Heterogenität aufwirft, unten mehr).

4. Man wird insgesamt mindestens in ganz Westdeutschland von einer Steigerung der Bemühungen um islamischen Religionsunterricht ausgehen können. Allerdings ist noch nicht abzusehen, wie sich die personellen Ressourcen entwickeln werden und die Bereitschaft der Berufsschulen, islamischen Religionsunterricht (IRU) einzurichten. Gerade für die Berufsschulen wird man, angesichts anderer Prioritäten mit direktem Berufsbezug, von einer Nachrangigkeit der Einführung von IRU ausgehen müssen. Für christlichen Religionsunterricht wird es eine Zukunftsfrage sein, wie er sich zum IRU ins Verhältnis setzt.

5. Allerdings ist die weitere Zukunft nicht einfach vorhersagbar. Wie die statistisch beschriebenen Tendenzen im BRU manifest werden (das ist nicht nur eine Frage der betroffenen Alterskohorte, sondern auch der sozialen Schichten bzw. des formalen Bildungsabschlusses sowie der Übergangsquoten aus den Schularten der Sekundarstufe I), ist nicht eindeutig zu sagen, und es wird auch von Region zu Region verschieden sein. Schließlich dürfte auch eine Rolle spielen, welche Strukturen für den BRU in der Vergangenheit jeweils eingerichtet worden sind. Man wird auch eine Beharrungskraft des Bestehenden in Anschlag bringen müssen – im positiven wie auch im negativen Sinn, wie die Erfahrungen in Ostdeutschland zeigen. Gleichwohl gilt, dass der Druck der beschriebenen demographischen Veränderungen allmählich, aber überall und in jeder Hinsicht stärker werden wird.

2.   Bildungspolitische Optionen: BRU oder „Ethik für alle"?

Die demographische Entwicklung und, mit ihr verbunden, der sich bereits abzeichnende Religionswandel in Deutschland, den wir hier nur nach seiner äußeren Seite der Religionszugehörigkeit betrachten – die gleichsam innere Seite der sich verändernden religiösen Einstellungen und Orientierungen (Individualisierung, Pluralisierung usw.) wirft natürlich ebenfalls weitreichende Fragen für jede Form von Religionsunterricht auf, auf die hier nur in allgemeiner Form verwiesen werden kann – lassen insgesamt eine nachhaltig veränderte Zusammensetzung der Schülerschaft erwarten. Deutliche Zunahmen zeichnen sich besonders beim Anteil der Konfessionslosen sowie der Muslime ab. Das gilt zunächst für alle Schulstufen und -arten. Sofern sich das Übergangsverhalten zwischen den Schularten in den nächsten Jahren nicht nachhaltig verändert (was zumindest für die nahe Zukunft unwahrscheinlich erscheinen mag – solche Veränderungsprozesse brauchten jedenfalls in der Vergangenheit jeweils längere Zeit), wird der berufsschulische Bereich von diesen Veränderungen besonders betroffen sein. Der Anteil von Schülerinnen und Schülern mit muslimischer Religionszugehörigkeit im gymnasialen Bereich ist, zumindest Erfahrungsberichten zufolge, geringer, als es von den absoluten Zahlen her – bei gleicher Bildungsbeteiligung wie bei anderen Gruppen – zu erwarten wäre (eine Beobachtung, die allerdings keineswegs auf den Faktor „Religion" zurückgeführt werden kann!).

„Entsprechend sind Jugendliche mit Migrationsgeschichte, insbesondere Jungen muslimischer Herkunft, an Gymnasien und Realschulen deutlich unterrepräsentiert, während sie an den Haupt- und Sonderschulen überproportional stark vertreten sind

[…]. Der Anteil der Migrantenkinder, der ohne Hauptschulabschluss das Schulsystem verlässt, liegt stabil bei 20 Prozent" (El-Mafaalani & Toprak, 2011, S. 29). Und für Baden-Württemberg gilt: „Beim Übergang in die weiterführenden Schulen unterscheiden sich Kinder unterschiedlicher Sozialschichten und Kinder mit und ohne Zuwanderungsgeschichte im Kompetenzniveau beträchtlich. Dies bildet sich auch im Besuch der weiterführenden Schulen ab. Schülerinnen und Schüler mit deutscher Herkunft und hohem sozialen Status besuchen nur zu 9 Prozent die Hauptschule, Schülerinnen und Schüler mit Migrationshintergrund und niedrigem sozialen Status zu 57 Prozent. Die entsprechenden Besuchsquoten am Gymnasium liegen bei 57 bzw. 10 Prozent" (Baumert, 2011, S. 15–16). Natürlich sind Migrationsbiographien nicht ausschließlich bei Muslimen zu finden, diese Problematik wurde oben benannt. Dennoch liegt bei solchen Befunden auf der Hand, dass gerade im beruflichen Schulwesen die Präsenz muslimischer Schülerinnen und Schüler sehr bedeutsam ist. Keinesfalls darf dieser Befund kulturalistisch gedeutet werden: „Die unterschiedliche Bildungsbeteiligung von Migrantenkindern ist also nicht auf eine kulturelle Distanz der zugewanderten Familien gegenüber dem deutschen Bildungssystem zurückzuführen. Für das Bildungsverhalten verantwortlich sind der vorschulische und schulische Förderungserfolg und die soziale Lage" (ebd., S. 16). Für das berufliche Schulwesen insgesamt ist ebenso bedeutsam, dass das Risiko für Jugendliche mit niedrigem oder ohne Schulabschluss, keinen Ausbildungsplatz zu bekommen, im Falle der Migrationsbiographie doppelt so hoch ist als ohne (ebd., S. 125). Die Folgen für die Zusammensetzung der Klassen in den berufsschulischen Übergangssystemen sind offensichtlich. Der BRU sollte sein Selbstverständnis, seine Methodik und seine Themen vor dem Hintergrund dieser mangelnden sozialen Teilhabe reflektieren und einstellen.

Da die evangelischen und katholischen Anteile an der Schülerschaft insgesamt abnehmen, könnte es so zu einer allmählichen Annäherung der Quantitäten kommen – mit der Folge, dass der evangelische, der katholische und der muslimische Anteil an der Schülerschaft im beruflichen Bildungswesen sich jeweils 20% annähert.

Auch wenn dies aus den oben bereits erwähnten Gründen vor allem der unzureichenden Datenlage eine durchaus unsichere Vorhersage bleiben muss, kann sie doch versuchsweise als Ausgangspunkt für zwei unterschiedliche Szenarien gewählt werden:

* *„Ethik für alle" statt BRU*: Je vielfältiger sich die religiöse Zusammensetzung der Schülerschaft darstellt, desto schwieriger wird es auch, einen nach Konfessions- und Religionszugehörigkeit getrennten, auch die Nicht-Zugehörigkeit Konfessionsloser beachtenden Religionsunterricht zu organisieren. Sehr viel attraktiver erscheint dann wohl vielen ein „Ethikunterricht für alle", etwa nach dem Vorbild Berlins oder einer am Vorbild von LER (Lebensgestaltung – Ethik – Religionskunde) in Brandenburg gestalteten Religionskunde als allgemeines Fach, um nur die entsprechenden Modelle in Deutschland zu nennen. Die Kirchendistanz, die auch vor der Politik nicht haltmacht, unterstützt dabei weiter die Tendenz zu Einheitsangeboten, die sich im Übrigen auch durch jedenfalls behauptete Einsparmöglichkeiten weiter empfehlen.

- *Islamischer BRU als weitere Ausdifferenzierung des Angebots*: Der Islamische Religionsunterricht wird in vielen Bundesländern von der Grundschule her eingeführt. Teilweise wurde, besonders deutlich in Nordrhein-Westfalen, auch eine flächendeckende Institutionalisierung beschlossen. Daher erscheint es zumindest denkbar, dass auch ein Islamischer BRU eingeführt wird, jedenfalls auf längere Sicht. Mit einem Fach „Ethik für alle" wäre dies nicht zu vereinbaren, es sei denn, man würde, dem Berliner Vorbild folgend, den BRU auf ein freiwilliges Zusatzangebot reduzieren, was im berufsschulischen Bereich aber schon angesichts der sehr begrenzten zeitlichen Möglichkeiten keine realistische Option darstellen kann.

Da sich die beiden Optionen wechselseitig ausschließen, stellt sich in gewisser Weise die Frage, was früher erreicht wird – ein Ausbaugrad für den islamischen Religionsunterricht, der dessen (Wieder)Abschaffung quasi unmöglich macht, eben weil bereits zu viele Fakten geschaffen sind – oder die mögliche Durchsetzung der Tendenz zu einem „Ethikunterricht für alle", durch den auch ein islamischer Religionsunterricht überflüssig würde. Islamische Religionspädagogen nehmen den engen Zusammenhang zwischen dem islamischen Religionsunterricht und der Zukunft des konfessionellen Religionsunterrichts insgesamt mitunter sehr sensibel wahr und sprechen, auch kritisch, davon, dass der Islamische Religionsunterricht von christlicher Seite wohl auch deshalb befürwortet werde, weil er den christlichen Religionsunterricht retten soll (dazu diverse Stellungnahmen in Ucar, Blasberg-Kuhnke & von Scheliha, 2010). Bei solchen Sichtweisen bleibt freilich zu beachten, dass dies auch umgekehrt gilt: Ohne christlichen (konfessionellen) Religionsunterricht wird es auch keinen Islamischen Religionsunterricht geben, wie etwa das Beispiel Hamburg zeigt, wo neben dem dortigen „Religionsunterricht für alle", der in evangelischer Verantwortung erteilt wird, für einen islamischen Religionsunterricht auch in Zukunft kein Raum bleiben soll (Vieregge & Weiße, 2012).

Welcher Option der Vorzug gegeben wird, hängt natürlich nicht zuletzt von politischen Überzeugungen im Blick auf den Religionsunterricht ab. Welchen Gewinn lässt ein sich weiter ausdifferenzierendes Angebot verschiedener Formen von Religionsunterricht erwarten? Oder umgekehrt: Welche vielleicht nicht-intendierten Nebenfolgen etwa im Sinne der Separierung statt der Integration wären davon zu erwarten? Auch in der Religionspädagogik wird immer wieder ein bloßes Nebeneinander konfessions- oder religionsgebundener Fächer befürchtet und dann auch ausdrücklich abgelehnt. Im Hintergrund wird dabei allerdings nicht die Abschaffung des Religionsunterrichts zugunsten des Ethikunterrichts gewünscht, sondern eher ein Modell im Sinne des Hamburger „Religionsunterrichts für alle". Zugleich steht gerade dieses Modell derzeit auf dem Prüfstand: Nachdem die Stadt Hamburg Verträge mit islamischen Vereinigungen sowie mit den Aleviten geschlossen hat, besteht dort ausdrücklich die Möglichkeit eines eigenen islamischen Religionsunterrichts. Ob diese Möglichkeit genutzt werden wird oder ob von muslimischer Seite die Zustimmung zu einem „Religionsunterricht für alle" überwiegt, ist noch offen (Haese, 2013). Dass das herkömmliche Hamburger

Verständnis, dass ein solcher Religionsunterricht „in evangelischer Verantwortung" steht und erteilt wird, keinen Bestand haben kann, ist jedoch ziemlich absehbar.

Für den BRU bleibt es so gesehen bei der Alternative: „Ethik für alle" *oder* BRU. Die Option für Ethik würde damit den Verlust aller Möglichkeiten bedeuten, die sich mit dem Religionsunterricht – einschließlich des Islamischen Religionsunterrichts – verbinden.

3.   Profil und Unterrichtsqualität

Schon nach dem bislang Gesagten liegt es auf der Hand, dass die Zukunft des BRU auch von seiner eigenen Ausgestaltung abhängig ist. Besonders dem BRU wird vielfach nachgesagt, dass er sich inhaltlich kaum mehr von einem Ethikunterricht unterscheide. Auch wenn es sich dabei um ein Vorurteil handelt und sich keine empirischen Befunde anführen lassen, auf die sich eine solche Einschätzung stützen könnte, tut dies der Wirkung solcher Behauptungen keinen Abbruch. Einen ohnehin zum Ethikunterricht mutierten BRU wird man jedenfalls leichter durch ein auch ausdrücklich so bezeichnetes Angebot ersetzen können als einen profilierten *Religions*unterricht. Insofern zielt eine erste Folgerung auf das notwendige christliche Profil des BRU. Nur ein erkennbar auf einer christlichen Grundlage beruhender *Religions*unterricht wird Zukunft haben. Damit ist freilich nicht gemeint, dass der BRU der Zukunft auf die für ihn heute als konstitutiv erachteten Prinzipien der Subjekt-, Schüler- und Lebensweltorientierung verzichten könnte. Die Herausforderung besteht vielmehr darin, diese grundlegende Orientierung mit einem christlichen Profil zu verbinden.

Dabei muss die innere Gestalt des BRU weiter bedacht werden. Zugespitzt formuliert, befindet sich der BRU nicht nur in einer gewissen Defensive, was seine strukturellen Bedrohungen angeht (Unterrichtsversorgung, Platz in der Schulstruktur, Demographie), sondern er hat aus dieser Not mitunter auch eine Tugend gemacht, indem er im Gegenüber zum Religionsunterricht anderer Schulformen den Ruf eines Exoten oder gar eines *enfant terrible* willig angenommen hat. So charmant solche Bilder und Selbstzuschreibungen auf den ersten Blick sein mögen, so gefährlich können sie langfristig dann werden, wenn der BRU nicht klar und ausweisbar belegt, welchen Beitrag er zu religiöser Bildung, zu Schulkultur und Schulentwicklung sowie zu beruflicher Handlungsfähigkeit und Persönlichkeitsbildung insgesamt leistet.[5] Gerade die berufliche Handlungsfähigkeit ist außerordentlich bedeutsam in denjenigen Schularten, in denen der BRU am meisten von einer „Austrocknung" bedroht ist, nämlich den Schularten dualer Ausbildungsgänge. Der BRU kann hier nicht nur einen Beitrag in pflegerisch-sozialpflegerischen und pädagogischen Schularten leisten – das dürfte gesellschaftlich einigermaßen anerkannt sein –, sondern auch in technisch-gewerblichen und kaufmännischen Zusammenhängen Einseitigkeiten verhindern, berufliches Handeln vertieft verstehen helfen und Alternativen zu vermeintlichen Handlungszwängen aufzeigen.

---

5   Siehe dazu den Beitrag von Meyer-Blanck & Obermann in diesem Band.

Ein wesentlicher Beitrag zur Qualitätsentwicklung im Bereich des BRU dürfte bereits in den vergangenen Jahren insbesondere durch die Arbeit der drei neu eingerichteten Institute KIBOR, EIBOR und bibor geleistet worden sein (Biesinger, Meyer-Blanck & Schweitzer, 2013). Dazu gehört die Entwicklung von Unterrichtsmaterialien, aber auch empirische Unterrichtsforschung sowie religionsdidaktische Arbeit, die für Theologie, Pädagogik und Religionspädagogik gleichermaßen anschlussfähig ist und zudem den Kontakt zur Berufspädagogik sucht (Biesinger, Schweitzer, Gronover & Ruopp, 2012). Dazu kommt ein klares religiöses Profil – auf evangelischer Seite besonders auch in der Gestalt „bru-tauglicher" Formen für die unterrichtliche Arbeit mit biblischen Texten (Märkt, Schnabel-Henke & Schweitzer, im Druck). Das entspricht evangelischer Identität und sollte auch im Sinne des o.g. Profilgedankens einen deutlicheren Stellenwert gewinnen. Gerade angesichts der Herausforderung des Pluralismus und der interreligiösen Verständigung stellen sich neue Aufgaben: Auskunftsfähigkeit im Blick auf die eigene Glaubenstradition ist eine unerlässliche Voraussetzung und – entgegen anderslautender Auffassungen – kein Hindernis für Kommunikation in pluralen Zusammenhängen. Ebenso wird es darum gehen, die gesellschaftlichen und schulischen Erwartungen gegenüber dem BRU zur Kenntnis zu nehmen und angemessen aufzugreifen. Im gesellschaftlichen Diskurs wird dabei in der Regel über Wertebildung diskutiert. Sämtliche Anliegen, die sich mit dem immer auch schillernden Begriff der Werte verbinden, wird man aus evangelischer Perspektive nicht vorbehaltlos aufnehmen können. Religionsunterricht ist nicht die Feuerwehr der Schule oder der Gesellschaft, und Religionsunterricht erschöpft sich nicht in Moralerziehung. Gleichwohl sollte der BRU wahrnehmen, welche – oft hohen! – Erwartungen von der Gesellschaft, hier insbesondere von den dualen Partnern her, an ihn gerichtet werden und das dazu schon längst vorhandene Potential klären und für die Akteure im Schulsystem transparent machen.[6]

Von gelungenen Beispielen zu lernen dürfte eine weitere Aufgabe sein, die der BRU im Sinne der Qualitätssteigerung vermehrt in Angriff nehmen sollte. In diesem Band wird etwa auf ein sog. Leuchtturmprojekt zum interreligiösen Lernen verwiesen (Simon-Winter & Pruchniewicz). Leuchtturmprojekte können dazu dienen, exemplarische Erfahrungen in eine regelmäßige Praxis zu überführen, in diesem Fall einer produktiven Annahme der interreligiösen Herausforderungen im BRU, sei es in einem Unterricht im Klassenverband, sei es in Kooperation mit entstehenden Formen eines islamischen BRU. Auch zur Frage des Umgangs mit Heterogenität werden zwar nicht ausschließlich im BRU, aber vermehrt in ihm Erfahrungen gemacht, die wissenschaftlich bearbeitet und unterrichtspraktisch fruchtbar gemacht werden. Heterogenität sollte hier nicht nur als religiöses Merkmal oder eine Frage kognitiver Leistungsfähigkeit verstanden werden, sondern es sollten auch Merkmale wie Motivationslage, Alter und soziale Anerkennung konsequent Berücksichtigung finden. Auch hier liegen Erfahrungen aus dem BRU vor, die wissenschaftlich begleitet wurden und werden sollten. Gerade in diesem Bereich, wo nach Wegen gesucht wird, wie auch bildungsferne Jugendliche Annahme und Akzeptanz erfahren können und selbst die Erfahrung ma-

---

6 Zum Zusammenhang der Wertebildung siehe auch Schweitzer, Ruopp & Wagensommer (2012).

chen können, gebraucht zu werden und etwas Sinnvolles tun zu können, hat der BRU eine hohe gesellschaftliche Plausibilität. An dieser Stärke sollte er weiter arbeiten und einen entschlossen diakonischen Unterricht nicht als Randerscheinung verstehen (Bäcker et al., 2011; Obermann & Kaiser, 2013).

Schließlich ist auch die konfessionelle Kooperation zwischen evangelischen und katholischen Lerngruppen unter der Fragestellung der Unterrichtsqualität neu zu bedenken (Gronover, 2011). Der Unterricht im Klassenverband, der – je nach Perspektive des Wahrnehmenden – entweder eine eingespielte Form konfessioneller Kooperation oder geduldete pragmatische Behelfsmöglichkeit ist, hätte mehr spezifische fachdidaktische Aufmerksamkeit verdient, die wiederum auf Bildungsbemühungen der evangelischen und der katholischen Kirche in anderen Schularten und anderen Orten ausstrahlen könnte. In der konfessionell-kooperativen Struktur des BRU liegen Potentiale für den Erwerb von Dialog- und Pluralitätsfähigkeit, die konsequenter genutzt werden sollten (Schweitzer, Biesinger et al., 2002; Schweitzer, Biesinger, Conrad & Gronover, 2006). Das gilt umso mehr, wenn in Zukunft vielleicht auch eine Kooperation zwischen dem evangelischen, katholischen und islamischen Religionsunterricht möglich wird. Nur in reflektierter Gestalt können die Potentiale einer solchen ökumenischen und interreligiösen Kooperation wahrgenommen und diskutiert werden. Der Unterricht im Klassenverband sollte unter der Perspektive ausgestaltet sein und werden, inwiefern er in der Lage ist bzw. wie er in die Lage versetzt werden kann, den Anspruch der Offenheit für andere auch qualifiziert einzulösen, die religiösen Bildungsbedürfnisse von Konfessionslosen und Muslimen ernst zu nehmen und zugleich konfessionelle Standpunkte transparent zu machen.

4.   Bedingt der BRU der Zukunft die Zukunft des BRU?

Auch am Ende dieses Kapitels gibt es keinen Grund, die zu Beginn genannte These zurückzunehmen: *Die Zukunft des BRU hängt ab vom BRU der Zukunft.* Deutlich geworden ist freilich auch, dass diese These nicht in einem naiven Sinne so verstanden werden darf, als wäre allein die innere (Qualitäts-)Entwicklung entscheidend. Mit einem solchen (Miss-)Verständnis würde auch den Lehrerinnen und Lehrern im BRU eine Verantwortungslast aufgebürdet, die kaum zu (er-)tragen wäre.

Wie in mehreren Hinsichten herausgearbeitet werden konnte, ist von einem komplexen Zusammenspiel innerer und äußerer Faktoren und Entwicklungen auszugehen. Der BRU befindet sich nicht in einer Opferrolle, aber er hat die Zukunft auch nicht einfach in der eigenen Hand. Entscheidend ist durchweg, ob und wie es gelingt, die innere Entwicklung des Faches im Sinne von Profil und Qualität auf die sich wandelnden äußeren Voraussetzungen abzustimmen.

Eine besondere Rolle werden dabei eine – reflektierte und pädagogisch verantwortete – Form der Wertebildung sowie eine entschiedenere Wahrnehmung interreligiöser Herausforderungen spielen. Die Grundgestalt eines BRU, der im Klassenverband erteilt wird, sollte dabei vom Ansatz einer konfessionellen und interreligiösen

Kooperation her neu erschlossen und gestaltet werden – zugunsten eines bewusst an Gemeinsamkeiten und Unterschieden ausgerichteten Lern- und Bildungsangebots.

Literatur

Autorengruppe Bildungsberichterstattung (Hrsg.) (2012). *Bildung in Deutschland 2010: Ein indikatorengestützter Bericht mit einer Analyse zur kulturellen Bildung im Lebenslauf.* Bielefeld: Bertelsmann. http://www.bildungsbericht.de/daten2012/bb_2012.pdf [10.07.2013].

Ahrens, P.-A. (2005). *Taufbereitschaft – Taufvollzug – Taufunterlassung? Antworten der Statistik.* Hannover: Sozialwissenschaftliches Institut der EKD. http://www.ekd.de/si/download/ Taufbereitschaft_und_Taufvollzug-Endversion-3.pdf [10.07.2013].

Bäcker, E., Hauf, J., Hettler, J.-S., Nassal, R., Paulus, H.P., Schmidt, J. & Zerrer, G. (2011). *Stärken stärken: Ein Modellprojekt für den Unterricht in der Berufsvorbereitung. Grundlagen und Materialien.* Norderstedt: BoD.

Baumert, J. (Hrsg.) (2012). *Expertenrat „Herkunft und Bildungserfolg": Empfehlungen für bildungspolitische Weichenstellungen in der Perspektive auf das Jahr 2020* (BW 2020). Stuttgart: Ministerium für Kultus, Jugend und Sport. http://www.kultusportal-bw.de/ site/pbs-bw/get/documents/KULTUS.Dachmandant/KULTUS/kultusportal-bw/pdf/ ExpertenberichtBaW%C3%BC_online.pdf [10.07.2013].

Biesinger, A., Schweitzer, F., Gronover, M. & Ruopp, J. (Hrsg.) (2012). *Integration durch religiöse Bildung: Perspektiven zwischen beruflicher Bildung und Religionspädagogik.* Münster: Waxmann.

Biesinger, A., Meyer-Blanck, M. & Schweitzer, F. (2013). Die Institute für berufsorientierte Religionspädagogik (bibor, EIBOR; KIBOR) – Was bedeuten die neuen Forschungseinrichtungen für die Religionspädagogik? *Zeitschrift für Pädagogik und Theologie, 65,* 246–255.

Biewald, Roland (2013). Ein Fach für alle (Fälle). Berufsschulreligionsunterricht (BRU) in den ostdeutschen Bundesländern. *Zeitschrift für Pädagogik und Theologie, 65,* 229–239.

Eicken, J. & Schmitz-Veltin, A. (2010). *Die Entwicklung der Kirchenmitglieder in Deutschland: Statistische Anmerkungen zu Umfang und Ursachen des Mitgliederrückgangs in den beiden christlichen Volkskirchen.* Wiesbaden: Statistisches Bundesamt. https://www.destatis.de/DE/Publikationen/WirtschaftStatistik/Gastbeitraege/EntwicklungKirchenmitglieder. pdf?__blob=publicationFile [10.07.2013].

El-Mafaalani, A. & Toprak, A. (2011). *Muslimische Kinder und Jugendliche in Deutschland: Lebenswelten-Denkmuster-Herausforderungen.* Sankt Augustin: Konrad-Adenauer-Stiftung. http://www.kas.de/wf/doc/kas_28612–544-1–30.pdf [10.07.2013].

Elsenbast, V., Fischer, D., Schöll, A. & Spenn, M. (2008). *Evangelische Bildungsberichterstattung: Studie zur Machbarkeit. Erstellt vom Comenius-Institut Münster im Auftrag des Kirchenamts der EKD.* Münster: Comenius-Institut. http://ci-muenster.de/biblioinfothek/ open_access_pdfs/Evangelische_Bildungsberichterstattung_Studie_zur_Machbarkeit.pdf [10.07.2013].

Gronover, M. (2011). Konfessionelle Kooperation im Berufsschul-Religionsunterricht? In A. Biesinger & F. Schweitzer (Hrsg.), *Schule – Werte – Religion: Kongress des Evangelischen Instituts für berufsorientierte Religionspädagogik (EIBOR) und des Katholischen Instituts für berufsorientierte Religionspädagogik (KIBOR) am 3. Mai 2011 in Stuttgart* (S. 29–31). Norderstedt: BoD.

Haese, B.-M. (2013). Zum Stand des Religionsunterrichts für alle in Hamburg. *Zeitschrift für Pädagogik und Theologie, 65*, 15–24.

Haug, S., Müssig, S. & Stichs, A. (2009). *Muslimisches Leben in Deutschland: Im Auftrag der Deutschen Islamkonferenz.* Würzburg: Bundesamt für Migration und Flüchtlinge. http://www.bmi.bund.de/cae/servlet/contentblob/566008/publicationFile/31710/vollversion_studie_muslim_leben_deutschland_.pdf [10.07.2013].

Hetmeier, H.-W., Schräpler, J. P. & Schulz, A. (2010). *Bildungsvorausberechnung: Vorausberechnung der Bildungsteilnehmerinnen und Bildungsteilnehmer, des Personal- und Finanzbedarfs bis 2025. Methodenbeschreibung und Ergebnisse.* Wiesbaden: Statistisches Bundesamt. http://www.statistik-portal.de/Statistik-Portal/bildungsvorausberechnung.pdf#search=berufsschulen [10.07.2013].

Lorenz, K. (2012). Die Integrationsfrage aus der Perspektive der Schulverwaltung. In A. Biesinger, F. Schweitzer, M. Gronover & J. Ruopp (Hrsg.), *Integration durch religiöse Bildung: Perspektiven zwischen beruflicher Bildung und Religionspädagogik* (Glaube-Wertebildung-Interreligiosität, 2. Band, S. 217–228). Münster: Waxmann.

Märkt, C., Schnabel-Henke, H., Schweitzer, F. (im Druck). *Jugend trifft Bibel – Unterrichtsbausteine mit Kopiervorlagen.* Göttingen: Vandenhoeck & Ruprecht.

Meyer-Blanck, M. & Obermann, A. (2013). BRU in der Pluralität. Zur Konfessionalität des BRU angesichts des islamischen Religionsunterrichts in Nordrhein-Westfalen. *Zeitschrift für Pädagogik und Theologie, 65,* 207–217.

Ministerium für Arbeit, Integration und Soziales des Landes Nordrhein-Westfalen [MAISNRW] (Hrsg.) (2010). *Muslimisches Leben in Nordrhein-Westfalen.* Düsseldorf. http://www.mais.nrw.de/08_PDF/003_Integration/110115_studie_muslimisches_leben_nrw.pdf [10.07.2013].

Obermann, A. & Kaiser, Y. (2013). *Du kannst das! Unterrichtsmodule zu Selbstachtung und Menschenwürde für Lerngruppen des Übergangsbereichs* (RU praktisch – berufliche Schulen, 1. Band). Göttingen: Vandenhoeck & Ruprecht.

Schweitzer, F. (2013). Profil und Qualität – Evangelischer Religionsunterricht 2020. Prognosen, Szenarien, Anforderungen. In S. Hermann & H. Rupp (Hrsg.), *Religionsunterricht 2020: Diagnosen, Prognosen, Empfehlungen* (S. 17–26). Stuttgart: Calwer.

Schweitzer, F., Biesinger, A., Conrad, J. & Gronover, M. (2006). *Dialogischer Religionsunterricht: Analyse und Praxis konfessionell-kooperativen Religionsunterrichts im Jugendalter.* Freiburg im Breisgau: Herder.

Schweitzer, F., Biesinger, A., zusammen mit Boschki, R., Schlenker, C., Edelbrock, A., Kliss, O. & Scheidler, M. (2002). *Gemeinsamkeiten stärken – Unterschieden gerecht werden: Erfahrungen und Perspektiven zum konfessionell-kooperativen Religionsunterricht.* Freiburg i.Br.: Herder.

Schweitzer, F., Edelbrock, A. & Biesinger, A. (2011). *Interreligiöse und interkulturelle Bildung in der Kita: Eine Repräsentativbefragung von Erzieherinnen in Deutschland. Interdisziplinäre, interreligiöse und internationale Perspektiven.* Münster: Waxmann.

Schweitzer, F., Ruopp, J. & Wagensommer, G. (2012). *Wertebildung im Religionsunterricht: Eine empirische Untersuchung im berufsbildenden Bereich.* Münster: Waxmann.

Statistische Ämter des Bundes und der Länder (Hrsg.) (2011). *Demografischer Wandel in Deutschland: Bevölkerungs- und Haushaltsentwicklung im Bund und in den Ländern* (Heft 1). Wiesbaden: Statistisches Bundesamt. https://www.destatis.de/DE/Publikationen/Thematisch/Bevoelkerung/VorausberechnungBevoelkerung/BevoelkerungsHaushaltsentwicklung5871101119004.pdf?__blob=publicationFile [10.07.2013].

Statistische Ämter des Bundes und der Länder (Hrsg.) (2013). *Zensus 2011: Zensusdatenbank Zensus 2011 der Statistischen Ämter des Bundes und der Länder.* München: Bayerisches Landesamt für Statistik und Datenverarbeitung. https://ergebnisse.zensus2011.de/#StaticC ontent:00,BEV_1_4_1_7,m,table [10.07.2013].

Ucar, B., Blasberg-Kuhnke, M. & von Scheliha, A. (Hrsg.). (2010). *Religionen in der Schule und die Bedeutung des islamischen Religionsunterrichts.* Göttingen: V & R Unipress.

Vieregge, D. & Weiße, W. (2012). Antwort auf religiöse Vielfalt: Islamischer Religionsunterricht oder Religionsunterricht für alle? *Zeitschrift für Pädagogik und Theologie, 64*, 55–66.

Hans-Josef Becker

Die Zukunftsfähigkeit des Berufsschulreligionsunterrichts

Die Veranstalter des heutigen Zukunftskongresses haben mich gebeten, einen ersten Impuls zu geben. Dieser Bitte komme ich gerne nach, obwohl ich kein Fachmann für Religionspädagogik oder Berufspädagogik bin. Ich möchte daher vor allem einige Fragen stellen, die wir bedenken sollten, und auch einige Gedanken zu einer möglichen Antwort beitragen. Doch beginnen wir mit den Fragen!

Ist der Religionsunterricht in der Berufsschule nicht eigentlich ein Fremdkörper? Diese Frage wird uns gewöhnlich von außen gestellt und zwar von denen, die meist auch schon die Antwort darauf parat haben. Ihre Antwort lautet unzweideutig: Ja. Auf den ersten Blick scheint der Religionsunterricht in der Tat ein Fremdkörper in der beruflichen Bildung zu sein. Prägend für die berufliche Bildung sind ja gerade die Anforderungen und Denkweisen der Arbeitswelt. Rationales Problemlösen, wirtschaftliches Abwägen oder die technische Überwachung von Produktionsprozessen fördern ein nüchternes, schnörkelloses und wirkungsorientiertes Denken. Die Arbeitswelt folgt eben ihren eigenen Gesetzen; in ihr herrscht eine säkulare Logik, die ohne einen Bezug zu Gott oder zu religiösen Überzeugungen auskommt. Das gilt für die technischen Abläufe des Produktionsprozesses ebenso wie für die Arbeitsbeziehungen. Die Regelungen des Arbeits- und Tarifrechts gelten für alle Marktteilnehmer, unabhängig davon, ob und was der einzelne glaubt. Auch die Frage, was ein qualifizierter Bäckereifachverkäufer oder eine kompetente Mechatronikerin ist, kann ohne jeden religiösen Bezug beantwortet werden und wird es auch. Richten wir schließlich den Blick über die Grenzen Deutschlands hinaus in die europäischen Nachbarländer, dann werden wir unschwer feststellen, dass berufliche Bildung auch ohne Religionsunterricht möglich ist. Auf den ersten Blick scheint der Religionsunterricht in der Tat ein Fremdkörper in der Berufsschule zu sein.

Doch der erste Blick kann trügen. Auf den zweiten Blick erkennt man nämlich schnell, dass auch in der Arbeitswelt keineswegs die reine Sachgesetzlichkeit regiert. Technisches und instrumentelles Denken und Handeln nehmen gewiss einen bedeutenden Platz im Berufsleben ein. Doch menschliches Handeln im Betrieb, im Büro und erst recht im Krankenhaus oder in sozialen Einrichtungen ist nie nur instrumentelles, sondern immer auch moralisches Handeln. Die technischen Abläufe in der Produktion oder im Dienstleistungsbereich sind in soziale Netze eingebunden, in die Beziehungen der Mitarbeiter untereinander, zu den Vorgesetzten, zu Kunden oder außerbetrieblichen Kooperationspartnern. Diese sozialen Beziehungen erfordern wechselseitigen Respekt, Verlässlichkeit, Vertragstreue, Verantwortungs- und Hilfsbereitschaft, die Fähigkeit und Bereitschaft, die Perspektive eines anderen zu übernehmen und einen fairen Interessenausgleich anzustreben, und vieles andere mehr. Die Normen und Werte, die das Berufsethos bilden, gehen über das hinaus, was arbeits- und vertragsrechtlich geregelt ist und überhaupt geregelt werden kann. Es ist auch fraglich, ob dieses Berufsethos in Begriffen von wechselseitigen Nutzenerwägungen zutreffend beschrieben werden kann. Kluge Manager wissen um die ökonomische Bedeutung der sozialen Beziehungen im Betrieb. Sie wissen, dass ein schlechtes Betriebsklima langfristig auch dem wirtschaftlichen Erfolg eines Unternehmens abträglich ist und ein gutes Betriebsklima sich auch wirtschaftlich auszahlt.

Es ist darum nur folgerichtig, dass die berufliche Bildung sich an einem Begriff von Handlungskompetenz orientiert, der neben der Fachkompetenz auch soziale und personale Kompetenzen umfasst. Diesem Konzept der Handlungskompetenz liegt die Einsicht zugrunde, dass die Arbeitswelt vom Einzelnen nicht nur technische und instrumentelle Kenntnisse und Fähigkeiten fordert, sondern wesentlich auch die Fähigkeit, als moralisch verantwortliche Person zu handeln. Dann ist es auch naheliegend, den Religionsunterricht in der Berufsschule mit dem Argument zu begründen, dass er einen wichtigen Beitrag zur Ausbildung der sozialen und personalen Kompetenzen leistet. Diese Überlegung ist auch nicht abwegig. Religion ist zweifellos eine der wichtigen Quellen moralischer Überzeugungen und moralischen Handels. Zwar hat die katholische Tradition des Naturrechts immer großen Wert darauf gelegt, dass die Geltung moralischer Normen unabhängig von Glaubensüberzeugungen ist und auch nicht auf den Kreis der Gläubigen beschränkt werden kann. Der christliche Glaube aber trug und trägt wesentlich zur Erkenntnis von Normen und Werten bei und motiviert zu moralischem Handeln. In historischer Betrachtung kann man sogar feststellen, dass das moderne Berufsethos sich aus Traditionen christlicher Frömmigkeit entwickelt hat, die die Bewährung und Heiligung des Christen im gewöhnlichen Alltag ins Zentrum gerückt haben. Bis in die Gegenwart motiviert der christliche Glaube Menschen, sich für soziale Gerechtigkeit und gesellschaftliche Solidarität einzusetzen. Dass der Religionsunterricht in der Berufsschule einen wichtigen Beitrag zum Erwerb personaler und sozialer Kompetenzen leisten kann, ist gewiss gut begründet.

Gleichwohl erlaube ich mir zwei kritische Anmerkungen zu dieser Sicht des Religionsunterrichts – und zwar eine pädagogische und eine theologische Anmerkung. Aus pädagogischer Sicht wird man darauf hinweisen müssen, dass die berufsbezogenen personalen und sozialen Kompetenzen nicht nur im Religionsunterricht, sondern im ganzen Schulleben und vor allem auch im Betrieb erworben werden. Die Ausbildung eines Berufsethos ist sogar in erster Linie die Aufgabe der betrieblichen Ausbildung und kann nicht einfach an die Berufsschule oder gar an den Religionsunterricht delegiert werden. Denn Tugenden kann man nicht lernen wie binomische Formeln, sie werden vielmehr im Alltag eingeübt. Wer als Unternehmer Wert auf ein Berufsethos legt, ist darum gut beraten, den Betrieb als einen moralischen Ort zu verstehen und zu gestalten. Die Aufgabe des Religionsunterrichts besteht eher darin, die Werte und Normen, an denen die Auszubildenden sich im Beruf und im Privatleben orientieren, bewusst zu machen und auf der Grundlage des christlichen Glaubens zu reflektieren. Der Religionsunterricht ist der Ort, an dem die Auszubildenden lernen können, ihre eigenen Lebensorientierungen ebenso wie gesellschaftliche Anforderungen ins Wort zu setzen und im Lichte des christlichen Glaubens zu beurteilen. Wenn dem Religionsunterricht dies gelingt, dann hat er wirklich Beachtliches geleistet.

Trotzdem aber frage ich, ob in einem solchen Religionsunterricht, dessen pädagogischer Wert für mich nicht in Zweifel steht, das Proprium des christlichen Glaubens ausreichend zur Sprache kommt. Denn das Evangelium ist ja nicht primär eine moralische Botschaft, und die Kirchen sind keine Werteagenturen. Ebenso wenig darf der Religionsunterricht zu einem Ethikunterricht auf christlicher Grundlage werden. Der Glaube ist keine Sammlung von moralischen Geboten und Verboten, sondern die Beziehung des Menschen zu Gott, wie er sich uns in Jesus Christus gezeigt hat. Ein Religionsunterricht, der diese transzendente Dimension, also den Gottesbezug nicht mehr zur Sprache bringt, leidet an einem Selbstmissverständnis. Doch wie können wir im Religionsunterricht so von Gott reden, dass unsere Rede von Gott von den Auszubildenden als bedeutsam für ihr persönliches und berufliches Leben erkannt werden kann? Dies scheint mir eine der Zukunftsfragen des Religionsunterrichts nicht nur in der Berufsschule zu sein.

Wenn ich es recht sehe, sieht sich der Religionsunterricht seit einigen Jahren mit einer weiteren Forderung konfrontiert, nämlich dem interreligiösen Lernen. Im berufsbildenden Bereich liegen dieser Forderung Erfahrungen mit dem nicht immer konfliktfreien Zusammenleben und -arbeiten von Menschen unterschiedlicher kultureller Herkunft und religiöser Zugehörigkeit zugrunde. Muslimische, aber auch christliche Einwanderer aus außereuropäischen Ländern führen uns oftmals deutlich vor Augen, dass Religion nicht überall so privatisiert ist wie in Europa. Die öffentlichen Bekundungen religiöser Überzeugungen und Zugehörigkeiten in Kleidung, Gebet und Speisegewohnheiten auch am Arbeitsplatz sind für viele ungewohnt und führen nicht selten zu Irritationen. Diese Situationen erfordern die Fähigkeit und Bereitschaft, auch im Berufsleben mit unterschiedlichen religiösen Überzeugungen und Lebensstilen auf eine friedliche, die Zusammenarbeit fördernde Weise umzugehen. Ist nicht der Religionsunterricht – so die naheliegende Schlussfolgerung – der geeignete Ort, um den Auszubildenden diese Fähigkeit zu vermitteln? Sollte nicht das interreligiöse Lernen im Religionsunterricht daher stärker als bislang gefördert werden?

Man wird sich diesem Ansinnen gewiss nicht verschließen können. Die Beschäftigung mit Fragen, die aus der Begegnung mit Menschen anderer Religionszugehörigkeit oder auch mit säkularen Überzeugungen und Lebensstilen entstehen, gehört sicher zum Aufgabenspektrum des Religionsunterrichts. Ebenso unzweifelhaft ist die Erziehung zu Toleranz und zu einer friedlichen, von Verständnis und Wohlwollen geprägten Einstellung gegenüber Andersgläubigen. Aber auch hier stellen sich mir Fragen. Ist Erziehung zu Toleranz und gegenseitigem Respekt die ausreichende Antwort auf den religiösen und weltanschaulichen Pluralismus? Fordert die Begegnung mit Andersgläubigen und Nicht-Glaubenden uns nicht vielmehr auch heraus, „Rechenschaft von der Hoffnung zu geben, die uns erfüllt", wie es so treffend im 1. Petrusbrief heißt? Ist es nicht die Aufgabe des Religionsunterrichts, die Auszubildenden religiös sprach- und auskunftsfähig zu machen, ihnen die Fähigkeit zu vermitteln, ihre religiösen Überzeugungen zu artikulieren und anderen gegenüber verständlich zu machen? Wir haben in den vergangenen Jahrzehnten den Glauben so sehr ins Private und Subjektive gedrängt, dass viele bis in den Binnenraum der Kirche hinein die Sprache verloren haben, über ihren Glauben zu sprechen. Mit dem Verlust religiöser Sprachfähigkeit ging der Verlust an Glaubenswissen einher. Sollten wir deshalb den religiösen und weltanschaulichen Pluralismus nicht als eine heilsame Herausforderung verstehen, die religiöse Sprachfähigkeit zu fördern?

Bislang habe ich mich mit den Anforderungen befasst, die gleichsam von außen an den Religionsunterricht an den berufsbildenden Schulen gestellt werden, also von Seiten der Wirtschaft, der Gewerkschaften oder des Staates. Doch was erwartet nun die Kirche oder was erwarten die Bischöfe vom Religionsunterricht in der Berufsschule? Dieser Frage will ich nicht ausweichen. Sie erfordert schon mit Blick auf die Ressourcen, die die Bistümer zur Sicherung und Qualitätsentwicklung des Religionsunterrichts einsetzen, eine Antwort. Zumindest die größeren Diözesen haben eigene Schulabteilungen in den Ordinariaten eingerichtet, in denen meist auch ein Referent oder eine Referentin sich speziell um die Fragen des Religionsunterrichts in den Berufsschulen kümmert. Die Schulabteilungen unterstützen die Entwicklung und Implementierung von neuen Lehrplänen, bieten theologische und religionspädagogische Fortbildungen an und suchen vor allem auch das Gespräch mit den Religionslehrerinnen und Religionslehrern. Neben der fachlichen Unterstützung versuchen wir, den Religionsunterricht politisch zu sichern. Dabei ist es im berufsbildenden Bereich wichtig, nicht nur mit den staatlichen Stellen, sondern ebenso mit den Kammern, den Arbeitgebern und den Gewerkschaften ins Gespräch zu kommen. Solche Gespräche tragen durchaus Früchte. So haben – um ein jüngstes Beispiel zu nennen – die beiden Kirchen, die Arbeitgeberverbände und die Gewerkschaft in Bayern am 7. Mai 2012 eine Erklärung zum Religionsunterricht an Berufsschulen unterzeichnet und damit ihren gemeinsamen Willen bekundet, das Fach in der beruflichen Bildung zu stützen. In anderen Bundesländern bestehen ähnliche Vereinbarungen. Für die Zukunft des Religionsunterrichts an den berufsbildenden Schulen ist es von großer Wichtigkeit, dass er nicht nur von Kirche und Staat, sondern ebenso von Arbeitgebern und Gewerkschaften getragen wird.

Auf der Ebene der Deutschen Bischofskonferenz schließlich fördern wir seit 2002 das Katholische Institut für berufsorientierte Religionspädagogik (KIBOR) an der Universität Tübingen. Die Initiative zur Gründung des Instituts ging von der Kommission für Erziehung und Schule aus. Der Anstoß aber kam vom Verband der katholischen Religionslehrerinnen und Religionslehrer an berufsbildenden Schulen (VKR), der sich schon einige Jahre zuvor beharrlich für dieses Projekt eingesetzt hat. Der Verband wies damals zu Recht darauf hin, dass der Religionsunterricht in der Berufsschule der wissenschaftlichen Begleitung bedarf und die bestehenden Lehrstühle für Religionspädagogik sich in der Regel auf den Religionsunterricht in den allgemeinbildenden Schulen konzentrieren. Daher sei es notwendig, dass die Kirche ein Institut für berufsorientierte Religionspädagogik gründe. Die Kommission hat sich von diesen Argumenten überzeugen lassen und schließlich die Initiative zur Gründung des Instituts ergriffen, das von der Universität Tübingen, dem Land Baden-Württemberg und der Deutschen Bischofskonferenz gemeinsam gefördert wird.

Zehn Jahre nach der Gründung kann ich feststellen, dass sich die Investition in das Tübinger Institut gelohnt hat. Das Katholische Institut für berufsorientierte Religionspädagogik ist mittlerweile eine in der religions- und berufspädagogischen Fachwelt anerkannte und in den Diözesen geschätzte Einrichtung, die sich hohe Verdienste um die wissenschaftliche Begleitung und Qualitätsentwicklung des Religionsunterrichts in der Berufsschule erworben hat. Dafür möchte ich Ihnen, Herr Professor Biesinger, und Ihren Mitarbeitern der vergangenen 10 Jahre – ich nenne stellvertretend Herrn Dr. Gronover und seine beiden Vorgänger, Dr. Schmidt und Professor Kießling – herzlich danken. Es freut mich, dass sich in der Zwischenzeit auch zwei evangelische Partnerinstitute etablieren konnten und dass alle drei Institute in produktiver Weise ökumenisch zusammenarbeiten – getreu der Tübinger Maxime „Gemeinsamkeiten stärken – Unterschieden gerecht werden". Auch dafür gebührt Ihnen Dank.

Nach diesem Exkurs kehre ich zu der Frage zurück, was denn nun die Kirche vom Religionsunterricht in der Berufsschule erwartet. Ich möchte diese Frage auf einem Umweg beantworten, und zwar auf dem Umweg über das Zweite Vatikanische Konzil, das vor 50 Jahren eröffnet wurde und dessen wir in den kommenden Jahren intensiv gedenken werden. Das Konzil hat vor allem das Verhältnis der katholischen Kirche zur modernen Gesellschaft neu bestimmt und dem kirchlichen Handeln in unserer Gesellschaft Impulse verliehen, die bis heute wirksam sind. Dabei kommt der Pastoralkonstitution *Gaudium et spes* (GS) eine besondere Bedeutung zu, weil in diesem Dokument das Verhältnis der Kirche zur modernen Gesellschaft entfaltet wird. Hier wie auch in anderen Dokumenten bestimmt das Konzil dieses Verhältnis als ein dialogisches. Dialog ist geradezu ein Leitbegriff des Konzils. Leider ist Dialog heute zu einem Allerweltswort geworden, dessen tiefere Bedeutung oft verloren gegangen ist. Ein dialogisches Verhältnis zur Gesellschaft setzt nämlich voraus, dass auch außerhalb der Kirche authentische Werte verwirklicht sind. Die Kirche rechnet also grundsätzlich mit der Möglichkeit, dass in anderen Konfessionen und Religionen, in Wissenschaft und Kultur, in Politik und Wirtschaft Erfahrungen und Einsichten zu finden sind, die für den Glauben und das Handeln des Christen bedeutsam, ja vielleicht sogar unverzichtbar sind. Damit ist keine Anpassung an den Zeitgeist gemeint. Dialog bezeichnet ja ein Verhältnis der Gegenseitigkeit. Wie die Kirche von der Gesellschaft lernt, so kann nach unserer Überzeugung auch die moderne Gesellschaft etwas von der Kirche lernen. Oder anders ausgedrückt: Wir sind als Christen der Überzeugung, dass der modernen Gesellschaft etwas fehlt, wenn sie auf die Erkenntnisse und Einsichten verzichtet, die wir aus der Heiligen Schrift und der Tradition der Kirche schöpfen. Lassen Sie mich diesen sehr abstrakten Gedanken am Verhältnis der Kirche zur Wirtschaft und zur Berufswelt konkretisieren.

Zu den wirkmächtigen Einsichten von *Gaudium et spes* gehört die Lehre von der „richtigen Autonomie der irdischen Wirklichkeiten" (GS 36, 41). Die Konzilsväter verstehen darunter, „dass die geschaffenen Dinge und auch die Gesellschaften ihre eigenen Gesetze und Werte haben, die der Mensch schrittweise erkennen, gebrauchen und gestalten muss" (GS 36). Die verschiedenen gesellschaftlichen Teilbereiche haben „ihre eigene Wahrheit, ihre eigene Gutheit sowie ihre Eigengesetzlichkeit und ihre eigenen Ordnungen, die der Mensch unter Anerkennung der den einzelnen Wissenschaften und Techniken eigenen Methode achten muss" (ebd.). Mit diesen Einsichten reagieren die Konzilsväter in positiver Weise auf die funktionale Differenzierung der modernen Gesellschaft in relativ autonome Handlungsfelder wie Wissenschaft und Kultur, Recht, Wirtschaft oder Politik. Die kirchliche Lehre von der Autonomie der sozialen Handlungsfelder darf jedoch nicht im Sinne der Systemtheorie verstanden werden. Das Konzil versteht die gesellschaftlichen Teilbereiche nicht als sich selbst steuernde Funktionssysteme, die sich allein nach ihrer eigenen Logik entwickeln und für moralische Erwägungen blind sind. Die Autonomie der gesellschaftlichen Teilbereiche ist kein Selbstzweck, sie dient vielmehr der Entfaltung der Würde des Menschen. Mit Blick auf das wirtschaftliche Handeln formulieren die Konzilsväter programmatisch: „Auch im Wirtschaftsleben sind die Würde der menschlichen Person und ihre ungeschmälerte Berufung wie auch das Wohl der gesamten Gesellschaft zu achten und zu fördern, ist doch der Mensch Ursprung, Mittelpunkt und Ziel aller Wirtschaft" (GS 63). Dieser Satz ist gleichsam der Leitgedanke der Sozialverkündigung der Kirche. Von ihm her wird verständlich, dass nach christlicher Vorstellung wirtschaftliches und wirtschaftpolitisches Handeln immer auch unter moralischen Gesichtspunkten bewertet werden kann und auch muss. Daraus ergeben sich bedeutsame sozialethische Einsichten.

Die Kirche hat keine Sendung für den wirtschaftlichen Bereich (GS 41); sie hat keine betriebs-, finanz- oder volkswirtschaftliche Kompetenz. Sehr wohl aber kann und muss die Kirche ihren Beitrag zu einem normativ gehaltvollen Begriff von Menschenwürde leisten. Dass alles gesellschaftliche und wirtschaftliche Handeln sich an der Würde des Menschen zu orientieren hat, dürfte in demokratischen Gesellschaften unstrittig sein, selbst wenn die gesellschaftliche Praxis diesem Grundsatz oft genug nicht gerecht wird. Das Verständnis dessen, was Menschenwürde inhaltlich bedeutet und worin folglich die Humanität einer Gesellschaft und damit auch der Arbeitswelt besteht, ist in einer religiös und weltanschaulich pluralen Gesellschaft hingegen umstritten. Diese Beobachtung kann man nicht nur in den aktuellen Debatten um bioethische Fragen oder um Sterbehilfe machen, sondern eben auch im Bereich der Wirtschaft und der Wirtschaftspolitik. In den Köpfen vieler hat sich in den vergangenen Jahrzehnten ein liberaler Individualismus festgesetzt, der allein individuelle Präferenzen und Nützlichkeitserwägungen als Handlungsmotive kennt und den Sinn für die Wertgebundenheit sozialen Lebens und damit auch den Sinn für Gerechtigkeit verloren hat. Der Streit um das rechte Verständnis des Menschen ist kein rein theoretischer. Denn die Vorstellung, die wir uns vom Menschen und von menschlichem Handeln machen, hat früher oder später Rückwirkungen auf unser eigenes Handeln.

Die Kirche beansprucht keineswegs, gleichsam im Alleingang das Humanum zu bestimmen. Worin die Würde des Menschen besteht und was aus ihr in konkreten Handlungssituationen folgt, lässt sich nur im Dialog mit anderen, mit den verschiedenen gesellschaftlichen Gruppen und ihren geschichtlichen und gegenwärtigen Erfahrungen, mit den Einsichten aus den Wissenschaften und der Kultur klären. An diesem gesellschaftlichen Dialog, der auch die Form des Streits annehmen kann, nimmt die Kirche in der Überzeugung teil, dass die christliche Rede von Schöpfer und Geschöpf, von Schuld und Versöhnung, von Leid und Erlösung für das rechte Verständnis des Menschen und seines Handelns unverzichtbar ist und dass das Humanum ohne diese religiösen Einsichten zumindest langfristig Schaden nimmt.

Ein normativ gehaltvoller Begriff von Menschenwürde lässt sich nicht allein in den Sprachen des Rechts, der Wissenschaft, der Wirtschaft oder der Politik artikulieren, es bedarf dazu auch der religiösen Traditionen. Um es mit den Worten der Pastoralkonstitution *Gaudium et spes* zu sagen, „das Geschöpf selbst [wird] durch das Vergessen des Schöpfers unverständlich" (GS 36).

Was bedeuten diese Einsichten nun für den Religionsunterricht in der Berufsschule? Zunächst wird man sagen müssen, dass der Religionsunterricht ein Ort ist, an dem die Auszubildenden als Subjekte mit ihren Fragen, Erfahrungen und Überzeugungen ernst genommen werden. Schon diese Aussage stellt eine große Herausforderung dar. Wie in keiner anderen Schulart stehen Lehrerinnen und Lehrer in den Berufsschulen vor der Aufgabe, in sehr heterogenen Lerngruppen zu unterrichten. In einer Gruppe finden sich nicht selten Auszubildende mit unterschiedlichen Schulabschlüssen und entsprechend unterschiedlichen Vorkenntnissen. Die Lerngruppen sind oftmals altersgemischt zusammengesetzt. Viele Auszubildende sind volljährig. Sie sind damit auch im rechtlichen Sinne für ihre persönlichen Unternehmungen oder ihr Fehlverhalten verantwortlich; sie sind geschäftsfähig und verfügen über eigene Finanzmittel. In mancher Hinsicht aber leben sie in einer Übergangssituation. In der Berufsschule sind sie Schüler, im Betrieb Auszubildende und werden gegen Ende ihrer Ausbildung als Mitarbeiter wahrgenommen. Sie haben sich von ihren Elternhäusern abgenabelt, sind auf der Suche nach tragfähigen Beziehungen und haben erste Erfahrungen mit Partnerschaften gemacht. In dieser Lebensphase sind viele offen für Fragen nach einem gelingenden und guten Leben. Sie verfügen über Lebenserfahrungen und haben sich eigene Überzeugungen gebildet. Der Religionsunterricht kann den Auszubildenden helfen, ihre Fragen, Erfahrungen und Überzeugungen sprachlich zu artikulieren und sich mit anderen darüber auszutauschen. Er kann ihnen deutlich machen, dass es lohnt, sich Rechenschaft über seine eigenen Wertvorstellungen abzulegen und sich nicht mit dem vielgehörten „Das muss jeder selber wissen!" zufrieden zu geben.

Der Religionsunterricht in der Berufsschule hat sich sodann vor allem den Fragen und Problemen zu stellen, auf die die Auszubildenden in der Berufswelt stoßen. Dabei kann es natürlich nicht um fachliche oder technische Fragen gehen; diese werden in anderen Fächern besser beantwortet. Im Religionsunterricht geht es vielmehr um die einfache, in ihren Konsequenzen aber keineswegs triviale Unterscheidung von Personen und Sachen, also um die Einsicht, dass Menschen nicht zum Gegenstand eines strategischen Kalküls gemacht werden dürfen, dass sie auch in der Berufswelt nicht nur als Mittel, sondern immer auch als Zweck behandelt werden sollen. Diese Einsicht gilt übrigens auch für die berufliche Bildung. Sie zielt nicht nur auf den

Erwerb beruflich relevanter Kenntnisse und Fähigkeiten, sondern soll auch zur Persönlichkeitsentwicklung der Auszubildenden beitragen.

Der Religionsunterricht würde schließlich seinen Namen nicht verdienen, wenn in ihm die elementaren Einsichten des christlichen Glaubens nicht mehr zur Sprache kämen. Den Auszubildenden sollte deutlich werden, dass die christliche Rede von Schöpfer und Geschöpf, von Schuld und Vergebung, von Leid und Erlösung Einsichten und Erfahrungen vermittelt, ohne die unser persönliches und unser gesellschaftliches Leben ärmer wären.

Sind diese kirchlichen Erwartungen an den Religionsunterricht in der Berufsschule realistisch? Sind sie realistisch mit Blick auf die Situation des Faches, das in der Regel einstündig erteilt wird, das nicht selten infolge des Lehrermangels ausfällt oder an den Rand gedrängt wird? Sind sie realistisch angesichts der Auszubildenden, die an diesem Unterricht teilnehmen? Diese Fragen können nur Sie beantworten. Sie sind die Fachleute für Religionsunterricht und für berufliche Bildung. Meine Aufgabe war es, zu Beginn einige Fragen zu stellen und einige Impulse zu geben.

Doch ich möchte nicht mit Fragen schließen, sondern mit einem herzlichen Dankeschön, das zunächst den Veranstaltern dieses Zukunftskongresses gilt. Es ist gut, wenn die Fragen des Religionsunterrichts in den Berufsschulen auch in einer größeren Öffentlichkeit erörtert werden und der Blick der Öffentlichkeit auf den Religionsunterricht gelenkt wird. Mein besonderer Dank aber gilt Ihnen, den Religionslehrerinnen und Religionslehrern. Ich möchte hier wiederholen, was ich vor einigen Wochen beim Studientag der Vollversammlung der Deutschen Bischofskonferenz in Fulda gesagt habe: „Die große Zahl engagierter und fachlich qualifizierter Religionslehrerinnen und Religionslehrer gehört zweifellos zum Reichtum der Kirche in Deutschland, um den uns viele andere Bischofskonferenzen beneiden dürften." Diesen Satz haben die Bischöfe mit Beifall bedacht. Dieser Beifall galt nicht mir; er gilt Ihnen und Ihrer Arbeit. Herzlichen Dank!

Nikolaus Schneider

Gerechtigkeit und Solidarität als Herausforderung für die berufliche Bildung

„Gott – Bildung – Arbeit" lautet der Titel des Kongresses, der am 16.11.2012 in Frankfurt Sankt Georgen stattfand, und brachte damit zum Ausdruck, dass Bildung, Arbeit und Glauben in einem Zusammenhang stehen. Dabei gibt es insgesamt drei zweiseitige Bezüge, die ich zu Beginn näher beleuchten will.

Bildung und Arbeit: Arbeiten bedeutet, an der Aneignung der natürlichen Lebensgrundlagen für den Menschen und an der Sicherung der materiellen Lebensbasis mitzuwirken. Bei dieser wesentlichen Lebensaufgabe werden wichtige Teile von Bildung erworben und eingesetzt. Der Arbeitsprozess ist nicht der einzige, aber ein bedeutsamer Ort für die Übernahme, Veränderung und Weitergabe kultureller Traditionen und Techniken. Im Bildungsprozess selbst werden Fähigkeiten und Fertigkeiten entwickelt, die erreichbare Lebenswelt zu verstehen und zu gestalten. So dient die Bildung, auf deren Weg Kenntnisse und Können vermittelt und erworben werden, dem Arbeitsprozess. Aber Bildung ist mehr und noch Anderes. Den Weg der Bildung gehen heißt, die Erfahrung der Widersprüche des Lebens in das Sachwissen und das Selbstverständnis einbeziehen, Alternativen und neue Konzepte entwickeln. Über den notwendigen Erwerb von Fachkompetenz hinaus hat Bildung auch eine Aufgabe im Blick auf die Würde und die Freiheit des Menschen: In ihr kommt nicht nur das *gezielt* Schöpferische, sondern auch das sich im Spiel, in der Kunst und in der Muße äußernde *absichtslos* Schöpferische in den Blick und unterbricht die Macht des Ökonomischen. Deshalb ist der Bildungsprozess mit dem Arbeitsprozess nicht verrechenbar. Er hat, unabhängig vom wirtschaftlichen Nutzen, seinen eigenen Wert und Sinn.

Bildung und Glauben gehören auf das engste zusammen: Menschen zu bilden, war elementares Anliegen der Reformation und besonders des Reformators Philipp Melanchthon. Ohne die Vergewisserung der eigenen Wurzeln, ohne das Studium der Heiligen Schrift, ist es nach Melanchthon nicht möglich, ethische Kriterien zu entwickeln und das Zusammenleben zu gestalten. Denn Bildung zielt auf den ganzen Menschen, nicht nur auf den Kopf. Mit seinem Bildungsbegriff hat Melanchthon nicht eine Wettbewerbsgesellschaft vor Augen, sondern eine verbindliche Gemeinschaft. Im Zentrum der Bildung steht der Mensch in seiner Beziehung zu Gott, zu sich selbst, zum Nächsten, zur Welt. Es geht immer um die Menschwerdung des Menschen, um die Entwicklung eines Vertrauens ins Dasein gegen die Anfechtungen der Entsolidarisierung und der Angst. Wir bleiben darauf angewiesen, dass Gott das Stückwerk gebliebene eigene Leben in Christus gnädig annimmt und erneuert.

Arbeit und Glauben: Im Erfahrungsraum Arbeit vermittelt sich so etwas wie Lebensglauben. Im ständigen Lernen, in der nicht aufhörenden Auseinandersetzung mit den Gegenständen der Welt und den Widerständen des Lebens können die vielfältigen persönlichen und gesellschaftlichen Kräfte entdeckt und entfaltet werden. Nicht in der

Arbeit allein, aber in ihr auf besondere Weise formt sich das soziale Leben und bildet sich die Persönlichkeit. Arbeit ist also eine Lebensdimension, die den wirtschaftlichen Erwerb einschließt, darin aber nicht aufgeht. Das wird besonders deutlich, wenn Arbeit zum „höchsten Gut" – theologisch gesprochen zu einem „Gott" – wird und nur noch der Glaube an die eigene Kraft und Leistung bleibt. Dann verengt sich das Leben auf bloßes Tätigsein und Erwerbshandeln, zuletzt wird das soziale Leben ausschließlich von Konkurrenzverhalten bestimmt, bei dem die Solidarität auf der Strecke bleibt. Im Arbeitsprozess kann Sinn vermittelt werden, aber noch nicht der Lebenssinn im Ganzen und nicht das humane und soziale Maß des Lebens.

Es ist wichtig, dass diese verschiedenen Zusammenhänge auch in der *beruflichen Bildung* zum Tragen kommen. In ihr rücken Elemente der Allgemeinbildung mit denen der Fachausbildung immer enger zusammen. Fachübergreifende Berufsbilder verlangen nach Fähigkeiten der Improvisation und Organisation, der Reflexion und kritischen Analyse, der Kooperation und Kommunikation. Bildungselemente wie Sprachen, Mathematik, Naturwissenschaften, rhetorische, diskursive und kreative Fähigkeiten werden zu unerlässlichen Voraussetzungen für die Berufsausbildung. Das erforderliche geschulte Urteilsvermögen und soziale Verhalten ist nicht durch eine rein fachorientierte berufliche Bildung zu gewinnen.

In diesem Verständnis muss die Berufsschule - wie die Schule überhaupt - als Ort verstanden werden, in dem junge Menschen nicht nur gesellschaftsfähig, sondern auch lebensfähig werden. Charakteristisch für das berufsbildende Schulsystem ist die Verflechtung des fachtheoretischen Grundwissens mit allgemeiner Bildung an den beiden Lernorten Schule und Betrieb. Sie resultiert aus dem Kooperationsmodell, nach dem sich Staat und Wirtschaft gleichermaßen an der beruflichen Ausbildung Jugendlicher beteiligen. Das weltbekannte, bewährte duale System der beruflichen Bildung in Deutschland droht seine produktive Kraft zu verlieren, wenn diese Differenz seiner unterschiedlichen Schwerpunkte aufgehoben werden sollte. Verständlicherweise stehen besonders Berufsschulen im Sog betrieblicher Erwartungen; darum erscheinen allgemeinbildende Bildungsprozesse leicht als wenig funktional. Damit aber bliebe eine wertvolle Chance ungenutzt: die Chance, dass junge Erwachsene systematisch angeleitet werden, betriebliche Interessen, persönliche Bedürfnisse, gesamtgesellschaftliche Perspektiven sowie grundsätzlich nicht der Verwertbarkeit unterworfene Dimensionen der Bildung und des Lebens aufeinander zu beziehen. Dafür bestehen gerade in der Adoleszenz und im Bildungsbereich der Berufsschule besondere Möglichkeiten.

Damit richtet sich der Blick auf die *Jugendlichen und jungen Erwachsenen*. Die Zukunftsfähigkeit einer Gesellschaft bemisst sich nicht zuletzt daran, welche Perspektiven und Zukunftschancen sie ihnen gibt. Wachsen junge Menschen in einem menschlichen Klima und unter günstigen Bedingungen auf? Erfahren sie die nötige Zuwendung, Annahme, Akzeptanz und Förderung? Haben sie die Möglichkeit, in die Gesellschaft hineinzuwachsen, gehört und beteiligt zu werden und einen beruflichen Weg anzustreben, der ihren Neigungen und Möglichkeiten entspricht? Die bestehenden Schwierigkeiten beim Zugang zu Ausbildungsplätzen und zum Arbeitsmarkt stellen für Jugendliche eine erhebliche Belastung dar, die sie empfindlicher als Erwachsene in vergleichbarer Situation trifft. Wie die nationale Bildungsberichterstattung zeigt, mündet nach wie vor ein Drittel bis ein Viertel der jährlichen Neuzugänge in der beruflichen Bildung unterhalb einer qualifizierten Berufsausbildung in das sogenannte „Übergangssystem", fast jede/r fünfte junge Erwachsene zwischen 20 und 29 Jahren hat keine abgeschlossene Ausbildung. Umso notwendiger ist es – auch im Sinne der Bildungsgerechtigkeit –, für Jugendliche ein angemessenes und differenziertes Angebot an Ausbildungs- und Arbeitsmöglichkeiten bereitzustellen. Junge Menschen erwarten zu Recht, dass sie über Ausbildung und Beruf eine ökonomische und soziale Perspektive entwickeln können, die ihnen ein sinnvolles und eigenverantwortliches Leben ermöglicht. In der Öffentlichkeit wird den Jugendlichen vielfach nahegelegt, flexible und mobile Lebensmuster aufzubauen. Das allein vermittelt keinen Sinn. Jugendliche suchen Orientierungshilfen, die sie überzeugen, und Menschen, die sie auf ihrer individuellen, oft auch religiösen Sinnsuche begleiten.

Vor diesem Hintergrund sollten *Sinn und Aufgaben des Religionsunterrichts an den berufsbildenden Schulen* unmittelbar einleuchten. Der Religionsunterricht hilft, die Frage nach dem Ganzen und nach dem tragenden Sinn von allem zu stellen. Er hilft zugleich, diese Frage aufgrund der Förderung des freien und selbständigen eigenen ethischen und religiösen Urteils zu beantworten. Diese Freiheit und Selbständigkeit wächst im Glauben, insofern dieser die Würde des Menschen unabhängig von seinen Arbeits- und Bildungsleistungen begründet sieht. Gerade so dient der Religionsunterricht der heute notwendigen Bildung zum Beruf. Er stärkt die Persönlichkeit der jungen Erwachsenen, indem er sowohl für die Bedeutung von Selbstständigkeit und Verantwortlichkeit als auch für den Umgang mit Scheitern im Leben eine Perspektive eröffnet, die falsche Leistungsansprüche relativiert und den Zuspruch des Evangeliums zur Sprache bringt.

Die allgemeinbildenden Fächer einschließlich des Religionsunterrichts dienen an den berufsbildenden Schulen – wie an allen anderen Schulen – stets auch der persönlichen Orientierung. Hier ist der Religionsunterricht ein integrativer Bestandteil beruflicher Bildung, da er wesentliche Grundlagen einer Bildung zum Beruf enthält und Elemente emotionaler, moralischer und sozialer Entwicklung im Bildungsprozess miteinander verbindet. Darüber hinaus hilft der Religionsunterricht, in beruflichen und außerberuflichen Lebenssituationen authentisch, angemessen, kritisch, solidarisch und zukunftsoffen zu handeln, und stärkt die Achtung vor dem Leben und die Bereitschaft, für soziale Gerechtigkeit und Toleranz einzutreten.

Das lenkt den Blick auf die *Lehrkräfte*. In dem Maße, in dem sich die Schule nicht nur als Unterrichtsanstalt versteht, werden die Lehrenden als Personen wichtig. Identifikatorisches Lernen wird durch die Glaubwürdigkeit eindrucksvoller Vorbilder ausgelöst. Sie machen Überzeugungen transparent, und indem sie für ihre Überzeugungen einstehen, können sie anderen helfen, sich selbst ein eigenes Urteil zu bilden. Viele Erwachsene, oft auch die engsten Angehörigen, entziehen sich den Jugendlichen und jungen Erwachsenen. Mit ihnen können sie sich nur schwer identifizieren. Für die eigene Lebensorientierung wäre es aber wichtig, vor allem von Eltern und Lehrern zu wissen: „Was ist euch wichtig?", „Woran glaubt ihr?", „Was bedeute ich euch?" Hier stehen im Sinne der Anfrage: „Glaubst du, was du lehrst?" die Religionslehrerinnen und -lehrer unter dem Anspruch, gelehrte und gelebte Religion in ihrer Person zu verbinden.

An dieser Stelle danke ich ihnen allen und besonders den Religionslehrkräften unter ihnen. Ich habe großen Respekt davor, was die Lehrerinnen und Lehrer in der Schule leben und leisten. Und ich freue mich darüber, dass mit den universitären Instituten (bibor, EIBOR und KIBOR) in den letzten Jahren ein ökumenisch geprägtes Unterstützungssystem gewachsen ist, das den Religionsunterricht in einer Schulart stärkt, wo er keinen leichten Stand hat. Gerade hier brauchen wir diese enge und vertrauensvolle ökumenische Zusammenarbeit der Kirchen.

Die *Frankfurter Erklärung zur Zukunftsfähigkeit des Berufsschulreligionsunterrichts* möchte ich besonders in zweierlei Hinsicht aufgreifen. Der Berufsschulreligionsunterricht ist ein ordentliches Lehrfach in den Vollzeitschulen wie in den Teilzeitberufsschulen. Umso beklagenswerter ist es, dass durch erheblichen Unterrichtsausfall in einzelnen Bundesländern dem gesetzlich garantierten Status oft nicht die notwendige Praxis entspricht. Dieser Zustand ist nicht hinnehmbar, wodurch er im Einzelnen auch entstanden sein mag. Die allgemeinbildenden Fächer Deutsch, Sport, Politik und Religionslehre werden in der Berufsschule immer wieder in Frage gestellt. Insbesondere von Seiten einzelner Arbeitgeber wird dabei unter dem Aspekt der Kosten und der Abwesenheit der Auszubildenden vom Betrieb gefragt, ob denn die Berufsschule mehr als berufsbezogene Bildung vermitteln soll. Diese Haltung darf weder in der Politik noch in der Wirtschaft mehrheitsfähig werden.

Neben der Verantwortung von Staat und Gesellschaft sind auch wir als Kirchen aufgefordert, selbstkritisch zu überdenken, ob wir genug tun, um jungen Erwachsenen die befreienden und heilsamen Perspektiven des christlichen Glaubens aufzuzeigen. Dieser Glaube kann den Lebensmut und die Lebenszuversicht stärken und so nicht zuletzt die Ausbildungsfähigkeit eines Jugendlichen fördern. Die Erfahrung von Vertrauen und Glaubwürdigkeit sollten wir Jugendlichen nicht vorenthalten, sie gehören in die Mitte unserer Verantwortung in der Erziehung und Bildung und in der Gesellschaft. Glaube, Hoffnung und Liebe erwachsen aus einer lebendigen Beziehung zu Gott. Zu einer solchen einzuladen ist das vornehmste Ziel jedes Religionsunterrichts.

Matthias Gronover

Spirituelle Selbstkompetenz im Bildungssystem

1.   Einleitung

Die Realität von Religionslehrerinnen und -lehrern ist geprägt von einem spezifischen Zugriff auf ihren Unterrichtsgegenstand: Die Reich-Gottes-Botschaft ist ihnen sehr oft nicht nur äußerlich, sondern zutiefst innerlich und persönlich bedeutsam. Religionslehrerinnen und –lehrer wollen und sollen authentisch sein, wozu gehört, gelehrte und gelebte Religiosität in ein ausgewogenes Verhältnis zu bringen. Dies erwarten die Religionslehrkräfte von sich selbst; aber auch ihre Schülerinnen und Schüler erwarten, dass sie sich mit der Reich-Gottes-Botschaft identifizieren – ihre Authentizität hängt davon ab (Biesinger, Schweitzer & Münch, 2008). Diese Identifikation ist es zugleich, die große Probleme in sich birgt. Zwischen berechtigten Ansprüchen, die sich aus Bildungsplänen und kirchlicher Beauftragung ergeben, und der Notwendigkeit, die eigene Person in ein distanziertes Verhältnis zu diesen Ansprüchen setzen zu können, lebt die Religionslehrerin und der -lehrer theologisch gesehen „engagiert im Vorletzten" (Peng-Keller, 2012a, S. 125–136). Wohl wissend, dass das letzte Wort zu dieser Welt ein anderer hat, müssen sie doch ihren Alltag mit aller Professionalität und Ernsthaftigkeit so gestalten, dass die Menschen um sie herum – Schülerinnen und Schüler, Kolleginnen und Kollegen, die eigene Familie und Freunde – und sie selbst dabei in authentischen Beziehungen wahrgenommen bleiben. Hier ist spirituelle Selbstkompetenz gefragt, wenn es nicht mehr nur um die handwerklichen und deswegen eingrenzbaren Aspekte gelingenden Unterrichtens geht, sondern der Blick darüber hinaus auf den beruflichen und privaten Alltag geweitet wird und so die Fülle der Beziehungen in den Blick gerät, die einen Menschen prägen und die er gestaltet.

Heute besteht für die Religionslehrkraft die Aufgabe, die „unterschiedlichen subsystemischen Praxen in der modernen Gesellschaft so zu [integrieren], dass das Gottesverhältnis eine Lebensgeschichte auch unter Bedingungen einer funktional ausdifferenzierten Gesellschaft tragen und begleiten kann" (Dressler, 2012, S. 121). Entsprechend betont das Folgende nicht die Kohärenzen im Selbstverständnis von Religionslehrerinnen und –lehrern. Leitend ist vielmehr, inwiefern unterschiedliche systemische Zusammenhänge in ihrer Differenziertheit spirituelle Selbstkompetenz hervorbringen bzw. prägen.

Damit wird die Begriffswendung der „spirituellen Selbstkompetenz" als *terminus technicus* verwandt, der seinen Ursprung zum einen in Vorgaben des Bildungssystems findet, weil hier explizit auf Selbstkompetenz als Leitbegriff verwiesen wird (Sekretariat der Kultusministerkonferenz, 2011, S. 15). Insofern wird Selbstkompetenz hier immer unter der Maßgabe kommunikativer Vermittlungsprozesse verstanden; Selbstkompetenz ist eine soziale Interpretation erwünschter Befähigungen im Bildungssystem. Zum anderen ist der Begriff des Selbst (und mit ihm derjenige der Psyche) mit Spiritualität eng verbunden. Das Selbst wird zum Selbst, weil es spirituelle Tiefe besitzt, so die grundlegende These von Charles Taylor (1996). Die folgenden Ausführungen wollen Spiritualität und überindividuelle, systemische Zusammenhänge in Verbindung bringen, indem entfaltet wird, dass das Selbst eine Funktion der Differenz zwischen systemischen Anforderungen und der jeweiligen Psyche ist, und dass gerade diejenige Spiritualität, die nicht funktional enggeführt wird, sondern ihren Grund im Unverfügbaren hat, als Ressource von Wohlbefinden und (Lehrer-)Gesundheit betrachtet werden kann.

Ich gehe von einem Spiritualitätsbegriff aus, der beziehungsorientiert ist, sich nicht in Innerlichkeit erschöpft und Ausdruck unseres geschenkten Daseins ist. Damit meine ich, dass Spiritualität neben ihrem unverfügbaren und gnadenhaften Charakter immer auch eine Selbstzuschreibung ist und somit auch eine reflexive Leistung darstellt. Sie ist eng verbunden mit unserer Fähigkeit, Distanz zu uns selbst zu nehmen und in dieser Bewegung die „lebenserneuernde Präsenz des Geistes" (Peng-Keller, 2012b, S. 47) wahrzunehmen. Spiritualität ist in diesem Sinne religiös vermittelte Selbstdistanzierung. Distanzierungsfähigkeit zum eigenen Selbst ist auch eine zentrale Voraussetzung für das Wohlbefinden und die Gesundheit im Lehrerberuf.

Das Selbst ist Ausdruck der Unterscheidung von individuellem Denken und gemeinschaftlichen, sozialen Erfahrungen. Es wird hier nicht synonym mit Begriffen wie „Identität", „Selbstkonzept", „Ich" verwendet, obwohl es Berührungen und Schnittmengen gibt. Der Begriff bezieht sich auf die Beziehung zwischen Individuum und Gemeinschaft; wenn ich von Selbstkompetenz spreche, wird dies augenfällig: Denn sich selbst als kompetent zu bezeichnen, wird ja nur nötig, wo dies sozial erwartet wird, beispielsweise in der Schule.

Das Fortbildungs-Projekt „Spirituelle Selbstkompetenz" greift den oben aufgezeigten Befund auf. Es geht dabei um eine empirische Forschung, die zwei theoretische Konstrukte – Selbstwirksamkeitserwartung und Spiritualität – untersucht. Vor diesem Hintergrund wird deutlich, dass der Begriff des „Selbst" und mit ihm der der „Selbstkompetenz" erörterungsbedürftig ist. Die naheliegende Beschreibung des Selbst als Innerlichkeit vernachlässigt die soziale Dimension, was zur Folge hätte, dass Selbstkompetenz individualistisch enggeführt wird. Dies kann aber nicht in der Absicht des Bildungssystems liegen. Bildung ist zwar „Arbeit an sich selbst" (Luhmann, 2002, S. 189), dieses Selbst aber ist nur sinnvoll zu denken, wenn es auch von seiner sozialen Umwelt her gedacht wird. Entsprechend geht es auch im Fortbildungs-Projekt „Spirituelle Selbstkompetenz" um Erwartungen, die eine Lehrkraft an sich selbst stellt, und um deren soziale Umsetzung und Bewährung in der Berufs- und Alltagspraxis.

2.   Das Projekt „Spirituelle Selbstkompetenz"

Das Projekt „Spirituelle Selbstkompetenz" des Katholischen Instituts für berufsorientierte Religionspädagogik will den möglichen Zusammenhang zwischen der Erwartung der eigenen Selbstwirksamkeit von Religionslehrerinnen und –lehrern und ihrer Spiritualität erhellen. Dazu führt es eine Fortbildung für Lehrerinnen und Lehrer durch, deren drei Teile an unterschiedlichen Zeitpunkten im Schuljahr stattfinden und die wissenschaftlich begleitet werden.[1] Die empirisch gewonnenen Daten werden voraussichtlich im Frühjahr 2014 ausgewertet sein und dann in einem Bericht veröffentlicht werden. Das theoretische Konstrukt der Selbstwirksamkeit wird dabei quantitativ und qualitativ erhoben, ebenso das Konstrukt der Spiritualität. Kontrollgruppen außerhalb des Samples in der Fortbildung lassen eine Einschätzung erhoffen, inwiefern Selbstwirksamkeit und Spiritualität korrelieren.

Selbstwirksamkeit ist dabei noch einmal zu unterscheiden von der im Titel genannten Selbstkompetenz. Dieser Begriff ist religionspädagogisch bisher kaum beachtet,[2] obwohl er in den Rahmenvorgaben zur Erstellung von Lehrplänen im berufsbezogenen Unterricht explizit genannt ist. In diesem Begriff wird deutlich, dass das Bildungssystem sein grundlegendes Problem, den Schülerinnen und Schülern etwas beibringen zu müssen, ohne in sie hinein wirken zu können, nicht löst. Entscheidend ist, dass das jeweilige Selbst „lernt". Zugleich ist dieses Unvermögen sehr produktiv, weil es immer wieder Anlass gibt, neue Lösungsvarianten auszuprobieren und das System auf Begriffe wie den der Selbstkompetenz hin durchzubuchstabieren.[3]

Selbstkompetenz hat demnach schul- bzw. bildungssystemische Anteile. Im Projekt „Spirituelle Selbstkompetenz" wird das theoretische Konstrukt der Selbstwirksamkeitserwartung, wie es in empirischen Studien zur Lehrergesundheit erforscht wird, aufgegriffen und operationalisiert. Diese Selbstwirksamkeitserwartung stellt auch eine zentrale Dimension in der Erhebung von Lehrergesundheit und –zufriedenheit dar. Je höher diese ausgeprägt ist, desto zufriedener sind Kolleginnen und Kollegen in ihrem Beruf.[4] Zugleich werden sie auch widerstandsfähiger, resilient, gegenüber den Unwägbarkeiten des Schul- und Lebensalltags.

---

1 Zur Ausschreibung des Lehrgangs und Projektbeschreibung siehe Gronover (2012, S. 4–7).

2 Die derzeit breit verbreitete Referenz in der religionspädagogischen Kompetenzdiskussion ist Gabriele Obsts Buch zum kompetenzorientierten Religionsunterricht (2010). Hier wird der Begriff nicht erörtert.

3 Auf Theorie-Ebene wird deutlich, dass unlösbare Probleme Voraussetzung für lebendige Kommunikation sind. Mit Blick auf Erziehung und Bildung haben sie aber auch über den systemischen Aspekt hinaus Vorteile: „Ungelöste Probleme haben den Nutzen, dass man sie als kleines oder großes Problem mit sich herumträgt, als dauernde Erinnerung an etwas, was man noch nicht im Griff hat. Dies bedeutet, dass man ständig Ressourcen mentaler, aber auch faktischer Art mobilisiert, um sich zu fragen, ob man nicht doch dieses bislang ungelöste Problem lösen kann. [...] Ein ungelöstes Problem ist ein Hinweis auf meine eigenen ungenutzten Ressourcen" (Kluge & Baecker, 2003, S. 57).

4 Ein Beispiel hierfür wäre der Befund von Schaarschmidt, wonach so genannte Risikotypen sich mit Blick auf ihr Erholungsverhalten wesentlich schlechter einschätzen als die beiden mit Blick auf ihr Verhalten nicht risikobelasteten Typen: „Aus eigener Kraft gelingt ihnen der Brückenschlag zwischen selbsterkanntem Handlungsbedarf und tatsächlicher Aktion offenbar nur schwer. Auf der Suche nach dafür verantwortlichen Faktoren stoßen wir u.a. auf das Personenmerkmal Distanzierungsfähigkeit" (Schaarschmidt, 2005, S. 95).

a)   Selbstwirksamkeitserwartung

Nach der kognitiven Wende in der empirischen Psychologie hat Albert Bandura die
Frage erforscht, warum manche Menschen sich von Schicksalsschlägen offensichtlich
schneller erholen können als andere oder warum manche Menschen mit komplexen
Anforderungssituationen optimistischer umgehen und damit auch nachhaltig bes-
ser leben können als andere. Das zentrale Konstrukt, welches er erforschte, ist die
Selbstwirksamkeitserwartung (engl. *Self-efficacy*). Er fand empirisch vier Quellen der
Selbstwirksamkeitserwartung (Bandura, 1997, S. 79–115):

1. Die Erfahrung der eigenen Kompetenz ist eine wichtige Ressource, um die alltäg-
    lichen Anforderungen bewältigen, aber auch, um vom Alltag abweichende Her-
    ausforderungen mit Zuversicht lösen zu können.
2. Die soziale Resonanz auf das eigene Tun und die dadurch erfolgende Bestätigung
    ist nicht nur persönlichkeitsbildend, sondern immer auch Vergewisserung, gleich-
    sam am richtigen Ort zu sein, gebraucht zu werden, sinnstiftend tätig zu sein.
3. Nach Bandura lernen wir auch am Modell. Erfahrungen anderer Menschen, die
    ähnliche Herausforderungen erfolgreich gemeistert haben, können wir überneh-
    men und auf eigene Herausforderungen übertragen. Solche stellvertretenden Er-
    fahrungen helfen uns, gegebene Anforderungen realistisch einschätzen zu können.
4. All diese höheren kognitiven Leistungen haben ein Korrelat in der emotionalen
    Bereitschaft, sich Anforderungen zu stellen. Bandura hat in der jeweiligen physio-
    logischen Bereitschaft eine wichtige Bedingung identifiziert, die Wirksamkeit des
    eigenen Tuns realistisch einschätzen zu können.

Nach Bandura ist die Integration von gemachten Erfahrungen und dem Wissen um
die eigene Kompetenz in die jeweilige Selbstwirksamkeitserwartung als ein weiterer
wichtiger Faktor zu benennen (1997, S. 113–115). Bandura macht darauf aufmerksam, dass es enorm schwierig sei, die Gewichtung zu erfassen, die die einzelnen oben
genannten Faktoren bei der Entscheidungsfindung haben. Die subjektive Einschätzung weicht hier von den gewonnenen Daten ab. Formal fasst Bandura zusammen:
„People's descriptions of the factors they used in making their judgments have been
compared with computed weights of how heavily different factors contributed to their
actual judgments. The findings show that when people describe what they believe in-
fluenced their judgment, they tend to underestimate their reliance on important factors
and overweight those of lesser value" (Bandura, 1997, S. 115).

Unabhängig davon, ob subjektive Theorien deckungsgleich mit objektiven Daten
sind, ist doch die Tatsache, dass diese Differenz eine zentrale Rolle spielt, interessant. Sie zeigt, dass die Selbstwirksamkeitserwartung schon von ihrer theoretischen
Konstruktion her auf ihre Bewährung in der Praxis – sprich: im sozialen Raum – hin
ausgelegt ist. Entscheidend scheint zu sein, inwiefern Probanden sich selbst mit Blick
auf soziale Bewährungskontexte einschätzen können. Dies ist eine Frage der Distanzierungsfähigkeit zur eigenen Person.

Selbstwirksamkeitserwartungen werden entscheidend vom Glauben an die Sinn-
haftigkeit des eigenen Tuns beeinflusst. Die Erfahrung, dass das eigene alltägliche
Handeln sinnvoll ist, kann religiös gewendet werden, indem man die Frage nach
dem Ursprung dieser Sinnerfahrung stellt. So gewendet handelt es sich nicht mehr
um eine profane Erfahrung, sondern um eine religiöse. In dieser Hinsicht spreche
ich von spiritueller Selbstkompetenz, also von der Erfahrung, in einem geschenkten
Sinnzusammenhang zu stehen und kompetent mit dieser Erfahrung umzugehen. Spiritualität ist eine religiöse Form der Distanzierungsfähigkeit; wahrscheinlich ist sie
auch eine Möglichkeit der Entspannung und Beziehungsgestaltung (Schaarschmidt,
2005, S. 32).

b) Zufriedenheit bei Religionslehrerinnen und -lehrern

Lehrerinnen und Lehrer stehen in einem komplexen Handlungsfeld, das soziale wie
psychische Dimensionen einschließt. Diese komplexe Gemengelage ergibt sich aus
der Verschränkung verschiedenster Perspektiven. Das Zusammentreffen von eigenen,
subjektiven Erfahrungen und diesen überindividuellen – schulische, familiäre etc.
– Zusammenhängen bleibt oft unbemerkt. Wenn in der Literatur von Lehrerzufrie-
denheit die Rede ist und von der Gesundheit von Kolleginnen und Kollegen, dann
liegt dem eine spezifische Annahme zugrunde: Dass das Verhältnis von eigener Wahrnehmung und den Möglichkeiten, das eigene Tun in systemische Zusammenhänge
einzubringen und als sinnvoll zu betrachten, ausbalanciert ist. Bandura betont diesen
Zusammenhang: „Human behavior and affective states would be best predicted by
the combined influence of efficacy beliefs and the type of performance outcomes ex-
pected within given social systems. The structural features of social systems that are
especially germane concern the opportunities they provide and the constraints they
impose" (Bandura, 1997, S. 20). Ist diese Balance gestört, kommt es zu Unzufrieden-
heitssymptomen. Religionslehrer und –lehrerinnen können dann gestresst sein und
demotiviert agieren. Die Verhaltensmuster und die Typisierungen von Schaarschmidt
bilden dieses Problem statistisch ab.[5] Aus schulischer und systemischer Sicht könnten bei problematischen Verhaltensmustern von Kolleginnen und Kollegen dann die
Frequenz der Beratungsgespräche erhöht und Dienstgespräche mit der Schulleitung
geführt werden müssen. Doch so weit kommt es bei Religionslehrerinnen und –lehrern selten, wie die Forschung dazu zeigt.

So hat Anton Bucher die Befindlichkeit und die religionspädagogischen Zielset-
zungen von katholischen Religionslehrerinnen und –lehrern in den Diözesen Salzburg
und Linz untersucht. Sehr zufrieden ist ca. ein Viertel der Befragten. Etwa die Hälfte
ist grundsätzlich zufrieden. „Kein/e einzige/r kreuzte den negativsten Wert an" (Bucher, 2005, S. 33). Ergebnisse in den beiden Diözesen sind in etwa gleich. Allerdings
sei die Berufszufriedenheit etwas geringer als noch im Jahr 1995. Dennoch: „Die
Berufszufriedenheit ist dermaßen hoch, dass etliche Religionslehrerinnen und -lehrer,

---

5 In den bekannten Mustern G und S sowie den Risikomustern A und B.

als ihnen die Ergebnisse präsentiert wurden, sie in Zweifel zogen" (ebd., S. 33–34). Im Kontext des Projektes „Spirituelle Selbstkompetenz" ist der Beziehungsaspekt zu Kolleginnen und Kollegen besonders wichtig. Bucher registrierte in diesem Punkt eine enorm hohe Zufriedenheit (ebd., S. 38).

Wesentlich ist zudem das „*Ergebnis der multiplen Regressionsanalyse:* [...] Wer sich bei spirituellen Übungen und kirchlichen Themen etc. wohl fühlt, tendiert dazu, die generelle Berufszufriedenheit höher einzuschätzen" (ebd., S. 41).

Wenn eine Disbalance zwischen eigenen Wahrnehmungen und systemischen Anforderungen auftritt, wird sehr oft versucht, diese allein und persönlich zu bearbeiten. Spiritualität scheint hier eine unterstützende Funktion zu erfüllen; inwiefern es dabei eine Rolle spielt, dass spirituelle Elemente sich systemischen Verfügungen gerade entziehen, wird hier nicht deutlich. Aber eben jene Bezugssysteme des Religionsunterrichts sind wichtige Kommunikationszusammenhänge, zu denen sich die Lehrkraft verhalten muss. So fragte Bucher auch nach dem „*Befinden bei kirchlichen Themen und in kirchlichen Beziehungsfeldern* [unter anderem spirituelle Übungen im Unterricht, MaGro]: Auffallend ist die relativ indifferente Einstellung, ersichtlich an den hohen Quoten beim gefühlsneutralen Gesicht. ‚Ausreißer' ist die hohe Zufriedenheit mit dem Fachinspektor, gefolgt von der Behandlung biblischer Themen" (Bucher, 2005, S. 36). Faktoren wie Diözese, Geschlecht und Alter scheinen keine signifikanten Unterschiede in der Beurteilung dieser Items zu bewirken. Anders verhalte es sich beim Faktor „Schulart": „mit kirchlichen Themen und Bezugsgrößen geht es ReligionslehrerInnen an Volkschulen ‚besser'. [...] Auch spirituelle Übungen beglücken in Volksschulen stärker" (ebd., S. 36).

Dieses Ergebnis gibt einen Hinweis dafür, dass systemische Zusammenhänge, hier die Schulart, Einfluss auch auf das Bild von Spiritualität haben. Sie auf Innerlichkeit zu beschränken, scheint durch dieses Ergebnis zu kurz zu greifen.

Dass sowohl systemische als auch individuelle Zugänge nicht für sich stehen, sondern interdependent sind, ist selbstverständlich. Mit Blick auf die Schülerinnen und Schüler wird von den Religionslehrkräften versucht, deren individuelle Weltzugänge dem eigenen fachlichen Bezugssystem – greifbar in Bildungsplänen und Glaubenssowie Werteordnungen – anzugleichen: „Evangelische Experten für Religion bieten den Auszubildenden exemplarisch das evangelisch-christliche Bezugssystem für Werte an, das in sich selbst Kritik und Eigenverantwortung einschließt. [...] Wesentliche Elemente dieses Bezugssystems sind Bibel und kirchliche Zusammenhänge" (Breitmaier, 2010, S. 214). Durch das Angebot der Experten werden die Novizen des Faches – Schülerinnen und Schüler – provoziert, selbst zu Teil-Experten zu werden. Darin besteht die Disbalance von systemischer Integrität und der jeweiligen Eigenwelt der Lernenden. „Die Bearbeitung von Ungleichgewichten ist für Piaget *das* Entwicklungsmoment" (Mölders, 2011, S. 26). Natürlich ist die Diagnose, Eigen- und Systemwelt seien in einer Disbalance, beobachterabhängig. Die Kontingenz dieser Beobachterabhängigkeit ist aber zentral für die systemische Organisation von Bildung überhaupt (Mölders, 2011, S. 123).[6] Selbst wenn Schülerinnen und Schüler von sich behaupten, über Religion das Nötige zu wissen, kann der Religionslehrer beschließen, dass dies immer noch nicht reicht. Der Unterricht geht weiter. „Wo Lehrerinnen und Lehrer aber die Balance zwischen eigenem Anliegen und der Autonomie ihrer Schülerinnen und Schüler verlieren, droht das pädagogische Verhältnis insgesamt zu scheitern" (Sajak, 2008, S. 86).

c) Lehrergesundheit und Spiritualität

Der Aspekt der Lehrergesundheit wird durch den eingesetzten Fragebogen im Projekt „Spirituelle Selbstkompetenz" nicht vollständig erfasst. Gleichwohl gibt es Aspekte im Bereich der Selbstwirksamkeitserwartung, die berücksichtigt werden und die sich mit Blick auf die Lehrergesundheit als zentral erwiesen haben.[7] Das gilt beispielsweise für die soziale Resonanz, die ein Kollege oder eine Kollegin erfährt. So hat sich die Forschung zur Lehrergesundheit über den Bereich der Diagnostik hinaus auf das soziale Umfeld von Lehrerinnen und Lehrern entwickelt. Es soll herausgefunden werden, unter welchen Bedingungen Gesundheit und damit auch Ausgeglichenheit und Balance im Beruf aufrechterhalten werden können: In der Gesundheitsfrage hat in der Psychologie, Soziologie, Medizin und anderen Gesundheitswissenschaften das Konzept der „Salutogenese" zunehmend Verbreitung gefunden. Unter diesem Ansatz des amerikanisch-israelischen Medizinsoziologen Aaron Antonovsky wird gegenüber der klassisch pathologischen Blickrichtung mit ihrer Grundfrage „Warum wird ein Mensch krank?" ein Perspektivwechsel hin zu der Frage vollzogen: „Unter welchen Bedingungen bleiben Menschen gesund" (Huber, 2009, S. 37)?

Der Religionspsychologe Bernhard Grom hält mit Blick auf psychologische Forschungen zum Zusammenhang von Religion und Gesundheit zusammenfassend fest, dass Religion zwar ein Gesunderhaltungsfaktor, jedoch kein Heilfaktor sei: „Religiosität/Spiritualität heilt in der Regel – auch wenn sie durch Gebet, positive Krankheitsverarbeitung und sogar spirituelle Heilweisen aktiviert wird – keine schweren körperlichen Krankheiten, kann aber durch ihren Beitrag zur Bewältigung kritischer Lebensereignisse und Dauerbelastungen gegen Streß abpuffern und manchen Erkrankungen vorbeugen. Sie kann auch zur günstigen Krankheitsverarbeitung beitragen und damit Heilungsprozesse unterstützen und leichtere Beschwerden, zumal Schmerzen, beheben. Damit ist sie eine wichtige soziale und persönliche Ressource – ein Bewältigungs- und Schutzfaktor, aber kaum ein eigener Heilfaktor" (Grom, 2011, S. 111).

---

6 Mölders Schlussfolgerung aus seiner systemtheoretischen Analyse, Interaktionssysteme könnten nicht lernen, da sie keine Fixpunkte für Anschlusskommunikation hervorbringen können (Mölders, 2011, S. 180–185), teile ich nicht. Gerade die Wahrnehmung des Anderen ist ein solcher Fixpunkt.

7 Dass davon auch die Unterrichtsqualität betroffen ist, zeigen Klusmann, Kunter, Trautwein und Baumert (2006, S. 161–173).

Um diesen Befund mit Blick auf Religionslehrkräfte einordnen zu können, ist die Unterscheidung von gelehrter und gelebter Religion wichtig. Im Bereich des Religionsunterrichts sind Religion und Spiritualität immer auch inszeniert. Die Differenz zwischen gelehrter und gelebter Religion wird oft genannt, wenn von der Religiosität und Spiritualität von Religionslehrerinnen und –lehrern die Rede ist (Schöll, Feige, Dressler & Lukatis, 2001). Diese Unterscheidung gehört zu den professionellen Standards von Religionslehrkräften. Sie ist Bedingung für die Didaktisierung von Religion und damit auch für die Schülerorientierung. Insofern lassen sich Ergebnisse im Bereich des Zusammenhangs von Gesundheit und Religion/Spiritualität nicht direkt auf den Religionsunterricht übertragen.

Schülerorientierung ist vor dem Hintergrund spiritueller Kompetenz zu betonen, weil religiös vermitteltes Unterrichten im Vergleich zu anderen Fächern noch einmal andere – tiefere – Zugänge zur Schülerpersönlichkeit zulassen kann. Norbert Mette beschreibt die Spezifik der Wahrnehmung der Schülerinnen und Schüler durch den Religionslehrer so: Schülerinnen und Schüler „zum Nachdenken zu bringen, auf Dimensionen ihres Lebens zu stoßen, die unter dem Vordergründigen ihres Alltags verborgen sind, Entdeckungen einer religiösen Wirklichkeit machen zu lassen, die Neugier nach dem geheimnisvollen Grund und Ziel unseres Daseins zu wecken, zum Umgang mit Religiosität und Religion, auch der anderer, zu befähigen und die eigene Entscheidung hinsichtlich der eigenen Lebenseinstellung zu fördern, ist ihr wesentliches Anliegen. Mit dieser Schülerorientierung hängt es zusammen, dass RL [Religionslehrer und –lehrerinnen, MaGro] nicht selten die Schüler und Schülerinnen ,hintergründiger' kennen lernen, als es im sonstigen Fachunterricht der Fall ist, und sich gegebenenfalls um ihre Belange kümmern und sich für sie einsetzen. Wohl aus diesem Grunde werden gern RL von der Schülerschaft als Vertrauenslehrer- bzw. –lehrerinnen gewählt" (Mette, 2004, S. 134). In Zeiten, in denen die wenigsten Schülerinnen und Schüler aber in der jeweiligen Kirche wirklich beheimatet sind, heißt Schülerorientierung auch immer, einen unter Umständen großen Bogen von den Schülerinnen und Schülern zum jeweiligen Bezugssystem schlagen zu müssen. Distanzierungsfähigkeit ist Bedingung dafür – religiös vermittelte Distanzierungsfähigkeit kann als Ressource betrachtet werden, die Differenz zwischen eigener Person, Schülerinnen und Schülern sowie den Bezugssystemen des Religionsunterrichts nachhaltig bearbeiten zu können. Claus P. Sajak resümiert, dass „Religionslehrerinnen und –lehrer eine Art ironische Distanz entwickelt haben, mit der sie kirchliche Erwartungen und Ansprüche an ihren Unterricht im Horizont ihrer eigenen Biographie und mit Blick auf die Lebenswelt ihrer Schülerinnen und Schüler produktiv bearbeiten und adaptieren" (Sajak, 2009, S. 63).

3.   Spirituelle Selbstkompetenz

Zusammenfassend lässt sich festhalten: Buschmann und Gamsjäger (1999, S. 281–292) stellen mit Blick auf das Lehrer-Burnout schulisches Engagement und sinnvoll erlebte außerschulische Tätigkeiten als Schutzfaktoren dar.

Auch nach Schaarschmidt sollte sich die Gesundheitsrelevanz der Muster auch in einem unterschiedlichen Erholungsleben niederschlagen (Schaarschmidt, 2005, S. 32). Die Bereitschaft zu Erholungsaktivitäten, die wahrgenommenen Erholungsmöglichkeiten und der erlebte Erholungseffekt sind ohne Frage wichtige Gesundheitsindikatoren. Es drücken sich hier die Kompensationsmöglichkeiten bei der Verarbeitung von Belastungen aus.

Eine Selbsteinschätzung des Erholungsverhaltens erfolgte bei Schaarschmidt mittels des Fragebogens „Inventar zur Persönlichkeitsdiagnostik in Situationen" (IPS). Das IPS enthält einen gesundheitsbezogenen Bereich, dem drei Skalen zugeordnet sind:
- Entspannungsfähigkeit (gut abschalten und die Freizeit genießen können),
- aktives Erholungsverhalten (aktiv etwas für die Erholung tun),
- Gesundheitsvorsorge (auf die Gesundheit und Erholung achten, Warnsignale ernst nehmen).

Der Zusammenhang zwischen gelingendem Schulalltag und seiner aktiven, schöpferischen Gestaltung sowie der kompensierenden Wirkung außerschulischer Tätigkeiten ist evident. „Wer besser in der Lage ist, ‚abzuschalten', also klar zwischen Arbeit und Privatleben zu trennen, hat gesundheitliche Vorteile: Wohlbefinden hängt wesentlich stärker von Distanzierungsfähigkeit ab als umgekehrt" (Schaarschmidt, 2005, S. 96).

Darüber hinaus hat die Forschung gezeigt, dass soziale Unterstützung im Alltag eine Kernkomponente ist, wenn es um die Lehrergesundheit und damit auch um die Selbsteinschätzung des eigenen Tuns geht. Aussprachemöglichkeiten, Entspannung in der Freizeit und ein „günstiges soziales Klima an der Schule" sind hier als entlastende Faktoren zu nennen (Schaarschmidt, 2005, S. 79).

Der Beitrag der Religionen zur Lehrergesundheit bleibt in den eingesehenen Arbeiten zur Lehrergesundheit unberücksichtigt. Wir gehen davon aus, dass Spiritualität und Selbstdistanzierungsfähigkeit auf einer Linie liegen und Selbstdistanzierungsfähigkeit Kernbestandteil von Spiritualität ist. Hier sehen wir den Zusammenhang zwischen Religion und Schule bzw. zwischen der spirituellen Selbstkompetenz der Lehrenden und ihrer schulischen Arbeit.

Der Begriff „Spiritualität" ist das Ergebnis der Sondierung qualitativer Forschungen in diesem Bereich von Bucher (2007). Er schlägt die Kernkomponente „Verbundenheit" vor, die innerhalb der Dimension „Spiritualität" hinsichtlich weiterer Forschungen zu operationalisieren wäre:

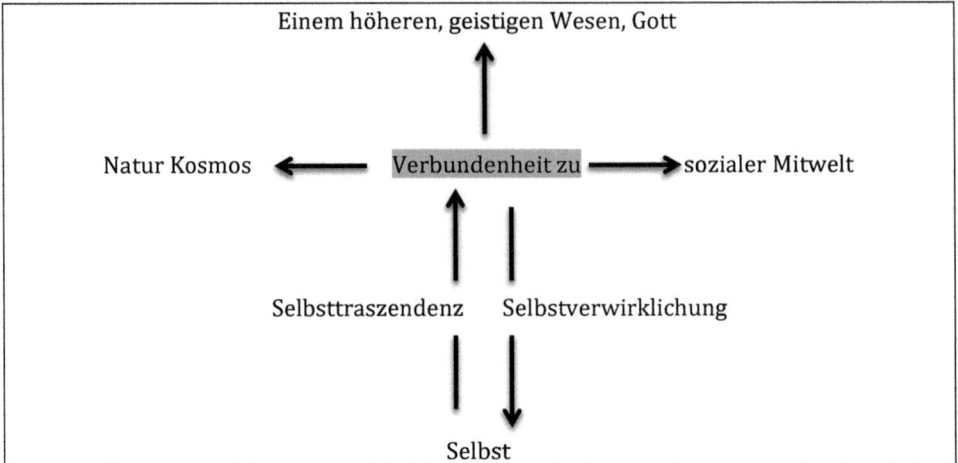

Quelle: Bucher (2007, S. 33).

Mit Blick auf unser Ziel, den Zusammenhang zwischen spiritueller Selbstkompetenz und gelingendem Schulalltag aufzuhellen, besteht ein besonderes Interesse an den Aspekten „Verbundenheit zu sich selbst" und „Verbundenheit zur sozialen Mitwelt". Er umfasst damit die horizontale und die vertikale Dynamik, wie sie im Schaubild verdeutlicht sind. Beide Dimensionen stehen für Beziehungsqualitäten, die ich komplementär betrachte.

Dabei ist der Terminus „Verbundenheit" geweitet und synonym zum Beziehungsbegriff zu begreifen, wie er von Biesinger mit Blick auf die Rolle des Religionslehrers ausgearbeitet wurde. Ein „Thema ist demnach sinnvoll als Beziehungsgeflecht formuliert, wenn ich mich als Lehrer selbst, wie ich zum Thema stehe, wie ich zur Lerngruppe stehe, und wie die Lerngruppe zu mir steht, einbringe" (Biesinger, 1983, S. 823). Spirituelle Selbstkompetenz bedeutet dann in unserem Zusammenhang, den personalen Einsatz in diesem Beziehungsgeflecht zu reflektieren und Spiritualität einzuüben, mit dem Ziel eines gelingenden Berufsalltags, in dem Spiritualität als schöpferische Ressource wirken kann.

Das Projekt „Spirituelle Selbstkompetenz", das hier in einigen Aspekten des Zusammenhangs von Selbstwirksamkeitserwartung und Spiritualität beleuchtet wurde, will über diese Erhebung hinaus durch Befragung der Religionslehrerinnen und –lehrer auch Formen der Spiritualität erheben, die nicht allein auf Innerlichkeit gründen und ausschließlich in einer kompetenten Beziehung zu sich selbst münden. Formen von Spiritualität im Rahmen spiritueller Selbstkompetenz sind Formen, die nach außen drängen und handlungsleitend sind. Solche Formen der Spiritualität stellen nicht nur individuelle Übungen dar, sondern könnten auch Morpheme im Unterrichtsgeschehen sein (Schmid, 2012, S. 21–61). Gemeinsam wäre ihnen, dass sie kommuniziert werden, sich also nicht nur im vorsprachlichen Raum der Psyche abspielen. Klaus Kießling verwendet mit Blick auf eine Spiritualität, die sich im Praktischen bewährt, den Begriff der „exoterischen Spiritualität". Mit seinen Bemerkungen zur Spiritualität will er auf die doppelte Dynamik spiritueller Orientierungen aufmerksam machen. Er betont, „dass Spiritualität sich nicht nur *eso*terisch nach innen richtet und gleichsam als transpersonal eingekleidete wellness mit Aussicht auf narzisstischen Gewinn daherkommt; vielmehr richtet sie sich auch *exo*terisch nach außen, wenn ans Licht einer beziehungsreichen Welt kommt, was zur Geburt drängt und einen eigenen Lebensstil auszuprägen vermag" (Kießling, 2009, S. 85). Der Bezugsrahmen dieses Begriffs von Spiritualität ist der „Lebensstil".

Spiritualität ist tief verankert im Christentum, seine Attraktivität verdankt sich also weniger aktuellen Befindlichkeiten, als seinem Charakter als Ausdruck christlicher Lebensführung. Das Grundwort *spiritus* nimmt nicht nur Bezug auf den Heiligen Geist, sondern verweist auch auf die wandelnde Kraft Gottes in dieser Welt: Die Welt wird verwandelt, nicht kraft menschlichen Handelns, sondern aufgrund des Wirkens Gottes in dieser Welt. Als Ausdruck der Lebensführung nimmt Spiritualität eine paradoxe Gestalt an, indem sie ganz innerlich ist, und so doch nach außen drängt. Josef Wohlmuth hat dies so beschrieben: *„Christliche Spiritualität wird so zum Mysterium des „Gott-mit-uns" und „Gott-in-uns", sodass sich Gott als der in seiner Abgründigkeit Unbegreifliche durch Jesus Christus auch uns offenbart und so durch unseren eigenen Tod zur Auferstehung führt.* Der christliche Glaube setzt auf die Verwandlung der ganzen Schöpfung, über der am ersten Schöpfungstag Gottes Geist schwebte, bis dass „Gott alles in allem" offenbar sein wird. Spiritualität im Kontext der Gnadentheologie ist eine Spiritualität der Innerlichkeit, des augustinischen ‚interior intimo meo', das jedoch die Spiritualität der Welt, von der oben die Rede war, in keiner Weise verdrängt" (Wohlmuth, 2006, S. 51). Diese Differenz bleibt, sie spiegelt sich auch in wie immer eingeforderten Einheitsvorstellungen. So schreibt Gottfried Bitter (2007, S. 20) beispielsweise, Spiritualität zeige sich in der Einheit von Gottes-, Nächsten- und Selbstliebe. Die Unverrechenbarkeit der Gnade, die Wohlmuth betont, wird hier absorbiert durch eine Einheitsvorstellung, die Gnade letztlich auf der Seite der Gottesliebe verortet.

Die Dimension der Unverfügbarkeit ist in religionsdidaktischen Überlegungen zur Spiritualität maßgeblich (Boschki & Woppowa, 2006, S. 67–84).

Spiritualität wäre missverstanden, würde man sie allein auf das seelische Wohlbefinden und ihre diakonische Dimension hin verkürzen. Sie ist mehr als das. Das Projekt „Spirituelle Selbstkompetenz" ist diesem Sinnüberschuss auf der Spur.

Literatur

Bandura, A. (1997). *Self-Efficacy. The Exercise of Control*. New York: Freeman and Company.

Biesinger, A. (1983). Religionsunterricht als Beziehungslernen. Thesen zur Aufhebung falscher Alternativen. *Katechetische Blätter, 108*(11), 820–827.

Biesinger, A., Schweitzer, F. & Münch, J. (2008). *Glaubwürdig unterrichten. Biographie – Glaube – Unterricht*. Freiburg i.Br.: Herder.

Bitter, G. (2007). Spiritualität und geistlicher Lebensstil. In M. Langer & W. Verburg (Hrsg.), *Zum Leben führen. Handbuch religionspädagogischer Spiritualität* (S. 15–44). München: Deutscher Katecheten-Verlag.

Boschki, R. & Woppowa, J. (2006). Kann man Spiritualität didaktisieren? Bildungstheoretische und beziehungsorientierte Grundlegungen spirituellen Lehrens und Lernens. In S. Altmeyer, R. Boschki, J. Theis & J. Woppowa (Hrsg.), *Christliche Spiritualität lehren, lernen und leben. Festschrift für Gottfried Bitter* (S. 67–84). Göttingen: V&R unipress.

Breitmaier, I. (2010). *Religionsunterricht an der Berufsschule aus der Perspektive von Ausbilderinnen und Ausbildern.* Berlin: Lit.

Bucher, A. A. (2005). *Zwischen Berufung und Frust. Die Befindlichkeit von katholischen und evangelischen ReligionslehrerInnen in Österreich.* Wien: Lit.

Bucher, A. A. (2007). *Psychologie der Spiritualität. Handbuch.* Weinheim: Beltz.

Buschmann, I. & Gamsjäger, E. (1999). Determinanten des Lehrer-Burnouts. *Psychologie in Erziehung und Unterricht, 46,* 281–292.

Dressler, B. (2012). Inkonsistenz und Authentizität. Ein neues religiöses Bildungsdilemma? Bildungstheoretische Überlegungen zu Armin Nassehis religionssoziologischen Beobachtungen. *Zeitschrift für Pädagogik und Theologie, 64*(2), 121–135.

Grom, B. SJ (2011). Wie gesund macht der Glaube? *Stimmen der Zeit, 229*(2), 101–112.

Gronover, M. (2012). Spirituelle Selbstkompetenz. *religionsunterricht an berufsbildenden schulen,* (3), 4–7.

Huber, M. (2009). Gesundheit und Religion – Schlaglichter aus der aktuellen Diskussion. *Zeitschrift für Pädagogik und Theologie, 61*(1), 33–43.

Kießling, K. (2009). Spiritualität als diakonische Präsenz. In ders. (Hrsg.), *Diakonische Spiritualität. Beiträge aus Wissenschaft, Ausbildung und Praxis* (S. 84–103). Münster: Lit.

Kluge, A. & Baecker, D. (2003). *Vom Nutzen ungelöster Probleme.* Berlin: Merve.

Klusmann, U., Kunter, M., Trautwein, U. & Baumert, J. (2006), Lehrerbelastung und Unterrichtsqualität aus der Perspektive von Lehrenden und Lernenden. *Zeitschrift für Pädagogische Psychologie, 20*(3), 161–173.

Luhmann, N. (2002). *Das Erziehungssystem der Gesellschaft* (D. Lenzen, Hrsg.). Frankfurt a.M.: Suhrkamp.

Mette, N. (2004). Zum Beruf und Selbstverständnis von Religionslehrern und –innen im Kontext aktueller Entwicklungen in Gesellschaft und Schule sowie Religion und Kirche. *Christlich-pädagogische Blätter, 117*(2), 134–136.

Mölders, M. (2011). *Die Äquilibration der kommunikativen Strukturen. Theoretische und empirische Studien zu einem soziologischen Lernbegriff.* Weilerswist: Velbrück Wissenschaft.

Obst, G. (2010). *Kompetenzorientiertes Lehren und Lernen im Religionsunterricht* (3. überarbeitete Auflage). Göttingen: Vandenhoeck & Ruprecht.

Peng-Keller, S. (2012a). *Geistbestimmtes Leben: Spiritualität.* Zürich: Theologischer Verlag Zürich.

Peng-Keller, S. (2012b). Geistreiche Theologie zu geistbestimmtem Leben? Spiritualität als Forschungsfeld katholischer Theologie. In R. Kunz & C. Kohli-Reichenbach (Hrsg.), *Spiritualität im Diskurs. Spiritualitätsforschung in theologischer Perspektive* (S. 37–53). Zürich: Theologischer Verlag Zürich.

Sajak, C. P. (2008). Rollenerwartung und Selbstentfaltung. Wie steht es um die Motivation von Religionslehrerinnen und -lehrern? *Herder-Korrespondenz, 62*(2), 85–89.

Sajak, C. P. (2009). Gelassenheit durch Distanz. Religionslehrer im Spannungsfeld kirchlicher Erwartungen und schulischer Realität. *Herder-Korrespondenz Spezial,* (1), 61–64.

Schaarschmidt, U. (Hrsg.) (2005). *Halbtagsjobber? Psychische Gesundheit im Lehrerberuf – Analyse eines veränderungsbedürftigen Zustandes.* Weinheim: Beltz.

Schmid, H. (2012). *Die Kunst des Unterrichtens: Ein praktischer Leitfaden für den Religionsunterricht* (aktualisierte Neuauflage). München: Kösel.

Schöll, A., Feige, A., Dressler, B. & Lukatis, W. (2000). *Religion bei ReligionslehrerInnen. Religionspädagogische Zielvorstellungen und religiöses Selbstverständnis in empirisch-soziologischen Zugängen. Berufsbiographische Fallanalysen und eine repräsentative Meinungserhebung unter evangelischen ReligionslehrerInnen in Niedersachsen.* Münster: Lit.

Sekretariat der Kultusministerkonferenz (Hrsg.) (2011). *Handreichung für die Erarbeitung von Rahmenlehrplänen der Kultusministerkonferenz für den berufsbezogenen Unterricht in der Berufsschule und ihre Abstimmung mit Ausbildungsordnungen des Bundes für anerkannte Ausbildungsberufe.* Berlin.

Taylor, C. (1996). *Quellen des Selbst. Die Entstehung der neuzeitlichen Identität.* Frankfurt a.M.: Suhrkamp.

Wohlmuth, J. (2006). Was heißt ‚Spiritualität‘? Biblische und systematische Klärungen. In S. Altmeyer, R. Boschki, J. Theis & J. Woppowa (Hrsg.), *Christliche Spiritualität lehren, lernen und leben. Festschrift für Gottfried Bitter* (S. 43–58). Göttingen: V&R unipress.

Klaus Kießling

Pietati et scientiae. Umrisse religionspädagogischer Spiritualität

1. Pietati et scientiae

Der Zukunftskongress zum Berufsschulreligionsunterricht fand am 16. November 2012 unter dem Titel „Gott – Bildung – Arbeit" an der Philosophisch-Theologischen Hochschule der Jesuiten in Frankfurt Sankt Georgen statt. Die für unseren Campus charakteristischen Stichworte *pietas* und *scientia* finden sich am Eingang des Hochschulgebäudes. Der Schriftzug *pietati et scientiae* wirft die programmatische Frage auf, wie sich geistliches Leben und wissenschaftliche Auseinandersetzung zueinander gesellen – in ihrem möglichen Miteinander ebenso wie in ihrem möglichen Gegeneinander. In welche Antworten diese Frage hineinwachsen kann, will ich für die eigene Disziplin als religionspädagogische Spiritualität umreißen.

2. Spiritualität als Aufmerksamkeit – in jeder Beziehung

Spirituelle Traditionen vermögen vielfältige Wirkungen zu entfalten, auch gegen das unter Lehrkräften besonders verbreitete Burnout (Kießling, 2007), aber sie sind nicht als solche einer guten oder schlechten Absicht unterstellt. Damit wäre religionspädagogische Spiritualität schon untergraben und ihrer ureigenen Wirkung beraubt. Denn religionspädagogische Spiritualität hat keinen Zweck (Verburg, 2007). Aus Erfahrung bin ich überzeugt, dass diese sich im Unterricht auf fruchtbare Weise zeigt, aber darum geht es nicht, jedenfalls nicht an erster Stelle.

Menschen, die erzählen, wes Geistes Kind sie sind, aus welchem Geist, aus welchem *spiritus* sie leben, gewähren Einblicke in ihre Spiritualität. Leben im Geist, geistliches Leben vollzieht sich innerhalb und außerhalb traditioneller Religiosität, innerhalb und außerhalb unserer Kirchen. Diese aber bieten ihrerseits Möglichkeiten, spirituelle Erfahrungen im jeweils gegebenen Horizont zu verorten und eine Unterscheidung der Geister vorzunehmen. Ein Leben aus dem Geist zeigt sich inspiriert, begeistert von Kräften und Impulsen, die nicht aus mir selbst kommen und, wenn sie bei mir ankommen, nicht bei mir verbleiben.

Meister Eckhart, ein Dominikaner des Spätmittelalters, bewegt mich seit meinem eigenen Studium. Er predigt wie folgt von der Geburt Gottes im Menschen: „Daß ein Mensch Gott in sich *empfängt*, das ist eine gute Sache [...]. Daß aber Gott im Menschen *fruchtbar* werde, das ist noch besser" (Mieth, 1979, S. 115). Wenn ich das Bild der Geburt ernst nehme, so kann ich nicht anders, denn ans Licht der Welt zu bringen, was zur Geburt drängt.

Der griechische Begriff der Mystik verweist auf das Verb *myein*, „die Augen schließen", und Eckharts Spiritualität zeigt in der ihr eigenen Dynamik, dass es dabei nicht bleibt – und uns die Augen erst recht aufgehen, und alle anderen Sinne auch: „Spiritualität ist Aufmerksamkeit" (Steffensky, 2006, S. 17) – in der Gottesbeziehung und in jeder Beziehung.

Mit dieser Annäherung an Spiritualität will ich auf dreierlei abheben:

Zum ersten richtet sich Spiritualität nicht nur *eso*terisch nach innen, sie kommt nicht allein als *wellness* daher – transpersonal eingekleidet und mit Aussicht auf narzisstischen Gewinn. Vielmehr richtet sie sich auch *exo*terisch nach außen, wenn ans Licht unserer Welt kommt, was zur Geburt drängt. Was ein Mensch im Geiste empfängt, behält er nicht für sich allein; sonst stirbt, was zum Leben kommen will, vielleicht einen eigenen Lebensstil, eine eigene Lebensform ausprägen will.

Zum zweiten hebe ich darauf ab, dass die Wirkungsgeschichte Meister Eckharts weit über die Grenzen kirchlicher Traditionen hinausragt: Die von ihm gelebte und angestoßene Spiritualität hat mit einer Mystik, wie sie im Islam und in allen anderen Weltreligionen lebt, mehr gemein als etwa mit christlichem oder anders religiösem Fundamentalismus.

Zum dritten will ich erste Umrisse religionspädagogischer Spiritualität ankündigen. Wenn es darum geht, ans Licht der Welt zu bringen, was zur Geburt drängt, dann ist damit eine Hebammenkunst, eine mystagogische Bewegung angedeutet, wie sie der Jesuit Karl Rahner im Angesicht des unsagbaren Gottes nach- und vorzeichnet. Diese mystagogischen Traditionen werde ich auf diakonischen Wegen in kulturell pluraler Welt entfalten.

3.   Bilderverbot – in jeder Beziehung

Auch die Erfahrung der Unsagbarkeit Gottes hat das Christentum mit anderen Religionen gemeinsam. Gott lässt sich nicht fassen, in Worten nicht und in Bildern nicht: „Du sollst dir kein Gottesbild machen" (Ex 20,4 und Dtn 5,8), heißt es darum, und auch das Bilderverbot ist keine christliche Erfindung. Es wirkt jedoch im Christentum weiter – bis heute. Was aber, wenn sich die Erfahrung der Unsagbarkeit Gottes zwar nicht fassen lässt, wir jedoch das Erfahrene nicht für uns behalten können und wollen? Was, wenn das Bilderverbot zwar im Christentum weiterlebt, wir jedoch nicht anders können, als uns Bilder zu machen? Was, wenn es darum geht, Fremdes fremd sein zu lassen, wir jedoch uns Fremdes zu eigen machen wollen? Was, wenn es darum geht, ein Geheimnis zu hüten, wir jedoch dazu neigen, daraus ein Rätsel zu machen, das sich lüften lässt? Auch Geheimnisse, Mysterien spielen nicht allein und nicht erst im Christentum zentrale Rollen. Mystagogische Traditionen verweisen auf das Unsagbare, das jeden Bilderrahmen Sprengende, das Fremde und fremd Bleibende – in jeder Beziehung.

4.   Mystagogische Spiritualität in der Tradition Karl Rahners

Mystagogische Traditionen reichen in vorchristliche Zeit zurück. Mystagogie war die Einführung in die Geheimnisse der Mysterienkulte. Da waren die Mysten, die in eine Kultgemeinschaft aufgenommen werden wollten, und da waren die Mystagogen, die als Führer oder Begleiter der Mysten diese mit dem jeweiligen Kult vertraut machten.

Mystagogische Traditionen lebten in altchristlicher Zeit fort, insbesondere Karl Rahner greift sie auf. In einer Veröffentlichung aus dem Jahr 1959 deutet er inhaltlich an, welche Bedeutung dem Begriff der Mystagogie in seinen späteren Arbeiten zukommen wird. Er spricht von einer Hebammenkunst, der „Maieutik eines individuellen Christentums von innen her" (Rahner, 1959, S. 122), zudem von der Notwendigkeit einer neuen Mystagogie: „Wenn einer es heute fertig bringt, mit diesem unbegreiflichen, schweigenden Gott zu leben, den Mut immer neu findet, ihn anzureden, in seine Finsternis glaubend, vertrauend und gelassen hineinzureden, obwohl scheinbar keine Antwort kommt als das hohle Echo der eigenen Stimme, wenn einer immer wieder den Ausgang seines Daseins freiräumt in die Unbegreiflichkeit Gottes hinein, obwohl er immer wieder zugeschüttet zu werden scheint durch die unmittelbar erfahrbare Wirklichkeit der Welt, ihrer aktiv von uns selbst zu meisternden Aufgabe und Not und von ihrer immer noch sich weitenden Schönheit und Herrlichkeit, wenn er dies fertig bringt ohne die Stütze der ‚öffentlichen Meinung' und Sitte, wenn er diese Aufgabe als Verantwortung seines Lebens in immer erneuter Tat annimmt und nicht nur als gelegentliche religiöse Anwandlung, *dann* ist er *heute* ein Frommer, ein Christ [...]. Um [...] den Mut eines unmittelbaren Verhältnisses zum unsagbaren Gott zu haben und auch den Mut, dessen schweigende Selbstmitteilung als das wahre Geheimnis des eigenen Daseins anzunehmen, dazu bedarf es freilich mehr als einer rationalen Stellungnahme zur theoretischen Gottesfrage und einer bloß doktrinären Entgegennahme der christlichen Lehre. Es bedarf einer Mystagogie in die religiöse Erfahrung [...], einer Mystagogie, die so vermittelt werden muß, daß einer sein eigener Mystagoge werden kann" (Rahner, 1966, S. 21–22).

Die Betonung der Notwendigkeit des Erfahrungsbezugs christlichen Glaubens führt nicht dazu, dass die Inhalte des Glaubens in ihrer Bedeutung vernachlässigt oder gar ignoriert würden. Glauben in seinen Inhalten und Glauben als Beziehung, Credo und gelebter Glaube, Glaubenslehre (fides *quae* creditur) und Glaubenspraxis (fides *qua* creditur) spielen zusammen: Die Glaubenslehre lässt sich als geronnene Glaubenserfahrung bestimmen; vor aller lehrhaft formulierten Glaubensüberzeugung stehen die menschlichen Erfahrungen, die später die Gestalt etwa des Glaubensbekenntnisses angenommen haben. Dieses Zueinander von Praxis und Lehre findet in der Mystagogie die ihm entsprechende Gewichtung.

Eine mystagogisch geprägte Spiritualität lebt aus einer Kultur des Fragens, die nicht bloß auf richtige Antworten aus ist, sondern Fragen, die uns unbedingt angehen, aufnimmt, so dass Lehrerinnen und Lehrer sich auf je eigene Weise damit auseinandersetzen können – im Vertrauen darauf, dass sich die Geschichte ihrer Selbsterfahrung als Geschichte ihrer Gotteserfahrung erweist. In der Bereitschaft zur Erschließung der

Gottesbeziehung als Bildungsprozess gestaltet sich Bildung als Selbstbildung: „Ich bilde mich", verrät die Sprache. Eine Form der Bildung hingegen, die mir Andere unmittelbar aufprägen, macht mich nicht zu einem Gebildeten, schon gar nicht zu einem spirituell Gebildeten, sondern zu einem Gebilde. Gleichwohl geschieht Selbstbildung in Beziehung, sie ist auf Eindrücke angewiesen, die Menschen auf je eigene Weise gewinnen. Sie brauchen also religionspädagogisch qualifizierte Unterstützung und spirituelle Begleitung, denn ich glaube nicht an eine „Glaubensweitergabe" im wörtlichen Sinn, gleich einem Paket, das alles Lebensnotwendige gut verschnürt enthält und nur weitergegeben zu werden braucht. Sie wäre spiritualitätsdidaktisch ohnehin nicht angezeigt. Ich glaube vielmehr an eine Begleitung, die aufgehen lässt, was uns unbedingt angeht: „Wenn Gott nicht selbst gemacht ist, wird es ihn nur geben, wenn er sich offenbart" (Nordhofen, 2007, S. 9).

5.   Diakonische Mystagogie als Sozialisierung der Reichtümer Gottes

Mystagogie versuche ich auf diakonischen Wegen zu orten und als diakonische Mystagogie zu qualifizieren – mit der Begründung, dass es dabei um eine noch zu bestimmende „Sozialisierung" (Seckler, 1989, S. 24) der Reichtümer Gottes geht. Diakonie verstehe ich dabei als dasjenige kirchliche Handeln, das Jesus als das Gebot der Nächstenliebe dem Gebot der Gottesliebe gleichstellt. Diakonie folgt dem Lernziel Solidarität.

Zunächst kommt es Rahner darauf an, dass „der einzelne wirklich in seiner einmaligen Einzelheit vom Christentum erreicht ist", und zwar „nicht bloß zum Heil dieses einzelnen, sondern auch zum Segen der Kirche" (Rahner, 1959, S. 111). Priorität kommt hier dem einzelnen Menschen zu, der in der Kommunikation mit der Gemeinschaft der Glaubenden seinem Dasein vor Gott auf die Spur kommen kann und der Kirche zum Segen gereicht, sofern dieser Prozess glückt. Sosehr mir dieser Vorgang einleuchtet, sosehr liegt mir zugleich daran, Rahners berühmtes Diktum zu einer zukünftigen Frömmigkeit (Rahner, 1966), also zur *pietas*, folgendermaßen zu transformieren: Der Mystagoge von morgen wird ein diakonischer sein, einer, der Gott, das beziehungsreiche Geheimnis, in der Not und in den Geringsten erfahren hat, oder er wird nicht mehr sein.

Menschen sind als Frauen und Männer, als Kinder und Erwachsene leibhaftige Verweise auf ein Geheimnis, und zwar auf das beziehungsreiche Geheimnis des trinitarischen Gottes. Dabei wird diakonische Mystagogie „zum Versuch, Beziehungsstörungen, Beziehungsabbruch, Beziehungslosigkeit mit sich, mit anderen, mit Gott durch Beziehung zu heilen" (Hobelsberger, 1991, S. 226). Ein diakonischer Mystagoge, eine diakonische Mystagogin übt die Hebammenkunst aus, mit der ans Licht der Welt kommen kann, was zur Geburt drängt. Eine diakonische Mystagogin praktiziert das beziehungsreiche Geheimnis der Liebe aber auch als Anwältin und Sprachrohr für Verstummte und Ungehörte, für sie Partei ergreifend und mit ihnen solidarisch. Denn

„jeder trägt jeden, jeder ist für jeden verantwortlich und jeder für jeden auch im Heil bedeutsam. Das Gebot der Nächstenliebe ist nicht ein Gebot, dafür gegeben, daß es bürgerlich oder privat erträglich oder angenehm zugeht, sondern ist die Proklamation der Heilssorge und Heilsmöglichkeit jedes für jeden" (Rahner, 1967, S. 226).

Diakonische Mystagogie trägt zur Menschwerdung von Menschen bei – zur Gestaltung einer Kultur, die im Geist des Evangeliums Leben ermöglicht. Sie schafft also Rahmenbedingungen, die zum Leben erwecken, was in einzelnen Menschen angelegt ist und womit Gott sie begnadet hat: „Das Reich Gottes ist (schon) mitten unter euch" (Lk 17,21). Das Reich Gottes aber „reicht [...] über die punktuelle Menschwerdung Gottes hinaus, denn es geht um die wirkliche ‚Sozialisierung‘ der Reichtümer Gottes. Der christliche Gott behält seinen Reichtum nicht als Raub für sich"; eine solche „Sozialisierung" ist „unausweichlich, wenn man die Menschwerdung Gottes nicht nur punktuell versteht als Fleischwerdung des Sohnes, sondern weiter ausgreifend als Selbstmitteilung Gottes, als Selbstentäußerung des göttlichen Seins, als Teilhabegewährung zum Erbe der Kinder Gottes" (Seckler, 1989, 24).

Der Begriff der Sozialisierung soll zum Ausdruck bringen, dass Menschen dazu berufen sind, an der Selbstmitteilung Gottes teilzuhaben; dass sie gleichsam von innen heraus für diese Selbstmitteilung disponiert sind und darin ihre Erfüllung finden können; dass den Kirchen, den Christinnen und Christen der Auftrag zukommt, diesen Prozess der Sozialisierung zu begünstigen und voranzutreiben. Ohne diese politisch-diakonische Spielart von Mystagogie können Christinnen und Christen als Kirche wohl nicht solidarisch an der Seite Gottes gegen Unterdrückung und Entfremdung kämpfen. Gott zu erfahren, hat dann damit zu tun, für die Geschundenen und Gequälten heute einzustehen und gegen Unrecht aufzustehen. Diakonische Mystagogie setzt darauf, dass das Geheimnis Gottes dort am nächsten sein kann, wo es am weitesten in die Ferne gerückt zu sein scheint. Auch und oft gerade dort lässt sich dieses Geheimnis entdecken und erfahren: „Was ihr für einen meiner geringsten Brüder getan habt, das habt ihr mir getan" (Mt 25,40). Und den Schwestern gebührt dieselbe Hochschätzung.

Diakonische Mystagogie wird denjenigen zur Einladung, die noch nicht mit ihren Gotteserfahrungen in Berührung gekommen sind – dahingehend, ihre Lebensspur als von der Gottesspur durchzogen wahrzunehmen. „Was sind das für Dinge, über die ihr auf eurem Weg miteinander redet?" (Lk 24,17) So fragt der Auferstandene nach biblischem Zeugnis die beiden Jünger auf ihrem Weg nach Emmaus, so stellt er die Lebensfrage nach Art der Hebammenkunst. Dabei braucht der Auferstandene gar nicht das Wissen, das die beiden ihm geben können. Er lebt vielmehr eine Kultur des Fragens und wird mit seiner Frage nach dem Geheimnis ihres Lebens zu einem diakonischen Mystagogen – und dies nicht für Gläubige, sondern gerade für die, die angesichts ihrer Lebenserfahrung den Glauben verloren haben.

Dieses Zusammenspiel von mystagogischen und diakonischen Wegen, von Gottes- und Nächstenbeziehung zeigt sich als Grundgeste des Christentums. Zu einer Schulkultur gehören an vielen Orten schulpastorale Angebote, denen ausdrücklich (Deutsche Bischofskonferenz, 2005, S. 32) sowohl eine mystagogische als auch eine diakonische Ausrichtung eigen ist. Heute entstehen diakonisch-mystagogische Wege in einer kulturell pluralen Welt.

6.   Mystagogische, diakonische und kulturell plurale Wege in die Fremde

Religionspädagogisch versteht sich Pluralität nicht als Indifferenz, sondern als Differenzismus, „als eine Situation differierender Werte und Normen, Welt- und Glaubenseinstellungen" (Ziebertz, 2002, S. 70–71). Pluralitätsfähigkeit zielt auf die Aufarbeitung dieses religiösen Differenzismus, also nicht auf die gegenseitige Vergewisserung eines gemeinsamen Besitzes, sondern darauf, „strukturbildend" zu arbeiten und eine hermeneutische Kompetenz zu erwerben, „zwischen christlichen Traditionsbeständen, individualisierten Religionsstilen und allgemeinen Mustern von Kulturreligiosität zu oszillieren und Zusammenhänge herzustellen mit dem Ziel, zu religiöser Wahrnehmung, zu religiösem Sprechen und Urteilen und – unter günstigen Bedingungen – zu einer Glaubensentscheidung zu kommen" (ebd., S. 74).

Auch geht es darum, religiöse und kulturelle Erfahrungen anderer Traditionen „achtsam wahrzunehmen und für das eigene Leben und Glauben schöpferisch zu verarbeiten" (Ziebertz & Leimgruber, 2001, S. 434). Diese Prozesse können als interreligiös oder als interkulturell charakterisiert werden.

Wie verhalten sich inter*kulturelle und* inter*religiöse* Bildung zueinander, wie lässt sich die Beziehung von Religion und Kultur bestimmen? Zunächst erscheint Kultur „als Selbstvollzug des Menschen innerhalb seiner Welt" (Roest Crollius, 1997, S. 515) sowie „als anthropologische Konstante und universales Merkmal des Menschen" (Türk, 1997, S. 514) in einem spannungsvollen Verhältnis zur Religion. Unter der Prämisse, dass die Verwiesenheit auf ein Geheimnis uns Menschen ausmacht, erscheint Religion als grundlegend für menschlichen Selbstvollzug und damit als Ursprung von Kultur. Im Vollzug des persönlichen und gesellschaftlichen Lebens jedoch muss Religion als „Teilfunktion" (Roest Crollius, 1997, S. 515) von Kultur betrachtet werden. In diesem Sinne erscheint inter*kulturelle* Bildung als die weitere, inter*religiöse* Bildung dagegen als die engere Bezeichnung. Gleichwohl kommt interkulturelle Bildung ohne religiöse Verortungen nicht aus, sie setzt zugunsten ihrer Pluralitätsfähigkeit vorrangig auf den Umgang mit Differenz.

Ich komme auf den Gang der beiden Jünger nach Emmaus zurück. Unterwegs fragen sie den Dritten: „Bist du so fremd in Jerusalem, dass du als einziger nicht weißt, was in diesen Tagen dort geschehen ist?" (Lk 24,18) Die beiden zeigen sich befremdet, denn der ihnen offenbar Fremde scheint mit ihrer Situation gänzlich unvertraut zu sein, und doch zeigt der weitere Gang der Geschichte, wie sie sich in der Fremde und in der Begegnung mit dem Fremden entwickeln und ihre eigenen Geschichten auswickeln.

Im Fremden und in der Fremde finden mystagogische, diakonische und interkulturelle Wege zusammen. Eine mystagogische Bewegung setzt auf das Geheimnis des

Lebens, führt zuerst und zuletzt in die Unbegreiflichkeit Gottes hinein, der sich nicht vereinnahmen lässt und buchstäblich nicht zu fassen ist, sich zuneigt und entzieht, als der Nahe zugleich der Ferne und Fremde bleibt. Diakonie setzt auf Solidarität, auf Beziehung mit dem Fremden („[...] ich war fremd und obdachlos, und ihr habt mich aufgenommen", Mt 25,35) und widersetzt sich jeder Entfremdung. Interkulturalität setzt auf den Umgang mit Fremdem und Fremden und steht in diesem Sinne in diakonisch-mystagogischer Tradition: Lernen an Differenzen können Menschen offenbar in Begegnungen mit ihnen Fremden und Fremdem. Wie kommen ihnen Fremde, wie kommt ihnen Fremdes entgegen? Und wie gehen Menschen mit Fremden und Fremdem um? Alle diese Wege – mystagogische, diakonische, kulturell plurale – führen in die Fremde. Wie lässt sich in diesem Horizont religionspädagogische Spiritualität umreißen?

7.   Christliche Theologie als Annahme des Fremden

Eine besondere Geste im Umgang mit Fremden drückt sich in der Kultur der Gastfreundschaft aus. Religions- und Kirchengeschichte zeigen eine zwiespältige Rolle von Religion und Kirchen im Umgang mit Fremden. Denn zum einen „sind es gerade Religionen, die Fremde produzieren, weil derjenige, der nicht zur eigenen Religion gehört, oft als um so fremder gilt" (Fuchs, 1993, S. 64). Zum anderen lebt aber auch eine religiös motivierte Gastfreundschaft, die Fremde unter den Schutz Gottes stellt: „Vergesst die Gastfreundschaft nicht; denn durch sie haben einige, ohne es zu ahnen, Engel beherbergt" (Hebr 13,2).

   Christliche Theologie begegnet dem Fremden auf vielfältigen Wegen, auf eine besondere Weise aber „in ihrem eigenen Zentrum: in jenem Begriff, der sie zuletzt alleine definiert und in dem sie ihr Spezifikum besitzt: dem Gottesbegriff" (Bucher, 1988, S. 303). Das Wort „Gott" erweist sich als „das letzte Wort vor dem anbetend verstummenden Schweigen gegenüber dem unsagbaren Geheimnis" (Rahner, 1976, S. 60–61). „Es ist die Öffnung in das unbegreifliche Geheimnis" (ebd., S. 60) – ein „Wortereignis" (ebd., S. 59), das „uns, ein Moment der Welt, zwingen will, vor das Ganze der Welt und unser selbst zu kommen, ohne daß wir das Ganze sein oder beherrschen könnten" (ebd., S. 60). Darin ist der Gottesbegriff „das prinzipiell Fremde als das konkret Zugesagte [...] christliche Theologie kann zum Fremden nicht erst sekundär eine Beziehung entwickeln, überhaupt also erst von außen ihr Verhältnis zum Fremden nachträglich bestimmen wollen, sie ist vielmehr Annahme des Fremden in ihrem eigenen Wesen. Sie verrät also nicht nur das Fremde oder den Fremden, sondern sich selbst, wo sie dies in ihrer verbalen oder non-verbalen Praxis leugnet" (Bucher, 1988, S. 304).

8.   Differenz und Perspektivenwechsel –
religionspädagogische Spiritualität in Bewegung

Spirituelle Bildung verlangt danach, eine eigene Position auszubilden, diese in den
Dialog mit anderen Positionen einzubringen, sich daran zu reiben und miteinander die
Suche nach Wahrheit voranzutreiben. Die Fähigkeit zum Perspektivenwechsel erlaubt
es, die gegebene Pluralität aufzugreifen, die eigene Religion nach Kräften empathisch
mit den Augen des Gegenübers und die fremde Religion mit den Augen desjenigen
Menschen wahrzunehmen, der in dieser Religion steht und lebt. Im Vollzug dieses
Perspektivenwechsels kommt es darauf an, ambiguitätstolerant jene Spannung auszuhalten, die sich zwischen Mehrdeutigem oder gar Unvereinbarem auftut. Schließlich
vermögen Selbstdistanzierung und Selbstrelativierung dafür zu sorgen, am Fremden
auch das Fremde im Eigenen zu entdecken und sich damit auseinanderzusetzen. Interreligiöse Kommunikation zielt schließlich nicht auf Belehrung, sondern versteht sich
als Interaktion zwischen Angehörigen verschiedener Religionen (Kießling, 2011), als
Bewegung, die einen Perspektivenwechsel zulässt und fruchtbar macht.

Aber sind damit Bildungsprozesse schon hinreichend umrissen? „Der Versuch, religiös zu sein, ohne eine bestimmte Religion zu praktizieren, ist genauso hoffnungslos
wie der Versuch zu sprechen, ohne eine bestimmte Sprache zu benutzen" (Verhülsdonk, 2001, S. 191). Dieser Vergleich führt gerade an seiner Grenze – und welcher
Vergleich kennt keine Grenze? – weiter: Denn die Frage nach der „wahren Religion"
drängt sich unweigerlich auf – zumal in religiös pluraler Welt –, die Frage nach einer
„wahren Sprache" hingegen wirkt sinnlos. Mit anderen Worten: Die Wahrheitsfrage
stellt sich, und die daran Beteiligten sind aufgefordert, sich ihr zu stellen. Es braucht
die Ergebnisoffenheit von Bildungsprozessen, die sich nicht gängeln lassen, und es
braucht ein klar positioniertes (Identifikations-)Angebot. Gerade in und aus dieser
Mischung lebt konfessioneller Religionsunterricht, der darauf angewiesen ist, dass
diejenigen, die ihn anbieten, eine religionspädagogisch qualifizierte Spiritualität entwickeln und pflegen. Diese „tritt nicht als ein Drittes neben den Erwerb theologischer
und religionsdidaktischer Kompetenzen" (Deutsche Bischofskonferenz, 2010, S. 46),
sie darf dafür nicht verzweckt werden, und doch „kommt es darauf an, theologisches
Fragen und religionspädagogisches Handeln als Vollzug des eigenen Glaubens zu
verstehen" (ebd., S. 36).

Auch Leo O'Donovan, Schüler von Karl Rahner und wie er Jesuit, setzt angesichts konkurrierender Wahrheitsansprüche nicht auf einen – wie auch immer zu bestimmenden – kleinsten gemeinsamen Nenner unterschiedlicher Religionen, sondern
auf eine (Religions-)Pädagogik der Differenz, wenn er am 11. September 2007 in
Limburg in seinem Vortrag „Wir und die Anderen" das Georgetown-Modell präsentiert, benannt nach der Universität, deren Präsident er während der Jahre 1989 – 2001
war: „Um die jüdischen Studenten kümmert sich ein Rabbiner, um die Moslems ein
Mullah, um Baptisten und Presbyterianer jeweils ein Pastor und um die Katholiken
ein Jesuit. Im Bewusstsein der Unterschiede konnten die jungen Leute toleranter und
offener mit ihren Kommilitonen umgehen und lernen, Konflikte friedlich zu lösen."

Leo O'Donovan plädiert also für religiöse Identität durch Differenz und für eine Positionalität, die es allererst ermöglicht, sich mit dem Anderssein der Anderen und der Fremdheit der Fremden intensiv auseinanderzusetzen.

9.   Bewegung in die Unbegreiflichkeit Gottes hinein

In kulturell pluraler Welt lernen Menschen sich zu entwickeln, indem sie sich in die Auseinandersetzung mit ihnen Fremden und Fremdem verwickeln lassen. Dabei verrät christliche Theologie sich selbst, wenn sie Fremde oder Fremdes verrät: Eine mystagogische Bewegung in die Unbegreiflichkeit Gottes hinein zielt auf das prinzipiell Fremde als das konkret Zugesagte. Religionspädagogische Spiritualität lässt sich in einer Welt des Religionswandels und wachsender kultureller Pluralisierung gerade auf diakonisch-mystagogischen Wegen umreißen.

„Brannte uns nicht das Herz in der Brust, als er unterwegs mit uns redete und uns den Sinn der Schrift erschloss?" (Lk 24,32) Die beiden Emmaus-Jünger entdecken im Nachhinein, wie der Dritte in der Fremde diakonisch-mystagogisch wirkte und emotionales Lernen – „Brannte uns nicht das Herz..." – zum Motor der Entwicklung der beiden Nicht(mehr)gläubigen wurde. In diesem Sinne entsteht mit Umrissen religionspädagogischer Spiritualität keine zusätzliche Forderung an Lehrerinnen und Lehrer, sondern eine Chance, aus sprudelnden Quellen zu schöpfen, auch füreinander.

Das prinzipiell Fremde lebt in verschiedenen Traditionen, und darum gilt nicht nur für Christinnen und Christen: „Du sollst dir kein Gottesbild machen." Aber wie erweist sich das prinzipiell Fremde, das Unsagbare als das konkret Zugesagte? Darin liegt das unterscheidend Christliche – als das entscheidend Menschliche: Gott selbst erlangt in seiner Menschwerdung unüberbietbare Anschaulichkeit, mit seiner Menschwerdung beginnt unsere Menschwerdung. Der Menschgewordene ist nach biblischem Zeugnis „das Ebenbild des unsichtbaren Gottes" (Kol 1,15), und dieses Ebenbild vergegenwärtigt den unsichtbaren Gott so, dass das prinzipiell Fremde sich als das konkret Zugesagte zeigt und unter uns waltet – ohne von uns verwaltet zu werden.

In dieser Spannung finden sich auch geistliches Leben und wissenschaftliche Auseinandersetzung. Damit komme ich auf *pietas* und *scientia* zurück, jene Stichworte vom Eingang ins Sankt Georgener Hochschulgebäude, vom Beginn dieses Beitrags und vom Start unseres Kongresses. Dieser Text mündet in jenen Anfang.

10.   Nochmals: Pietati et scientiae

„Meine sehr verehrten Damen und Herren, verehrter Herr Präses Schneider, verehrter Herr Erzbischof Becker, liebe Kolleginnen und Kollegen, liebe Studierende, liebe Gäste, in der doppelten Rolle als Prorektor und Religionspädagoge dieses Hauses darf ich Sie hier und heute ganz herzlich begrüßen – zu unserem Kongress an der Philosophisch-Theologischen Hochschule der Jesuiten in Frankfurt Sankt Georgen. Die für unseren Campus charakteristischen Stichworte *pietas* und *scientia* finden Sie am Eingang dieses Gebäudes, geistliches Leben und Wissenschaft gehören bekannt-termaßen zu den tragenden Säulen der Gesellschaft Jesu und der von ihr geführten Bildungseinrichtungen. Mit der Wahl von Sankt Georgen als Kongressort ist also eine goldrichtige Entscheidung getroffen, die mich und uns alle hier freut. Dies will ich mit drei Szenen unterstreichen.

1. Szene: 18. November 2004: Dieses Gebäude ist gerade fertiggestellt, ein Kongress mit dem Titel ‚Berufliche Bildung mit religiöser Kompetenz‘ findet statt, gemeinsam veranstaltet vom Sankt Georgener Seminar für Religionspädagogik, Ka-techetik und Didaktik und dem damals noch einzigen Institut für berufsorientierte Religionspädagogik in Tübingen. Dieses Institut war übrigens von Anfang an katholisch, auch wenn es damals noch nicht so hieß. Ihm war ich gerade erst selber entsprungen, und genau am Tag dieses Kongresses trifft – für mich und meine Arbeit hier lebens-wichtig – die kirchliche Lehrerlaubnis, das römische ‚Nihil obstat‘ ein, das heißt: ‚Nichts steht entgegen‘. Ich komme darauf zurück.

2. Szene: 2008, also auf halber Strecke zwischen 2004 und 2012: Fernab von hier lernen meine Familie und ich eine andere Familie kennen, und deren Kinder erklären unseren Kindern: ‚Wir kommen übrigens aus Frankfurt am Main, das ist, falls Ihr das nicht wisst, in Zentraldeutschland.‘ Ich komme auch darauf zurück …

… und damit zur *3. Szene*: 16. November 2012: Inzwischen haben neben dem Ka-tholischen zwei weitere, zwei Evangelische Institute für berufsorientierte Religions-pädagogik in Tübingen und Bonn ihre Arbeit aufgenommen. Zusammen mit diesen dreien sowie mit dem Zentrum für Religionspädagogische Bildungsforschung in Jena veranstalten wir hier und heute diesen Kongress: Mit dem das Hochschulgebäude krönenden Glasfenster ‚Trinität und Schöpfung‘ ist der Himmel offen gehalten, und mit der Architektur quadratischer Grundflächen und kreisrund gestalteter Brüstungen in den oberen Stockwerken ist die Quadratur des Kreises vielleicht nicht Programm, aber doch das Zeichen gesetzt, dass dann und wann das Unmögliche möglich wird. Die Anfrage, ob dieser Kongress hier stattfinden könnte, forderte uns jedoch keine Quadratur des Kreises ab, vielmehr konnte nun ich sagen: Nihil obstat, nichts steht entgegen, sondern alles spricht dafür! Und: willkommen in Zentraldeutschland!

Ihnen und uns allen wünsche ich einen äußerlich und innerlich sonnigen, einen inspirierenden Tagesverlauf. Und schließen will ich getreu dem Vorbild meines religi-onspädagogischen Lehrers mit dem Zuspruch: Meinen Segen haben Sie!“

Literatur

Bucher, R., (1988). Die Theologie, das Fremde. Der theologische Diskurs und sein anderes. In O. Fuchs (Hrsg.), *Die Fremden* (Theologie zur Zeit; Band 4, S. 302–319). Düsseldorf: Patmos.

Deutsche Bischofskonferenz (2005). *Der Religionsunterricht vor neuen Herausforderungen* (Die deutschen Bischöfe; Nr. 80). Bonn: Sekretariat der Deutschen Bischofskonferenz.

Deutsche Bischofskonferenz (2010). *Kirchliche Anforderungen an die Religionslehrerbildung* (Die deutschen Bischöfe; Nr. 93). Bonn: Sekretariat der Deutschen Bischofskonferenz.

Fuchs, O. (1993). Offen für Fremde: eine christliche Tugend. In R. Isak (Hrsg.), *Wir und die Fremden. Entstehung und Abbau von Ängsten* (S. 60–105). Freiburg i.Br.: Katholische Akademie.

Hobelsberger, H. (1991). Im Gespräch Beziehung erleben. Diakonische Mystagogie am Beispiel der Telefonseelsorge. In S. Knobloch & H. Haslinger (Hrsg.), *Mystagogische Seelsorge. Eine lebensgeschichtlich orientierte Pastoral* (S. 226–247). Mainz: Grünewald.

Kießling, K. (2007). Feuerwehr – Brandschutz – Hoffnungsfunke. Supervision bei Burnout. In M. Klessmann & K. Lammer (Hrsg.), *Das Kreuz mit dem Beruf. Supervision in Kirche und Diakonie* (S. 155–165). Neukirchen-Vluyn: Neukirchener Verlag.

Kießling, K. (2011). Unterrichtsforschung an berufsbildenden Schulen: Entwicklung interreligiöser Kompetenz als differenzpädagogische Herausforderung. In A. Biesinger u.a. (Hrsg.), *Interreligiöse Kompetenz in der beruflichen Bildung. Pilotstudie zur Unterrichtsforschung* (Religion und berufliche Bildung; Band 6, S. 11–35). Münster: Lit.

Mieth, D. (1979). *Meister Eckhart. Gotteserfahrung und Weg in die Welt.* Olten: Walter.

Nordhofen, E. (2007). Diskursive und performative Mystagogie. *Informationen für Religionslehrerinnen und Religionslehrer (INFO Bistum Limburg), 36*, 7–14.

Rahner, K. (1959). *Sendung und Gnade. Beiträge zur Pastoraltheologie.* Innsbruck: Tyrolia.

Rahner, K. (1966). Frömmigkeit früher und heute. In K. Rahner, *Schriften zur Theologie* (Band 7, S. 11–31). Einsiedeln: Benziger.

Rahner, K. (1967). Der eine Mittler und die Vielfalt der Vermittlungen. In K. Rahner, *Schriften zur Theologie* (Band 8, S. 218–235). Einsiedeln: Benziger.

Rahner, K. (1976). *Grundkurs des Glaubens. Einführung in den Begriff des Christentums.* Freiburg i.Br.: Herder.

Roest Crollius, A. A. (1997). Kultur, II. religions- und missionswissenschaftlich. In W. Kasper u.a. (Hrsg.), *Lexikon für Theologie und Kirche* (Band 6, S. 515–516). Freiburg i.Br.: Herder.

Seckler, M. (1989). Die Reich-Gottes-Idee bei Johann Baptist Hirscher und in der Tübinger Schule. Zur Aktualität der Zentralidee des Christentums. In G. Fürst (Hrsg.), *Glaube als Lebensform. Der Beitrag Johann Baptist Hirschers zur Neugestaltung christlich-kirchlicher Lebenspraxis und lebensbezogener Theologie* (S. 12–31). Mainz: Grünewald.

Steffensky, F. (2006). *Schwarzbrot-Spiritualität.* Stuttgart: Radius.

Türk, H. J. (1997). Kultur, I. philosophisch-anthropologisch. In W. Kasper u.a. (Hrsg.), *Lexikon für Theologie und Kirche* (Band 6, S. 514–515). Freiburg i.Br.: Herder.

Verburg, W. (2007). Religionspädagogische Spiritualität hat keinen Zweck. In M. Langer & W. Verburg (Hrsg.), *Zum Leben führen. Handbuch religionspädagogischer Spiritualität* (S. 333–338). München: Deutscher Katecheten-Verein.

Verhülsdonk, A. (2001). Der Religionsunterricht der Zukunft – überkonfessionell und interreligiös? *Informationen für Religionslehrerinnen und Religionslehrer (INFO Bistum Limburg), 30*, 186–194.

Ziebertz, H.-G. (2002). Grenzen des Säkularisierungstheorems. In F. Schweitzer u.a., *Entwurf einer pluralitätsfähigen Religionspädagogik* (Religionspädagogik in pluraler Gesellschaft; Band 1, S. 51–74). Gütersloh: Gütersloher Verlagshaus – Freiburg i.Br.: Herder.

Ziebertz, H.-G. & Leimgruber, S. (2001). Interreligiöses Lernen. In G. Hilger u.a. (Hrsg.), *Religionsdidaktik. Ein Leitfaden für Studium, Ausbildung und Beruf* (S. 433–442). München: Kösel.

Joachim Ruopp und Georg Wagensommer

Kann man Werte lernen? Werte, Wertewandel und Wertebildung

1. Einleitung

Werte sind in aller Munde. In Zeiten zunehmender Pluralität wird der Ruf nach gemeinsamen, verbindlichen Grundorientierungen immer lauter. Viele sehen gerade hier im Blick auf den Religionsunterricht im beruflichen Schulwesen dessen Alleinstellungsmerkmal bzw. zentralen Auftrag (Finkelnburg, 2005, S. 222). Im Rahmen der Unterrichtsforschung, die in Projekten des Tübinger EIBOR (Evangelisches Institut für Berufsorientierte Religionspädagogik) betrieben wird, spielt die Beschäftigung mit Themen wertebezogener Bildung eine herausragende Rolle. Im Folgenden soll deutlich werden, wie Unterrichtsentwicklung angewiesen ist sowohl auf pädagogische und theologische Reflexion als auch auf empirische Zugriffe auf Unterricht. Abschließend soll deutlich werden, welche Aufgaben eine auf Wertebildung bezogene berufsorientierte Religionspädagogik vor sich hat.

2. Was sind Werte?

Die Sozialwissenschaft charakterisiert Werte als ethische Prinzipien und sittliche Orientierungsmaßstäbe, die einerseits als Basis für die Handlungsnormen einer Gemeinschaft dienen und andererseits das Verhalten Einzelner bestimmen. Sie stehen also in einem engen Zusammenhang mit sozialer Praxis. Folgt man Joas, dann ist eine „[r]ationale Rechtfertigung [...] meist nicht Ursprung, sondern Folge von Wertbindungen. Wir mögen bereit sein, über die Verwirklichung unserer Werte zu diskutieren, aber wir setzen die Werte selbst nicht eigentlich Diskussionen aus. Werte sind zutiefst affektgeladen, mit Leidenschaft durchtränkt, konstitutiv für unser Ich" (Joas, 2004, S. 138). So handelt es sich bei Werten „um langfristig zu beobachtende und insofern zeitüberdauernde Formen von Einstellungen hinsichtlich des Vorzugswürdigen" (Schweitzer, 2012, S. 15).

Blickt man auf diese Beschreibung von Werten, werden sowohl Grenzen als auch Aufgaben von Wertebildung in der Schule und im Religionsunterricht deutlich. Die didaktische Bearbeitung von Werten kann nicht auf derselben Ebene stattfinden wie das Erlernen von handwerklichen Fertigkeiten oder das Vermitteln von kognitiven Wissensbeständen, wenn die Entstehung von Werthaltungen intensiv mit der eigenen Sozialisation und dem eigenen Ich verknüpft ist. Dennoch ist die Reflexion von gelebter Praxis Aufgabe von Schule: Dazu gehört auch das rationale Durchdringen von vorrationalen Wertbindungen. Man wird zwar nicht davon ausgehen können, dass man Werte einfach so lernen kann, man wird aber genausowenig behaupten können, dass die Bildung von Werten irgendwann abgeschlossen ist. Für den Religionsunterricht hieße das, dass Wertebildung als Thema nicht ein- für allemal erledigt ist, sie aber ihre Ziele realistisch in den Blick bekommen sollte.

3.   Wertewandel in der Gesellschaft

Die empirische Sozialforschung beschäftigt sich schon seit vielen Jahren mit der Frage nach den Werthaltungen bzw. mit der Beobachtung, dass diese sich wandeln („Wertewandelforschung"). Die betreffenden Studien berücksichtigen dabei Wertorientierungen in der Bevölkerung, die mit Hilfe von Umfragen (in aller Regel im Zuge quantitativer Forschung) erhoben worden sind. Als frühe Arbeiten zum Thema können exemplarisch die Studien des US-Amerikaners Roland Inglehart genannt werden. Seine Publikation aus dem Jahre 1977, „The silent revolution", fand international viel Beachtung und seine Bücher stellen populäre Wissenschaftspublikationen zum Thema dar, die eine breite Rezeption erfahren haben. Der Wertewandel in Deutschland wurde intensiv durch die Arbeiten der Speyerer Wertewandelforschung untersucht. Diese sind mit dem Namen Helmut Klages verbunden (Klages, 1992, S. 5ff.). Das Phänomen Wertewandel wurde intensiv erforscht, und folgt man Thome und Hillmann, dann ist die wissenschaftliche Literatur zum Thema auch für Experten nur sehr schwer überschaubar und in hohem Maße inhomogen (Hillmann, 2001, S. 15; Thome, 2005, S. 429).

Fragt man danach, was mit dem Begriff Wertewandel gemeint ist, dann lässt sich mit Inglehart sagen, dass es sich hierbei um eine Verschiebung von modernen Werten (Wirtschaftswachstum, materielle Sicherheit) hin zu postmodernen Werten (Lebensqualität, individuelle Autonomie, Selbstverwirklichung) handelt (Inglehart, 1998, S. 98). Klages charakterisiert diesen Wandel als einen, der begünstigt wird durch das „Vordringen von Selbstentfaltungswerten" (Klages, 2001, S. 8). Andere beschreiben diese Veränderung als einen Wandel „von der Akzeptanz- und Pflichtkultur zur Kultur der Selbstverwirklichung" (Oesterdiekhoff & Jegelka, 2001, S. 8).

4.   Konzepte und Erklärungsansätze zum Wertewandel

Die Sozialwissenschaft bemühte sich um Konzepte, die die Beobachtung erklären sollen, dass es in modernen Gesellschaften zu Wertewandelprozessen kommt. Dabei ist das Modell von Inglehart dichotom angelegt, das heißt: Bei ihm stehen sich zwei Wertedimensionen gegenüber. Auf der einen Seite finden sich die materialistischen Werte und diesen entgegengesetzt finden sich auf der anderen Seite die postmaterialistischen Werte. Dabei, so seine Theorie, wuchs seit der Mitte des 20. Jahrhunderts der Anteil jener, die postmaterialistische Werte vertreten – es kam zu dem besagten Wertewandel.

Erklärt wird dieser Wandel von Inglehart als eine Folge von positiv verlaufenden wirtschaftlichen und politischen Entwicklungen in der zweiten Hälfte des 20.

Jahrhunderts; diese begünstigten postmaterialistische Einstellungen. Sein dichotom angelegtes Konzept rief dabei Kritiker und auch Widerspruch hervor. So ist sein Konzept ein Beispiel für einen eindimensionalen Entwurf: Der „Werteraum" ist hier ein bipolares Kontinuum. Dem entgegen geht Helmut Klages zwar auch von einer bipolaren Wertedimension aus, er verfährt jedoch in wichtigen Gesichtspunkten anders als Inglehart. So benennt er die beiden Pole als „Pflicht- und Akzeptanzwerte" und „Selbstentfaltungswerte" und diese bezeichnen lediglich die Enden eines Spektrums. In diesem befindet sich nach Klages ein Werteraum, in dem die untersuchten Gruppen nach Typen kategorisiert werden können (Klages, 1992, S. 23ff.). Klages eröffnet mit seiner Werteerfassung auf mehreren Ebenen die Möglichkeit einer Synthese: Seines Erachtens gibt es nicht die von Inglehart postulierten homogenen Wertegruppen – vielmehr existiere ein „Pluralismus von Wandlungsbewegungen" in einem „Werteraum". In späteren Publikationen geht Klages allerdings von einer Wertesynthese aus – von einer Gleichzeitigkeit sich scheinbar gegenüberstehender Wertekategorien bei Einzelnen und in der Gesellschaft (Klages, 1992, S. 30ff.). Ziebertz erkennt hierin eine Grundsteinlegung für weiterführende, mehrdimensionale Wertekonzepte (Ziebertz & Riegel, 2008, S. 84).

Gegenwärtige Entwürfe gehen von einer solchen Mehrdimensionalität von Werthaltungen aus. Die Entwicklung eines solchen Konzepts hat zu tun mit der empirischen Tatsache, dass der Wertewandel sich abermals gewandelt hat. Dabei sind es bereits in den 1980er Jahren Inglehart und Klages, die auf solche Veränderungen aufmerksam gemacht haben. So ist es seit Ende der 1980er Jahre zu einem verhältnismäßigen Rückgang idealistischer Selbstverwirklichungswerte (Klages) gekommen bzw. gibt es einen geringeren Anteil an Postmaterialisten (Inglehart). Das Allensbacher Institut für Demoskopie spricht in diesem Zusammenhang von einem Überschreiten des Höhepunktes des Wertewandels. Begründet sehen die Allensbacher Forscher dies durch eine höhere Zustimmung zu sog. traditionellen Werten. Das Interessante ist, dass den befragten Personen diese ebenso wichtig seien wie sogenannte moderne Werte. Diese Entwicklung datiert das Institut allerdings auf die Mitte der 1990er Jahre (Noelle-Neumann & Petersen, 2001, S. 18ff.). Hier gelangen die Autoren der 14. Shell-Jugendstudie zu einem ähnlichen Ergebnis, wobei nun das angesprochene mehrdimensionale Wertekonzept greift (Fritzsche, 2000, S. 154ff.). Dieses geht davon aus, dass junge Menschen Wertorientierungen miteinander kombinieren und dabei in der Lage sind, verschiedene Orientierungen zu verbinden. In diesem Sinne gleichen deren Wertkonzepte mehrdimensionalen Entwürfen – eine Lesart, die auch von neueren empirischen Jugendstudien getragen wird.[1]

---

1   Siehe hierzu bspw. Feige & Gennerich (2008), hier insb. S. 23–109; Gensicke (2010), S. 194ff.; Schmitt & Antes (2011); Ziebertz & Riegel (2008), S. 93ff.

5.   Zur Studie des EIBOR: Wertebildung im Religionsunterricht

Jugendliche sind nicht ohne Wertorientierungen, doch die Struktur der sie leitenden Überzeugungen und Vorstellungen von gutem Leben ist komplex. Demnach ist nicht zu erwarten, dass Werte wie Gerechtigkeit oder Gewaltlosigkeit einfach irrelevant geworden sind. Es wird eher darauf ankommen, wie diese sich verhalten zu den individualisierten Lebenskonzepten der Jugendlichen und jungen Erwachsenen im BRU, ob sie in ihr Selbstbild passen und wie solche Werte in ihrem eigenen Wertegerüst Passung finden. Der eben skizzierte Befund ist die Ausgangsbasis unserer eigenen Forschungen am Evangelischen Institut für Berufsorientierte Religionspädagogik. Jugendliche, die den Religionsunterricht im Bereich Berufsbildender Schulen besuchen, haben, so kann man auf Grund der Datenlage schlussfolgern, ein mehrdimensionales Konzept an Wertorientierungen und die Lehrkraft ist mit diesem konfrontiert. Dabei sind die Schülerinnen und Schüler nicht auf einzelne Wertorientierungen reduzierbar, die ihrerseits Aufschluss über eine grundsätzliche Ausrichtung ihrer Person geben. Die Jugendlichen scheinen flexibel und in ihren Orientierungen mehrdimensional, das heißt: Themenspezifisch können sie Wertorientierungen einnehmen, die einmal einer an der Lebensfreude orientierten Dimension entsprechen und so etwa erwarten, dass schulisches Lernen vor allem mit Spaß und Lust zu tun haben soll. Darüber hinaus lassen sie auch eine Zustimmung zu Pflichtwerten und eine Bereitschaft zur Selbstverantwortungsübernahme erkennen, indem sie ihre Berufsbildung als eine Möglichkeit persönlichen Aufstiegs verstehen und mit hoher Motivation diese Ausbildung absolvieren. Wie sich dieses weite Feld empirisch in religionspädagogischer Perspektive erkunden lässt, liegt nicht direkt auf der Hand. Die Studie, die am EIBOR in Tübingen dazu in den vergangenen Jahren (2009–2012) durchgeführt wurde, ist daher als qualitative Untersuchung auf Einzelfälle ausgerichtet. Das liegt daran, dass vorab gar nicht klar ist, was unter Wertebildung im BRU zu verstehen ist. Das hier beschriebene Forschungsprojekt dient daher in besonderem Maße der Exploration des Feldes und zielt darauf, durch weiterführende Studien fortgesetzt zu werden.

6.   Methodik und Vorgehen

Zwei Forschungsfragen stehen im Mittelpunkt des Unterrichtsforschungsprojektes:
1. Welche Wertorientierungen zeigen die Schülerinnen und Schüler im Religionsunterricht?
2. Welche wertebildenden Aspekte gehen von den Kommunikationsstrukturen zwischen den Jugendlichen und der Lehrkraft aus?

Dabei stehen die subjektiven Sichtweisen der Schülerinnen und Schüler und der Lehrerinnen und Lehrer im Mittelpunkt, aber auch die sozialen Situationen und Strukturen der Kommunikation, und zwar explizite (beispielsweise da, wo didaktische Modelle von Wertebildung, wie sie in der Pädagogik anerkannt und rezipiert sind, erkennbar sind) wie implizite (Stil und Kultur des Umgangs, des Redens und Diskutierens, wie sie im Klassenraum bzw. im Rahmen des Religionsunterrichts entstehen). Die Datenerhebung bestand insbesondere aus Videographien des Unterrichts, was dem explorativen Zugang der Studien entspricht. Den teilnehmenden Lehrerinnen und Lehrern wurde das Forschungsprojekt im Gespräch ausführlich erläutert, ohne jedoch darüber hinausgehende Vorgaben etwa thematischer Art zu machen. Das Sample aus insgesamt acht Schulklassen bildet das weite Spektrum des beruflichen Schulwesens hinsichtlich Bildungsvoraussetzung, Bildungsambition, aber auch Schultypen, Alter und religiöser Heterogenität ab. Die Themen der acht Unterrichtsstunden, die Eingang in die Auswertung gefunden haben, sind die Folgenden: *Die Seligpreisungen, Die Goldene Regel, Ethische Entscheidungen begründen, Frieden und Gerechtigkeit, Meine persönlichen Werte, Strafe und Gerechtigkeit sowie Werte im Konflikt*. Die Videographien dieses Unterrichts (die Kamera war statisch im Raum, niemand jedoch vom Forschungsteam war im Unterricht dabei, um den Charakter einer Laborsituation zu vermeiden) wurden wiederholt angesehen und ein vollständiges Transkript erstellt. In einem mehrschrittigen Verfahren wurden diese Transkripte analysiert, wobei der Schwerpunkt sowohl auf den gesprochenen Worten als auch auf den Interaktionen lag (Verlaufsprotokolle, Segmentierungen, Formen der Themenentfaltung bzw. Gesprächsorganisation, Identifikation von „dichten", d.h. relevanten Szenen und schließlich eine sequenzielle Analyse solcher Szenen) (Wagensommer, 2012, S. 38ff.).

Bei der Darstellung der Ergebnisse lässt sich die Untersuchung konsequent vom explorativen Charakter leiten. Das bedeutet, dass zu den sequenziellen Analysen von Szenen, die im Blick auf die beiden Forschungsfragen (Welche Werte stellen die Schülerinnen und Schüler dar und entfalten sie argumentativ?, Welche Wertorientierungen werden didaktisch aufgenommen bzw. prägen die Diskurse?) erfolgen, ein zusammenfassender Rahmen gelegt wird. Dieser Rahmen soll das Thema der Stunde einerseits und die Ergebnisse der empirischen Analyse andererseits auf die darin enthaltenen religionspädagogischen Probleme befragen. Damit soll auch ein Beitrag zur Unterrichtsentwicklung verbunden sein.

7. Einzelne Ergebnisse aus der Untersuchung

Die Schülerinnen und Schüler im BRU, so kann man rekonstruieren, heben auf einen hohen Stellenwert von Familie und Freundschaft, also ihren sozialen Nahbereich, ab. Die Familie ist der Ort der primären Sozialisation, es gilt, sie nicht zu enttäuschen, sondern familiäre Solidarität zu üben, wo sie gefragt ist. Auch ein ganz allgemeiner Gewissensbegriff hilft den Schülerinnen und Schülern, das soziale Verhalten zu steuern. Ebenso sind Bindungen an Freunde wesentlich. Was die Goldene Regel etwa in ihrem Leben bedeuten kann, exemplifizieren Schülerinnen und Schüler am anschaulichsten im Nahbereich freundschaftlicher Beziehungen. Häufig bewegen sich die Jugendlichen argumentativ im Themenfeld von Arbeit und Ausbildung und hier zwischen zwei Polen: dem Wunsch nach mehr Autonomie und dem Druck, Hierarchien (Berufsschule, Ausbildung, Ausbilder/in) zu respektieren und akzeptieren. Welche

Werte versehen die Schülerinnen und Schüler mit Bedeutung, wenn es um prosoziale Verhaltensweisen geht? Hier werden Wertorientierungen entfaltet wie Gewaltverzicht, aber auch Höflichkeit, Respekt vor dem Alter, Pflichterfüllung und Mitleid (allerdings nicht mit einhelliger Zustimmung, weil Mitleid auch mit Schwäche assoziiert werden kann: „Ich denk', jeder, der in der Situation ist, klauen zu müssen, sieht mitleidig aus" [Schweitzer, Ruopp & Wagensommer, 2012, S. 120]). Freilich werden diese Orientierungen individuell verschieden gefüllt und entfaltet. Als einheitliche Konzepte ethischen Handelns, die sich in den videographierten Unterrichtsstunden dokumentieren, können insbesondere das Prinzip der Wechselseitigkeit (*tit for tat*) und eine Orientierung am Gewissen, dessen inhaltliche Bestimmtheit sich von selbst versteht, gelten. Die Jugendlichen beziehen sich dabei meist auf den lebensweltlichen Nahbereich. Eine diesen Bereich übergreifende Perspektive wird selten eingenommen.

Im Blick auf die zweite Fragerichtung unserer Untersuchung, die nach den Kommunikationsstrukturen, lässt sich einmal festhalten, dass die Kommunikationskultur, also die Art des Umgangs miteinander, sowohl zwischen den Lehrkräften und Schülerinnen und Schülern als auch innerhalb der Lerngruppe selbst außerordentlich gut ist. Das Klima ist geprägt von Wertschätzung und Vertrauen, gelegentlich sogar gegen den Inhalt des Unterrichts, wenn etwa Schüler völlig offen und vorbehaltlos erläutern, dass sie Gewaltfreiheit für kaum erstrebenswert halten. Insgesamt üben die Schülerinnen und Schüler dabei wertebezogene Reflexions- und Sprachfähigkeit, sie übernehmen probeweise die Rollen von anderen und üben sich so in Empathie. Auch gibt es Ansätze, den Unterricht im Unterricht selbst zum Thema zu machen und dadurch die Unterrichtsqualität zu steigern. Daneben gibt es aber auch andere Fälle, wo unterrichtlich vergegenwärtigte Werteorientierungen zu Kommunikationsabbrüchen führen und so das Gegenteil des Intendierten erreicht wird, etwa, wenn die Jugendlichen beschämt werden. Außerdem fällt bei allen unterrichtlichen Impulsen die Schülerorientierung auf, die sich in der Lebensnähe und Anschaulichkeit der Beispiele und Situationen zeigt. Es fällt Schülerinnen und Schülern so leicht, sich zu eigenen Wertorientierungen zu äußern.

Ein anderes Bild entsteht, wenn Wertorientierungen durch Medien oder durch ein Votum des Lehrers bzw. der Lehrerin eingebracht werden, und zwar so, dass die Lerngruppe eingeladen bzw. aufgerufen ist, diese zu übernehmen. Hier kann man ungünstige Situationen sehen, etwa dann, wenn kein Raum besteht, Widerspruch deutlich genug anzubringen oder wenn sich Schülerinnen und Schüler als überrumpelt oder fremdbestimmt erfahren. Schließlich kann man häufig sehen, dass bekannte, auch ältere didaktische Konzepte von Wertebildung im BRU aufgenommen werden, wenn auch nicht in Reinform, sondern in individuellen Adaptionen. Bei der Arbeit mit Dilemmasituationen, wie sie in der von Lawrence Kohlberg (1995) ausgehenden Schule geübt wird, kann man wahrnehmen, dass auch junge Erwachsene im BRU sich nicht selten noch an präkonventionellen moralischen Urteilen orientieren. Nicht nur hier zeigt sich ein dringender Bedarf ethischer Bildung. Auch das didaktische Modell der *values clarification* kann im Hintergrund von Unterrichtsstunden stehen (Mokrosch,

2009, S. 36), so wie auch die Probleme dieses Ansatzes, insbesondere der ethische Indifferentismus, dabei deutlich werden.

8.   Offene Fragen

Eine immer wieder begegnende Frage ist die nach dem christlichen Profil des Unterrichts. Religionsunterricht mit den jungen Erwachsenen im BRU knüpft sicher zu Recht häufig an Fragen der Lebensführung, an Problemen ethischer Entscheidungsfindungen und an Vorstellungen von gutem Leben an. Dabei ist aber häufig unbestimmt, wie diese Probleme und Fragen religionspädagogisch erschlossen und didaktisch bearbeitet werden können. Wenn Werte religiöse Tiefendimensionen besitzen, wenn ethische Entscheidungen immer mit religiös fundierten, grundlegenden Sichten auf die Welt und den Menschen zu tun haben, dann müsste man davon ausgehen können, dass es zur Qualitätssteigerung des Unterrichts beiträgt, wenn diese religionspädagogische Perspektive nicht abgeblendet wird. Mittelbar könnte der Religionsunterricht als BRU dadurch sogar zu seinem Proprium finden und seinen spezifischen Beitrag bzw. seine spezifische Dimension der Welterschließung im Horizont der Schule ausweisen.

Offen ist weiterhin die Frage, wie Wertebildung als ganze „funktioniert" bzw. wie sich die einzelnen Momente zueinander verhalten. Momentan stehen solche Modelle häufig einfach nebeneinander, wie etwa Modelle in der Kohlberg-Schule, die Wertebildung als Steigerung der diskursiven Urteilskompetenz bei moralischen Urteilen verstehen, und die Forderung, affektive Komponenten, die Förderung von Emotionalität und Empathie in den Mittelpunkt zu stellen bzw. zuallererst in den Blickpunkt zu rücken. Es bräuchte eine integrative Theorie, die sowohl Momente emotionaler, kognitiver als auch handlungspraktischer ethischer Bildung aufnimmt und zueinander ins Verhältnis setzt.

Zu beiden Fragen dürfte es vorerst weitere empirische Befunde brauchen. Ein Fortschritt gegenüber den explorativen Studien, wie sie schon erfolgt sind, könnte darin liegen, dass durch den Religionsunterricht hervorgerufene Veränderungen etwa an Wissen und Einstellungen gemessen werden, vor einer entsprechenden Unterrichtseinheit und im Anschluss an diese (Stichwort: Interventionsstudie). Die derzeitige Arbeit am EIBOR geht in diese Richtung. Entsprechende Unterrichtsthemen legen sich auch nach der ersten Studie (Schweitzer, Ruopp & Wagensommer, 2012) nahe. Dabei ist an individualethische Fragestellungen zum Thema „Glück" zu denken, aber auch an gesellschaftspolitisch und sozialethisch herausfordernde Themen wie Strafe und Strafvollzug. Im ersten Falle könnte ein Vorgehen so aussehen, dass zwei Unterrichtseinheiten zum Thema „Glück" konzipiert werden. Die eine Einheit wird konzipiert unter Ausschluss einer religiösen Perspektive, das heißt: In ihr werden ethische Fragen und Erkenntnisse der positiven Psychologie verhandelt, und sie ist an einer Klärung des Glücksbegriffs bzw. an der Frage nach den Aspekten eines glücklichen Lebens der Jugendlichen orientiert. Die zweite Einheit hingegen nimmt demgegenüber die biblische Perspektive in den Blick und weist dezidiert auf die religiöse

Dimension im menschlichen Leben hin, verbunden mit der Frage, welchen Beitrag zur Lebensbewältigung die Religion leistet. Im Hinblick auf das Thema Strafe und Strafvollzug könnte eine Fragestellung sein, wie sich die Ergebnisse unterscheiden, wenn das Thema einmal in ethischer Perspektive unterrichtet wird, also unter der Annahme einer unmittelbaren Evidenz etwa des Gedankens der Menschenwürde mit den entsprechenden Konsequenzen im Blick auf eine Humanisierung des Strafvollzugs, und das andere Mal in religiöser, d.h. unter Einbeziehung der Perspektive der Vergebung und des Verzichts auf Strafe zur Wiederherstellung bzw. Ermöglichung von Gemeinschaft.

Unser weiteres Vorgehen orientiert sich an diesen Themen und Fragestellungen. Derzeit werden die Unterrichtseinheiten sowie die verbundene Interventionsstudie konzipiert. Das Sample soll sich aus Schülerinnen und Schülern aus dem Bereich der dualen Ausbildung zusammensetzen: Die Mehrheit der Jugendlichen in Deutschland absolviert eine solche Ausbildung. Mit der Entwicklung der wie eben charakterisierten Unterrichtseinheiten und der Durchführung von Interventionsstudien soll die Arbeit am Projekt Wertebildung fortgeführt werden.

Literatur

Feige, A. & Gennerich, C. (2008). *Lebensorientierungen Jugendlicher: Alltagsethik, Moral und Religion in der Wahrnehmung von Berufsschülerinnen und Berufsschülern in Deutschland.* Münster: Waxmann.

Finkelnburg, A. (2005). Die wirtschaftliche und gesellschaftliche Bedeutung von Wertevermittlung. In Gesellschaft für Religionspädagogik & Deutscher Katechetenverein (Hrsg.), *Neues Handbuch Religionsunterricht an berufsbildenden Schulen* (S. 220–226). Neukirchen-Vluyn: Neukirchener.

Fritzsche, Y. (2000). Moderne Orientierungsmuster: Inflation am „Wertehimmel". In Deutsche Shell Holding (Hrsg.), *Jugend 2000* (13. Shell-Jugendstudie, Band 1, S. 93–156). Opladen: Leske + Budrich.

Gensicke, Th. (2010). Wertorientierungen, Befinden und Problembewältigung. In Deutsche Shell Holding (Hrsg.), *Jugend 2010: Eine pragmatische Generation behauptet sich* (16. Shell-Jugendstudie, S. 187–242). Frankfurt a.M.: Fischer.

Hillmann, K.-H. (2001). Zur Wertewandelforschung: Einführung, Übersicht und Ausblick. In G. W. Oesterdiekhoff & N. Jegelka (Hrsg.), *Werte und Wertewandel in westlichen Gesellschaften: Resultate und Perspektiven der Sozialwissenschaften* (S. 15–39). Opladen: Leske + Budrich.

Inglehart, R. (1998). *Modernisierung und Postmodernisierung: Kultureller, wirtschaftlicher und politischer Wandel in 43 Gesellschaften.* Frankfurt a.M.: Campus Verlag.

Inglehart, R. (1977). *The Silent Revolution: Changing Values and Political Styles Among Western Publics.* Princeton: Princeton University Press.

Joas, H. (2004). *Braucht der Mensch Religion? Über Erfahrungen der Selbsttranszendenz.* Freiburg: Herder.

Klages, H. (2001). Brauchen wir eine Rückkehr zu traditionellen Werten? *Aus Politik und Zeitgeschichte* (Beilage zur Wochenzeitung ‚Das Parlament'), *29*, 7–14.

Kohlberg, L. (1995). *Die Psychologie der Moralentwicklung.* Frankfurt a.M.: Suhrkamp.

Mokrosch, R. (2009). Zum Verständnis von Werte-Erziehung: Aktuelle Modelle für die Schule. In ders. & A. Regenbogen (Hrsg.), *Werte-Erziehung und Schule: Ein Handbuch für Unterrichtende* (S. 32–40). Göttingen: Vandenhoeck & Ruprecht.

Mokrosch, R. & Regenbogen, A. (Hrsg.) (2009). *Werte-Erziehung und Schule: Ein Handbuch für Unterrichtende.* Göttingen: Vandenhoeck & Ruprecht.

Noelle-Neumann, E. & Petersen, Th. (2001). Zeitenwende: Der Wertewandel 30 Jahre später. *Aus Politik und Zeitgeschichte* (Beilage zur Wochenzeitung ‚Das Parlament‘), *29*, 15–22.

Oesterdiekhoff, G. W. & Jegelka, N. (2001). Einführung. In dies. (Hrsg.), *Werte und Wertewandel in westlichen Gesellschaften: Resultate und Perspektiven der Sozialwissenschaften* (S. 7–14). Opladen: Leske + Budrich.

Oesterdiekhoff, G. W. & Jegelka, N. (Hrsg.) (2001). *Werte und Wertewandel in westlichen Gesellschaften: Resultate und Perspektiven der Sozialwissenschaften.* Opladen: Leske + Budrich.

Schmitt, A. & Antes, W. (2011). Survey Jugend 2011 Baden-Württemberg. In Jugendstiftung Baden-Württemberg, *Survey Jugend 2011 Baden-Württemberg* (S. 3–68).Verfügbar unter http://www.jugendstiftung.de/fileadmin/Dateien/Jugendsurvey%202011.pdf [07.02.2012]

Schweitzer, F. (2012). Zugänge. In ders., J. Ruopp & G. Wagensommer (Hrsg.), *Wertebildung im Religionsunterricht: Eine empirische Untersuchung im berufsbildenden Bereich* (Glaube-Wertebildung-Interreligiosität. Berufsorientierte Religionspädagogik, 2. Band, S. 11–31). Münster: Waxmann.

Schweitzer, F., Ruopp, J. & Wagensommer, G. (Hrsg.) (2012). *Wertebildung im Religionsunterricht: Eine empirische Untersuchung im berufsbildenden Bereich* (Glaube-Wertebildung-Interreligiosität. Berufsorientierte Religionspädagogik, 2. Band). Münster: Waxmann.

Thome, H. (2005). Wertewandel in Europa aus der Sicht der empirischen Sozialforschung. In H. Joas & K. Wiegandt (Hrsg.), *Die kulturellen Werte Europas* (2. Auflage, S. 386–443). Frankfurt a.M.: Fischer.

Wagensommer, G. (2012). Konzeption und Fragestellung der Studie. In F. Schweitzer, J. Ruopp & G. Wagensommer (Hrsg.), *Wertebildung im Religionsunterricht: Eine empirische Untersuchung im berufsbildenden Bereich* (Glaube-Wertebildung-Interreligiosität. Berufsorientierte Religionspädagogik, 2. Band, S. 32–44). Münster: Waxmann.

Ziebertz, H.-G. & Riegel, U. (2008). *Letzte Sicherheiten: Eine empirische Untersuchung zu Weltbildern Jugendlicher.* Freiburg i.B.: Gütersloher Verlagshaus.

Viera Pirker

Kinder der Freiheit – ohne Ressourcen? Sozialethisch bewusster und bildungspolitisch profilierter Religionsunterricht mit Jugendlichen im Prekariat

Die individualisierte Gesellschaft verspricht jedem Menschen sämtliche Wege und Freiheiten einer pluralen Welt. Doch Kinder und Jugendliche, die nicht von Hause aus mit starken personalen, sozialen und materiellen Ressourcen ausgestattet sind, stehen vor deutlich eingeschränkten Perspektiven. Ungefähr seit zehn Jahren wachsen die Bevölkerungsgruppen, die sich sozial und beruflich in Zonen der Unsicherheit bewegen. Soziologie und Pädagogik verorten diese Problematik inzwischen strukturell, sie wird bildungspolitisch jedoch weiterhin v.a. individualisiert bearbeitet. Viele Jugendliche bewegen sich auf prekäre Beschäftigungsbedingungen zu: Sie ziehen „Warteschleifen" in Übergangssystemen, zu denen viele berufsgrundbildende Vollzeitschulgänge gehören. Manche besuchen mehrere Angebote in Folge, ohne aber den Weg auf den Ausbildungs- und Arbeitsmarkt zu finden. Alleine 2010 sind über 320.000 Jugendliche in derartigen Ersatzmaßnahmen eingemündet, darunter „eine erhebliche Zahl von Altbewerbern und Altbewerberinnen, Jugendliche mit Migrationshintergrund sowie sozial und lernbeeinträchtigte Jugendliche" (BMBF, 2011, S. 74).

Der Religionsunterricht kann innerhalb dieser Großproblemlage keineswegs zum Lösungsweg stilisiert werden. Seine praktischen Möglichkeiten sind beschränkt und werden zudem leicht überfrachtet. Religionslehrerinnen und Religionslehrer an berufsbildenden Schulen berichten besonders aus Lerngruppen, die unter dem Druck der Prekarisierung stehen, von fehlender Motivation, schwierigsten Lernbedingungen und einem hohen Grad an Frustration für alle Beteiligten. Angesichts dessen ist eine politisch bewusste Grundoption vonnöten, in der Lehrende ihre Haltung und ihr Handeln gründen und zugleich den Schülerinnen und Schülern ihre Stirn anbieten – als Gesicht, als Begleitung, als Kritik, als Begegnung, als Anerkennung. Notwendig ist eine bewusst ressourcenorientierte und bei der Stärkung der Jugendlichen ansetzende Religionspädagogik, die nicht nur den Unterricht in den Blick nimmt.

1. Jugendliche unter dem Druck der Individualisierung in einer pluralen Gesellschaft

Die Individualisierungsthese, nach der alles Soziale um das Individuum geordnet ist, verzeichnet seit mehr als 30 Jahren einen immer noch durchschlagenden Erfolg in der politischen und gesellschaftlichen Landschaft. Das Bildungssystem setzt darauf, dass Jugendliche über ein unerschöpfliches Repertoire an Möglichkeiten zur Gestaltung des Lebens verfügen. Die Phase der Jugend hat sich von einem Freiheitsraum hin zu einer etwa 10–15 Jahre andauernden Lebensphase entwickelt, in der Jugendliche konkrete, normative Entwicklungsaufgaben bewältigen müssen. Es geht um die Einübung gesellschaftlicher Mitgliedsrollen in den vier Dimensionen der beruflichen Qualifikation, der familiären Bindung, dem wirtschaftlichen und sozialen Konsumieren bzw. Regenerieren und dem gesellschaftlichen und politischen Partizipieren (Albert, Hurrelmann & Quenzel, 2010a, S. 37–42; Hurrelmann & Quenzel, 2012, S. 28–38). Der Vorrang der Qualifizierung ist Jugendlichen evident. Sie wird gerade im frühen und mittleren Jugendalter durch ein leistungs- und bewertungsorientiertes Pflichtschulsystem eigens betont. Bildung schafft die wesentliche Voraussetzung für den Zugang zur Berufswelt und erst die eigenständige Erwerbstätigkeit ermöglicht den meisten Menschen das gelingende Bewältigen der anderen Dimensionen.

Seit den 1970er Jahren werden die formal niedrig qualifizierten Jugendlichen regelrecht aus dem Wettbewerb gedrängt. Wie Seibt (2011) darlegt, steigt die Nachfrage nach höherer Bildung, je stärker das Arbeitsplatz- und Ausbildungsangebot verknappt. Die ausbildenden Betriebe und Unternehmen schrauben zudem ihre Eingangsvoraussetzungen nach oben, so dass der Hauptschulabschluss kaum mehr den Zugang zu einer Ausbildung ermöglicht. „Die Jugendlichen nehmen großen Druck wahr, dass man ‚etwas werden muss', fühlen sich jedoch gleichzeitig nur unzureichend dabei unterstützt, ‚wie man etwas werden kann'" (Calmbach & Borgstedt, 2012, S. 53). Nach Keupp et al. (2006, S. 128–129) gilt die Erwerbsarbeit weiterhin als zentraler Teilbereich einer subjektiv als gelingend empfundenen Identitätskonstruktion, wenn auch die Bedeutung gesamtgesellschaftlich im Vergleich zu anderen identitätswichtigen Teilbereichen (Familie, Freizeit) allgemein etwas nachgelassen hat. Calmbach & Borgstedt zeigen allerdings, dass gerade bildungsferne Jugendliche die Erwerbsarbeit weiterhin als zentralen und geradezu alternativlosen Identitätsanker empfinden: „Man ist, was man beruflich macht" (2012, S. 52).

Jugendliche können ihren eigenen Status hinsichtlich aller Entwicklungsbereiche meist treffend einschätzen. Scheitern sie in den Entwicklungsaufgaben, wird ihnen dies als individuelles Versagen angelastet und sie sehen es auch selbst nur als solches. Zunehmend wird deutlich, dass die vermeintlichen Freiheitsgrade der Jugend mit vielfältigen Risiken behaftet sind, die keineswegs individuell, sondern strukturell begründet sind. Dem Phänomen der „Individualisierungsverlierer" (Seibel, 2005, S. 243–268) geht auch die Shell-Jugendstudie von 2010 nach. Nach Albert, Hurrelmann und Quenzel (2010b) wissen sich gegenwärtig fast 20% der Jugendlichen in einer prekären sozialen Lage: Ihnen ist zumindest unterschwellig bewusst, dass sie „zu den in der Gesellschaft Abgehängten […] gehören und ihr Risiko einer dauerhaften Exklusion vom Arbeitsmarkt verhältnismäßig hoch ist." (ebd., S. 345). Die Shell-Jugendstudie hat daher mit der explorativen Teilstudie von Picot und Willert (2010) einen qualitativen Schwerpunkt auf die „Jugendlichen unter Druck" gelegt.

2.   Ressourcen und Identitätsentwicklung

Menschen empfinden die eigene Identitätskonstruktion[1] als gelingend, wenn sie sich als handlungsfähig erleben, wenn sie ihr Leben als sinnstiftend erfahren, wenn sie stimmige Narrationen formulieren können und wichtige Identitätsziele erreicht werden (Keupp et al., 2006, S. 261–262). Für die subjektiv gelingende Bewältigung der Entwicklungsaufgaben benötigen Jugendliche personale und soziale sowie materielle Ressourcen.

Hurrelmann und Quenzel (2012) beschreiben personale Ressourcen als körperliche Kondition, ein positives Temperament und Selbstbild sowie überdeutliche Intelligenz und Begabung. Als soziale Ressourcen gelten gute Bildung der Eltern und ihr hoher sozialer Status, familiärer Zusammenhalt, gute Beziehungen zu den Geschwistern und zur Nachbarschaft, vorhandene soziale Unterstützungssysteme. Bereits Keupp et al. (2006, S. 276–281) benennen nach Pierre Bourdieu eigens die Notwendigkeit materieller Ressourcen, also Essen, Kleidung, Wohnsituation. Ihre Verfügbarkeit hat, wie Studien zur Kinderarmut zeigen, einen unmittelbaren Einfluss auf Schulleistungen, Bildungsverlauf und die körperliche und geistige Gesundheit von Kindern und Jugendlichen, ebenso auf ihre Möglichkeiten, überhaupt soziale und personale Ressourcen aufzubauen (Chassé, Zander & Rasch, 2003).

Jugendliche bemühen sich, die gestellten Entwicklungsaufgaben zu bewältigen. Wenn sie ihre eigene soziale Lage nicht beherrschen und sich selbst nicht als Akteure des eigenen Lebens empfinden, finden sie dafür keine Worte. Sie berichten stammelnd und orientierungslos von unzähligen vergeblichen Versuchen, in der Arbeitswelt Fuß zu fassen. „Ohnmächtige Erzähler" versinken angesichts eines „für sie undurchschaubaren und fremdbestimmten Spiel[s]" (Keupp et al., 2006, S. 215) zunehmend in Sprachlosigkeit. Bei Picot und Willert (2010) begegnen auch Strategien der Verweigerung und des Rückzugs, wenn Jugendliche temporär oder auf Dauer aus der Balance geraten und den Zugriff auf stabilisierende Faktoren und Ressourcen verlieren.

Ein wesentliches soziales Identitätsziel ist die Erfahrung von Anerkennung. Nach Honneth (1992, S. 211) wird sie erzeugt durch Aufmerksamkeit und positive Bewertung durch andere sowie chronologisch und strukturell nachgeordnet durch Formen der Selbstanerkennung. Interaktion ist eine notwendige Voraussetzung für den Aufbau von Ressourcen und für das Erfahren von Anerkennung. Dafür wichtige Elemente wie das Bindungsverhalten, das Entwickeln eines Möglichkeitssinns, das Lernen von Aushandeln und Finden von Unterstützung, auch ein Gefühl der Selbstwirksamkeit, werden wesentlich in frühkindlichen Spiegelungsprozessen der Primärsozialisation grundgelegt, weshalb sie für Jugendliche kaum aus eigener Kraft herstellbar sind. Jugendliche, die mit guten personalen, sozialen und materiellen Ressourcen ausgestattet sind, können dagegen ungleich leichter positive Anerkennungszusammenhänge aufbauen (Pirker, 2013c). Jugendliche mit niedrigem Bildungskapital sind insgesamt

---

1   Der Identitätsbegriff bündelt hier die Entwicklungsaufgaben Jugendlicher und ermöglicht eine verknappte Verbindung zu subjektiven Konstruktionstheorien des Individuums in der Gegenwart. Ausführlicher problematisierend siehe Pirker (2013a); Pirker (2013b).

„marktbenachteiligt" und verfügen nur über äußerst geringe „marktgängige Qualifikationen" (Seibt, 2011, S. 7), und dies zudem in einer Gesellschaft, die berufliche Bildung problematischerweise, wie Hengsbach kritisiert, als „wirtschaftlich verwertbar"
einordnet (2013, S. 4). Ein breiter, beim Menschen ansetzender Bildungsbegriff, der
die Rolle der Erwerbsarbeit als Mittel zum Aufbau personaler Identität ernst nimmt,
hat hier keinen Platz.

3.   Prekarisierung der Arbeitswelt

Die Situation am Arbeitsmarkt hat sich seit der Jahrtausendwende massiv verändert,
atypische und prekäre Beschäftigungsverhältnisse haben deutlich zugenommen. ,Pre-
kär' sind sie, „wenn die Beschäftigten aufgrund ihrer Tätigkeit deutlich unter ein Ein-
kommens-, Schutz- und soziales Integrationsniveau sinken, das in der Gegenwartsgesellschaft als Standard definiert und mehrheitlich anerkannt wird" (Brinkmann, Dörre
& Röbenack, 2006, S. 17).[2] Dazu gehören alle Leih- und Zeitarbeitsverhältnisse,
Befristungen und Teilzeitarbeit unter 20 Stunden pro Woche sowie Mini- und Midi-
jobs. Sie widersprechen dem Normalarbeitsverhältnis, das Wahl (2012, S. 61–62) als
nicht befristete Vollzeit- oder Teilzeitbeschäftigung mit mindestens 21 Stunden pro
Woche, voller Integration in soziale Sicherungssysteme, sowie einer Entsprechung
von Arbeits- und Beschäftigungsverhältnis charakterisiert. Dies folgt einer Definition
des Statistischen Bundesamts (19.08.2009, S. 5), das 2008 nur mehr 60% der Erwerbstätigen in Deutschland einem Normalarbeitsverhältnis zuordnete. In unsicheren
Beschäftigungsverhältnissen standen zugleich insgesamt 7,7 Mio. Erwerbstätige –
2,4 Mio. mehr als 1998, die Tendenz seither weiter steigend. Die unsicheren Beschäftigungen waren eigentlich einmal als flexible Ergänzung der Normalarbeitsverhältnisse gedacht, doch sie haben diese faktisch unterhöhlt. Das politisch herbeigeredete
„Jobwunder" in Deutschland findet nicht im Bereich der Normalarbeitsverhältnisse
statt. Die atypischen Beschäftigungen stehen für Prozesse der Entstandardisierung
und Entsolidarisierung, sie unterlaufen die Partizipation (insbesondere im Feld der
Mitbestimmung) und bringen für die Betroffenen weitreichende Desintegrationspo-
tentiale mit sich – in materieller und rechtlicher Hinsicht, doch insbesondere durch
geringe Anerkennung und Missachtungserfahrungen auch in sozialer und emotionaler
Hinsicht (Wahl, 2012, S. 77–78).

---

2   Die Autoren der von der Friedrich-Ebert-Stiftung veröffentlichten Studie zu „Gesellschaft im
    Reformprozess" haben den öffentlichen Diskurs um Prekarisierung in Deutschland erst in Gang
    gebracht (Wahl 2012, S. 60). Brinkmann et al. (2006, S. 17) weisen darauf hin, dass auch subjek-
    tive Verarbeitungsformen unsicherer Beschäftigung in die Analyse einbezogen werden müssen.
    So wird eine nach Normbedingungen als „prekär" geltende Erwerbsarbeit von den Ausübenden
    nicht unbedingt gleichermaßen als heikel eingestuft, ebenso wie subjektive Planungsunsicher-
    heiten und Sinnverluste auch mit Beschäftigungssituationen einher gehen können, die nach
    gegebener Definition nicht als „prekär" zu bezeichnen wären.

4. Jugendliche in prekären Lebenswelten

Die veränderte Situation am Arbeitsmarkt schlägt sich insbesondere auf die 20% der „strauchelnden" Jugendlichen (Hurrelmann & Quenzel, 2012, S. 54–55) nieder, die vorübergehende oder dauerhafte Probleme haben, ihre Entwicklungsaufgaben zu bewältigen und meist ohnehin unter erschwerten Ausgangsbedingungen agieren. Ihr Scheitern wird besonders sichtbar im Bereich der Qualifizierung, dessen „Maßstab" in den Schulabschlusszeugnissen und den Übergängen von der Schule zur Arbeitswelt liegt. Gensicke (2010, S. 193) zufolge äußern sich nur 40% der Jugendlichen aus der schwächsten sozialen Schicht positiv und zufrieden zu ihrem Leben.

Die Jugendlichen mit „Risikobiographien" (Seibt, 2011) bemühen sich unter schwierigsten Startvoraussetzungen um Orientierung und Teilhabe: Die Sinus-Milieustudie 2012 nennt v. a. Gruppen der Prekären (ungefähr 7% der 14–17-jährigen), aber auch der materialistischen Hedonisten (12%) als bildungsbenachteiligte Lebenswelten, wobei beiden Gruppen deutlich mehr Jungen als Mädchen angehören (Calmbach, Thomas, Borchard & Flaig, 2012, S. 35–37). Die Prekären (ebd., S. 174–209) stammen meist aus einem bildungsfernen Elternhaus, das vielfache Ausgrenzung erfährt und von Erwerbslosigkeit geprägt ist. Ihre Familien müssen, oft mit staatlichen Transferleistungen, an oder unterhalb der Armutsgrenze ihr Auskommen finden. Jugendliche empfinden Scham über die soziale Stellung ihrer Familie, haben zugleich aber eine hochgradig idealisierte Vorstellung einer harmonischen Familie und sind darum bemüht, die eigene Situation zu verbessern. Sie können nur wenig am Konsum teilnehmen und ziehen sich stark in die Unauffälligkeit zurück, äußern aber ausdrücklich den Wunsch nach Zugehörigkeit und Anerkennung. Die Gesellschaft beurteilen sie als unfair und ungerecht. Sie wissen um derart geringe Aufstiegsperspektiven, dass sich für viele jede Mühe nicht zu lohnen scheint; sie hinterfragen auch die leistungsabhängige Bewertung des Menschen in der Gegenwartsgesellschaft. Die Schule erleben sie weitgehend als Ort des Misserfolgs und des Zwangs. Wenn sie „von den Lehrern offen mit den eigenen Problemen und der eigenen Bedürftigkeit konfrontiert werden, nehmen sie dies als verletzend wahr: Respekt ist ein zentrales, aber knappes Gut in den prekären Peer-Kontexten" (ebd., S. 193). Haben diese Jugendlichen das Gefühl, dass sie als Problemfall oder Objekt des Mitleids gesehen werden, läuft dies ihrer eigenen Forderung nach Anerkennung geradezu diametral entgegen. Unterricht erfahren sie zumeist als überfordernd – nicht nur aufgrund gering ausgeprägter Lesekompetenz – und Schule bleibt eine maßgebliche Quelle der Unzufriedenheit im Alltag. Obwohl das „Lernen" durchaus als wichtig erachtet wird und die Jugendlichen wissen, „dass sozialer Aufstieg eng an Bildungserfolge gekoppelt ist" (ebd., S. 198), wird es lieber auf „später" verschoben: Auch im Freundeskreis dominieren Negativerfahrungen beim Berufseinstieg, so dass die vorhandenen Beispiele weitgehend zu Verunsicherung und Resignation führen. Jugendliche im Prekariat kennen aus ihrer eigenen Erfahrung heraus bildungs- und sozialpolitische Missstände und thematisieren die damit verbundenen Problematiken durchaus leidenschaftlich, doch sie verfügen nicht über ein Verständnis für die politischen Dimensionen der Themen.

Zugespitzt heißt das: „Die Prekären sind politisch und gesellschaftlich interessiert, ohne sich darüber im Klaren zu sein" (ebd., S. 202). Das eigene Schicksal nehmen sie kaum in die Hand und blicken nicht darüber hinaus; zivilgesellschaftliche Organisationen und politische Partizipationsmöglichkeiten sind ihnen weitgehend unbekannt. Sie erfahren sich nur als Objekte, nicht aber als Subjekte des politischen Handelns (Calmbach & Borgstedt, 2012, S. 65).

5.   Jugendliche und Arbeitslosigkeit

Die Arbeitslosigkeit unter Jugendlichen von 15–24 Jahren ist in Deutschland gering, 2012 mit 7,9% gar offiziell die niedrigste Quote in der EU (Statistisches Bundesamt, 10.08.2012). Jedoch kritisieren Eichhorst & Thode (2011, S. 11–13) die (älteren) Zahlen. Denn die Arbeitsmarktstatistik erfasst nur die „ausbildungsreifen" Jugendlichen, die sich durch die Bundesagentur für Arbeit beraten lassen und keine Anstellung finden. Schülerinnen und Schüler in Berufsvorbereitungsmaßnahmen tauchen darin ebenso wenig auf wie die mit steigendem Alter wachsende Gruppe der NEET (Not in Employment, Education or Training), die bei den 20–24-Jährigen 14%, bei den 25–29-Jährigen sogar 17% des Jahrgangs umfasst. Von diesen hat sich „weit mehr als die Hälfte [...] bereits vom Arbeitsmarkt zurückgezogen und sucht nicht mehr aktiv nach einer Beschäftigung" (ebd., S. 13). Laut aktuellem Berufsbildungsbericht (BMBF, 2012, S. 35) verfügen ca. 15% der jungen Erwachsenen zwischen 20 und 29 Jahren in Deutschland – hochgerechnet 1,46 Millionen Personen – über keinen Berufsabschluss und haben somit denkbar schlechte Voraussetzungen für eine qualifizierte Beteiligung am Erwerbsleben. Ausländische Jugendliche verlassen im Vergleich zu deutschen Jugendlichen die Schule etwa doppelt so häufig ohne allgemeinbildenden Schulabschluss (2010: 12,8% vs. 5,8%) und sind in der Berufsausbildung deutlich unterrepräsentiert (ebd., S. 36).[3] Fast 30.000 Ausbildungsplätze konnten die ausbildenden Betriebe nicht mit geeigneten Bewerbern besetzen, doch rechnerisch standen 2011 jeweils 92,7 nicht besetzten (nicht besetzbaren?) Ausbildungsplätzen 100 ausbildungswillige (doch nicht ausbildbare?) Jugendliche gegenüber (ebd., S. 79). Auch Jugendliche im dualen Ausbildungssystem bewegen sich auf Erwerbswelten zu, die von atypischen Beschäftigungen geprägt sind, insbesondere in den zweijährigen Ausbildungsberufen zur Verkäuferin oder zum Verkäufer, zur Einzelhandelskauffrau oder zum Einzelhandelskaufmann, zur Lageristin oder zum Lageristen und zur Friseurin oder zum Friseur, die nach wie vor hoch in den Ausbildungsplätzen rangieren.

---

3   Zu beachten ist, dass die Schul- und Berufsbildungsstatistik lediglich die Staatsangehörigkeit, nicht aber den Migrationshintergrund erfasst. Zu Sonderauswertungen bzgl. Jugendlicher mit Migrationshintergrund siehe BMBF (2012), S. 37; vgl. dazu auch Reichhold (2012).

6. Sozialethisch bewusster und bildungspolitisch profilierter Religionsunterricht: Anstöße

Die soziostrukturellen Bedingungen der Gegenwartsgesellschaft zwingen vor allem Jugendliche mit geringen materiellen, sozialen und personalen Ressourcen in marginalisierte und sozial isolierte Positionen. Diese „Jugendlichen unter Druck" wählen auf dem Weg in ihr Erwachsenenleben verschiedene Rückzugs- und Vermeidungsstrategien. Als Betroffene erkennen sie weder das Ausmaß der individuellen und strukturellen Verflochtenheiten noch die langfristigen Konsequenzen ihrer gesellschaftlich als niedrig beurteilten Bildungssituation, auch wenn sie ihre Position im Gefüge durchaus gut einschätzen können. Diese Schülerinnen und Schüler haben Schule weitgehend als Beurteilungs- und Selektionsinstanz und hier zumeist als beschämende und demütigende Institution erlebt, beispielsweise anlässlich der Übergangsempfehlung am Ende der Grundschule, die Kinder aus sozial schwachen Familien und Migranten nachweislich benachteiligt. In die „Warteschleifen" der Übergangssysteme haben sie sich hinein ergeben, oft mit überraschend geringem Widerstand bei gleichzeitig ausbleibender Eigeninitiative.

Der Religionsunterricht kann diese Problematik weder mit Kindern noch mit Jugendlichen auffangen. Religionslehrerinnen und Religionslehrer, die nicht zur Verschleierung der Problematik beitragen, handeln dem ideologiekritischen und gerechtigkeitssuchenden Anstoß des Evangeliums gemäß. Sie brauchen dafür ein Bewusstsein über die Realitäten, in denen sich Schülerinnen und Schüler bewegen – als Individuen innerhalb von strukturellen Ungleichheiten. Sie begleiten Jugendliche befreiend und kritisch. Sie handeln auch, trotz und wegen des hohen Frustrationspotenzials (beiderseits!) in den niedrigqualifizierten Schulformen leidenschaftlich solidarisch und anwaltschaftlich für den Menschen. Sie unterstützen die Jugendlichen darin, ihre Position zu erkennen, ihre Möglichkeiten zu sehen und diesbezüglich als Subjekte zu handeln. Dies speist sich aus einem befreiungspädagogischen Ansatz nach Paulo Freire, der sagt: „Es ist mir nicht gelungen, mich an den Hunger derer zu gewöhnen, die nichts zu essen haben". Im Hintergrund steht der Leitbegriff der Gerechtigkeit, in politischem wie im praktischen Sinn. Die Religionspädagogik hat lange Zeit zu wenig darauf geachtet; die Kirchen und kirchlichen Verbände nehmen ihre bildungspolitische Stimme erst allmählich wieder ernst (Mette, 2013).

Ein sozialethisch bewusster und bildungspolitisch profilierter Religionsunterricht hat drei Ebenen, auf denen sich das Handeln konkretisiert: Die Ebene der Haltung, die Ebene der Praxis und die Ebene der Politik.

Auf der Ebene der *Haltung* geht es darum, das eigene politische und pädagogische Bewusstsein für die Situation und die Notwendigkeiten der Schülerinnen und Schüler zu schärfen, die in prekären Lebenswelten leben bzw. auf diese zusteuern.

Jugendliche, die nicht durch ein hohes soziales Herkunftskapital abgesichert sind und ihren Weg unter belastenden Rahmenbedingungen suchen, benötigen Sozialisationsinstanzen, die ihnen zur Seite stehen und ihre Entwicklung begleiten. Bei den meisten bleibt nur die Schule. Gerade Bildungsaufsteiger berichten von einzelnen

Lehrerinnen und Lehrern, die an sie geglaubt haben, die sie angespornt und gefördert haben. Picot und Willert berichten aus ihren Tiefeninterviews, „welch wirklich zentrale Rolle im positiven wie im negativen Sinn Lehrer im Leben von Kindern und Jugendlichen spielen" (2010, S. 317). Seibt (2011) plädiert für einen „inklusiven Religionsunterricht", der weitere Exklusion vermeidet, bei den Stärken der Schülerinnen und Schüler ansetzt und ihre Schwächen schwächt.

Religionslehrerinnen und Religionslehrer vertreten das schulische System und gelten damit aus Schülerperspektive weniger als Partner denn als Gegner. Diese Dynamik ist nur schwer zu unterbrechen, am ehesten auf Wegen der ausdrücklichen und persönlichen Parteinahme für die Jugendlichen. Lehrkräfte sind Entgegnende und Begegnende für die Jugendlichen, die in prekären Verhältnissen leben oder auf solche zusteuern. Sie brauchen dringend wertschätzende und menschliche Interaktionspartner.

• Im Frankfurter Kongressworkshop berichtete ein Lehrer eindrücklich vom Schuljahresbeginn in einer kleinen BVJ-Klasse. Der Klassenraum war vermeintlich doppelt zugeteilt worden, jedenfalls proklamierte eine dynamische Lehrerin mit einer großen FOS-Klasse ihren Anspruch. Als der Lehrer mit der kleinen BVJ-Gruppe auf Raumsuche ging, sagte ein Schüler mutlos „Das ist ja klar, dass wir raus müssen, die FOS-ler haben es einfach schon geschafft." Der Lehrer sicherte daraufhin seiner Lerngruppe bei der Schulleitung den anfänglich zugeteilten Raum. Die BVJ-ler quittierten sein Handeln durch regelmäßige Anwesenheit und intensive Mitarbeit im gesamten Schuljahr und meldeten ihm schließlich ihre ausdrückliche Dankbarkeit zurück, dass er für sie gekämpft habe. Es war nur eine winzige Geste, die aber zeigt, was Haltung bedeutet, wie groß das Ausmaß der Hilflosigkeit ist und wie viel das Dennoch-Handeln ganz konkret bewirken kann.

Ob die Schülerinnen und Schüler dadurch zu aktiven Mitarchitekten ihrer Bildung werden, wird innerhalb des Unterrichts zumeist offen bleiben. Lehrerinnen und Lehrer, die sich aber bewusst als „Identitätsagenten" verstehen (Harrell-Levy & Kerpelman, 2010), nehmen ihre Rolle als Interaktionspartner für die Identitätskonstruktionsprozesse von Jugendlichen ernst. Deren Lernmöglichkeiten hängen wesentlich von den inneren Bildern und Gefühlen ab, die sie über sich selbst und die sie umgebende Welt entwickelt haben. In einer transformativen Pädagogik liegt der erste Ansatz bei der Lehrperson selbst (ebd., S. 83), die sich bewusst wird über eigene Vorurteile sowie ihrer Reichweite und Bedeutung der schulischen Interaktion.

Auf der Ebene der *Praxis* kreieren Lehrpersonen eine Lernumgebung, die Anerkennung erzeugende Interaktionsprozesse in einer Klasse ermöglicht.

Sie arbeiten mit Schülerinnen und Schülern aktiv an der Stärkung ihres Selbstwertgefühls und ihrer Bewältigungsstrategien.

• Ein pädagogisch-psychologisch reflektiertes Beispiel legen Oser und Düggeli (2008) vor, die mit lehrstellesuchenden Jugendlichen in schulischen Brückenangeboten mit einem intensiven mehrwöchigen Training (12x4 Stunden bzw.

12x2 Stunden) die Lehrstellensuche der Jugendlichen begleitet und ihre persönlichen Veränderungen empirisch überprüft haben. Wesentlich ist ihnen die subjektive Stärkung der Schülerinnen und Schüler (Resilienzförderung statt Selbstwertschwächung) in den Dimensionen des Optimismus, des Coping, der Zielschärfung und der Selbstwirksamkeitserhöhung.

Auf dem Hintergrund eines weiten politischen Partizipationsbegriffs sollte die Unterstützung der Jugendlichen an für sie persönlich und zugleich politisch relevanten Positionen ansetzen, welche die Studie von Calmbach und Borgstedt verdeutlicht. Die Forscher identifizieren ein „unsichtbares Politikprogramm" (2012, S. 77): Bildungsferne Jugendliche nehmen Ungerechtigkeiten im eigenen Umfeld und in der Gesellschaft wahr und beziehen dazu Stellung. Sie interessieren sich für die Gestaltung ihrer Lebensräume. Sie suchen nach Sprachrohren für ihre Probleme und Sehnsüchte. Sie zeigen Bereitschaft, für andere zu handeln und hier auch Selbstverpflichtungen einzugehen. Sie können sich für konkrete soziale Dinge in ihrem nahen Umfeld einsetzen. Hier setzen lebensweltnahe Projekte an, die die Schule in den Alltag der Schülerinnen und Schüler hinein öffnet, und die Erfahrungen ermöglichen, die weit ab vom schulisch üblichen Leistungs- und Bewertungsdenken neue Interaktionen und Strukturen der Anerkennung, gerade für bildungsbenachteiligte Jugendliche, schaffen. Insbesondere wird dies mit Projekten gelingen, die die grundsätzlich vorhandene Hilfsbereitschaft der Jugendlichen im Prekariat nutzen und die sie zum Handeln am besten im eigenen Stadtviertel anregen.

• Das KIBOR-Projekt „Stärken stärken" sucht in einem theologisch gegründeten Beziehungsbegriff nach ganzheitlichen, lebensweltnahen und zugleich eigene Selbst- und Weltbilder störenden (und darin dekonstruktiven) Ansätzen. Hauf (2012) zeigt dies exemplarisch mit einem sozial engagierten Projekt, das er mit den BVJ-Klassen einer gewerblichen Schule in Stuttgart durchgeführt hat. Im Rahmen eines Block-Projekts entwerfen und bauen die Schülerinnen und Schüler Schachfiguren für einen „Trinkertreff" im öffentlichen Raum. Sie setzen sich mit Arbeitslosigkeit und Freizeit, Sucht und sozialen Strukturen auseinander, sind selbst – begleitet von Meisterschülern der Schule – gestalterisch und handwerklich aktiv und sind in diesem lebens- und alltagsnahen Projekt hoch motiviert.

Auch ästhetische und kreative Ansätze bieten sich für einen handlungsorientierten Unterricht an, der dazu beitragen kann, dass Schülerinnen und Schüler gestärkt werden und ihre eigenen Handlungsspielräume erweitern lernen. Beispielsweise können Aspekte aus dem internetbasierten partizipativen Kunstprojekt von Miranda July und Harrell Fletcher „Learning to love you more" für solche Schwerpunktsetzungen genutzt werden.

Wichtig ist, über den Klassen- und Schulraum hinaus weiterreichende bildungspolitische Perspektiven zu entwickeln. Dies ist die dritte Ebene der *Politik*.

Ein politisch bewusster Religionsunterricht trägt nicht zur weiteren Verschleierung der bestehenden Verhältnisse bei. Die wachsenden gesellschaftlichen Problemlagen und die strukturellen Ungerechtigkeiten des Bildungssystems dürfen nicht auf dem Rücken der Schülerinnen und Schüler weiter individualisiert werden. Politisch bewusste Religionslehrerinnen und Religionslehrer begleiten ihre Lerngruppen auf einem Weg der Mündigkeit. Sie stellen die schwierige Frage nach der Subjektwerdung der Jugendlichen. Wie können jene sich selbst nicht mehr als Objekte, sondern als Akteure in den gesellschaftlichen Gegebenheiten erfahren? Insbesondere ist die Entwicklungsaufgabe der Partizipation aus sozialethischer Perspektive kritisch-konstruktiv in den Blick zu nehmen: Welche gesellschaftlichen und politischen Teilhabemöglichkeiten bestehen? Welche Möglichkeiten schaffen auch die Schule und ihre Strukturen? Wie agiert ein ganzes Kollegium mit bildungsbenachteiligten Jugendlichen? Eine Grundvoraussetzung politischer Interessensbildung und -äußerung liegt für Pierre Bourdieu in dem subjektiven „Gefühl, dass die eigene Meinung auch wert ist, geäußert zu werden" (nach Gerdes & Bittlingmayer, 2012, S. 34). Die fehlende Sprachform macht es Jugendlichen schwer, die eigenen Themen in einer politischen Dimension zu verorten. Welche Wege können Jugendliche finden, um ihre eigene Betroffenheit zur Sprache zu bringen? Unverzichtbar ist hier die politische Begleitung der Bildungs- und Arbeitswelt durch die Kirchen, wie sie Mette (2013) aktuell zusammengestellt hat. Er kritisiert, dass die religiöse Bildung ihre im 20. Jahrhundert stark entwickelte politische Tradition – z.B. in der CAJ – derzeit weitgehend aus dem Blick verloren hat. Es wäre müßig, diese wieder herbeizureden. Andere Formen der Vergemeinschaftung sind längst weit ab davon entstanden.

Außerhalb von Strukturen und Anerkennungen der katholischen Kirche ist in Italien ein Heiliger bekannt geworden. Seit seiner ersten Erscheinung in Genua 2001 gilt er europaweit als Fürsprecher für die marginalisierten und prekarisierten Erwerbsarbeiter. Der Heilige selbst ist bescheiden, sein Gedenktag ist der 29. Februar, nur alle Schaltjahre reklamiert er ein bisschen Verehrung. San Precario, so sein Name, ist weder in Gold noch Kutte gekleidet, sondern teilt das Los seiner Getreuen. Er trägt die Uniform des abhängig Beschäftigten: ein T-Shirt mit Firmenaufdruck und eine Cargohose. Seine Kappe hat er abgenommen, barhäuptig zeigt er einen akkuraten und unauffälligen Haarschnitt. Er kniet selbst und bittet: um Lohn, um Wohnraum, um Beziehung, um Teilhabe an moderner Kommunikation und Information und um die Möglichkeit, den Bus bezahlen zu können.

Das zu ihm gesprochene Gebet schreit aus einer prekären Realität:

- „Oh heiliger Precarius, Beschützer unser, der Prekären dieser Erde, gib uns heute die bezahlte Mutterschaft. Schütze die Abhängigen der Handelsketten, die Engel der Call Center, die Zahler der Mehrwertsteuer und die Mitarbeiter, welche an einem seidenen Faden hängen. Gib ihnen bezahlten Urlaub und Pensionsbeitragszahlungen, fixes Einkommen und Sozialleistungen und errette sie von kläglichen Entlassungen. Heiliger Precarius, der du uns vor der Tiefe im sozialen Netz beschützt, bete für uns, die im Interimszustand Seienden und Kognitäre. Bring dem Heiligen Petrus, Jakobus, Paulus und allen Heiligen unser demütiges Flehen nahe. Erinnere dich der Seelen mit befristeten Verträgen, gequält von den heidnischen

Gottheiten des Freien Marktes und der Flexibilität, die unsicher herumlungern ohne Zukunft noch Haus ohne Pensionen noch Würde. Erleuchte mit Hoffnung die Arbeiter im Dunkeln. Gib ihnen Freude und Gloria Jetzt und in Ewigkeit!" (ZOOM, o.J.).

Die Aktivisten der Anti-Globalisierungsdemonstrationen führten die Figur des Heiligen Precarius als Ruf gegen die Ungerechtigkeit hinaus in die Welt. Wie so viele Heilige ist auch dieser nicht von Anfang an in der Kirche anerkannt. Inzwischen empfiehlt sich die Christliche Arbeiterjugend seinem Beistand. San Precario soll nicht nur tröstend wirken, sondern mahnt die Vertreter von Kirchen und Religionsgemeinschaften zu einer Aufmerksamkeitsökonomie: Seibel (2005) zeigt die sozialethisch begründete christliche Aufgabe, in der Gegenwart ausdrücklich für Jugendliche im Prekariat zu optieren und sich auch politisch für eine größere Beteiligungsgerechtigkeit in der Gesellschaft einzusetzen. Religiöser Bildung liegt ein zutiefst ideologiekritischer Impetus inne. Dieser speist die bildungspolitischen Optionen derjenigen, die den Religionsunterricht an berufsbildenden Schulen begleiten: Sie müssen insbesondere den bildungsbenachteiligten Jugendlichen und ihren zukünftigen gesellschaftlichen Teilhabemöglichkeiten gelten.

Quelle: http://www.sanprecario.info; Lizenziert unter Creative Commons License. Inspiriert durch eine Arbeit des Künstlers Chris Woods, Designed von Chainworkers.org CreW.

Literatur

Albert, M., Hurrelmann, K. & Quenzel, G. (2010a). Jugend 2010: Selbstbehauptung trotz Verunsicherung? In Shell Deutschland Holding (Hrsg.), *Jugend 2010. Eine pragmatische Generation behauptet sich* (S. 37–52). Frankfurt a.M.: Fischer.

Albert, M., Hurrelmann, K. & Quenzel, G. (2010b). Jugendliche in Deutschland. Optionen für Politik, Wirtschaft und Pädagogik. In Shell Deutschland Holding (Hrsg.), *Jugend 2010. Eine pragmatische Generation behauptet sich* (S. 343–360). Frankfurt a.M.: Fischer.

BMBF (Hrsg.). (2011). *Berufsbildungsbericht 2011*. Bonn.

BMBF (Hrsg.). (2012). *Berufsbildungsbericht 2012*. Bonn.

Brinkmann, U., Dörre, K. & Röbenack, S. (2006). *Prekäre Arbeit: Ursachen, Ausmaß, soziale Folgen und subjektive Verarbeitungsformen unsicherer Beschäftigungsverhältnisse*. Bonn: Friedrich-Ebert-Stiftung.

Calmbach, M. & Borgstedt, S. (2012). ‚Unsichtbares' Politikprogramm? Themenwelten und politisches Interesse von ‚bildungsfernen' Jugendlichen. In W. Kohl & A. Seibring (Hrsg.), *„Unsichtbares Politikprogramm": Themenwelten und Interesse von ‚bildungsfernen' Jugendlichen* (S. 43–80). Bonn: BpB.

Calmbach, M., Thomas, P. M., Borchard, I. & Flaig, B. (2012). *Wie ticken Jugendliche? Lebenswelten von Jugendlichen im Alter von 14 bis 17 Jahren in Deutschland*. Aachen: Altenberg.

Chassé, K. A., Zander, M. & Rasch, K. (2003). *Meine Familie ist arm: Wie Kinder im Grundschulalter Armut erleben und bewältigen*. Opladen: Leske + Budrich.

Eichhorst, W. & Thode, E. (2011). *Erwerbstätigkeit im Lebenszyklus: Benchmarking Deutschland. Steigende Beschäftigung bei Jugendlichen und Älteren*. Gütersloh: Bertelsmann Stiftung.

Gensicke, T. (2010). Wertorientierungen, Befinden und Problembewältigung. In Shell Deutschland Holding (Hrsg.), *Jugend 2010. Eine pragmatische Generation behauptet sich* (S. 187–242). Frankfurt a.M.: Fischer.

Gerdes, J. & Bittlingmayer, U. H. (2012). Demokratische Partizipation und politische Bildung. In W. Kohl & A. Seibring (Hrsg.), *„Unsichtbares Politikprogramm": Themenwelten und Interesse von ‚bildungsfernen' Jugendlichen* (S. 26–40). Bonn: BpB.

Harrell-Levy, M. K. & Kerpelman, J. A. (2010). Identity Process and Transformative Pedagogy. Teachers as Agents of Identity Formation. *Identity. An International Journal of Theory and Research, 10* (2), 76–91.

Hauf, J. (2012). Projekt „Stärken stärken". Ein Modellprojekt für den Religionsunterricht an beruflichen Schulen mit Schülerinnen und Schülern am Rand der Bildungsgesellschaft. In A. Biesinger, F. Schweitzer, M. Gronover & J. Ruopp (Hrsg.), *Integration durch religiöse Bildung: Perspektiven zwischen beruflicher Bildung und Religionspädagogik* (Glaube – Wertebildung – Interreligiosität: 1. Band; S. 201–210). Münster: Waxmann.

Hengsbach, F. (2013). Wenn die berufliche Bildung zur Ware wird. Das Recht Jugendlicher auf Anerkennung und Zukunft. *religionsunterricht an berufsbildenden schulen (rabs), 45*(1), 4–6.

Honneth, A. (1992). *Kampf um Anerkennung: Zur moralischen Grammatik sozialer Konflikte*. Frankfurt a.M.: Suhrkamp.

Hurrelmann, K. & Quenzel, G. (2012). *Lebensphase Jugend: Eine Einführung in die sozialwissenschaftliche Jugendforschung* (11., vollst. überarb. Auflage). Weinheim: Juventa.

Keupp, H., Ahbe, T., Gmür, W., Höfer, R., Mitzscherlich, B., Kraus, W. & Straus, F. (2006). *Identitätskonstruktionen: Das Patchwork der Identitäten in der Spätmoderne* (3. Aufl.). Reinbek bei Hamburg: Rowohlt (Original 1999).

Mette, N. (2013). Der aktuelle Diskurs über Bildungsgerechtigkeit in den beiden (Groß-)Kirchen in Deutschland. In J. Könemann & N. Mette (Hrsg.), *Bildung und Gerechtigkeit?! Warum religiöse Bildung politisch sein muss* (Bildung und Pastoral: 2. Band, S. 21–52). Ostfildern: Grünewald.

Oser, F. & Düggeli, A. (2008). *Zeitbombe 'dummer' Schüler: Resilienzentwicklung bei minderqualifizierten Jugendlichen, die keine Lehrstelle finden.* Weinheim: Beltz.

Picot, S. & Willert, M. (2010). Jugend unter Druck? 20 Fallstudien. In Shell Deutschland Holding (Hrsg.), *Jugend 2010: Eine pragmatische Generation behauptet sich* (S. 243–342). Frankfurt a.M.: Fischer.

Pirker, V. (2013a). *fluide und fragil – Identität als Grundoption zeitsensibler Pastoralpsychologie* (Zeitzeichen, 31. Band). Ostfildern: Grünewald.

Pirker, V. (2013b). Wer hat, dem wird gegeben? Zur bildungspolitischen Problematik der Ressourcen(un)gerechtigkeit in einer identitätsbildenden Religionspädagogik. In J. Könemann & N. Mette (Hrsg.), *Bildung und Gerechtigkeit?! Warum religiöse Bildung politisch sein muss* (Bildung und Pastoral: 2. Band, S. 76–83). Ostfildern: Grünewald.

Pirker, V. (2013c). „Wir werden gehetzt": Jugendliche unter dem Druck der Individualisierung. In K. Kießling & H. Schmidt (Hrsg.), *Diakonisch Menschen bilden: Motivationen, Grundierungen, Impulse* (Diakonie. Bildung – Gestaltung – Organisation). Stuttgart: Kohlhammer.

Reichhold, R. (2012). Integration heißt Teilhabe: Perspektiven für Arbeitswelt und Wirtschaft. In A. Biesinger, F. Schweitzer, M. Gronover & J. Ruopp (Hrsg.), *Integration durch religiöse Bildung: Perspektiven zwischen beruflicher Bildung und Religionspädagogik* (Glaube – Wertebildung – Interreligiosität: 1. Band; S. 35–46). Münster: Waxmann.

Seibel, M.-A. (2005). *Eigenes Leben? Christliche Sozialethik im Kontext der Individualisierungsdebatte.* Paderborn: Schöningh.

Seibt, M. (2011). Partizipation an der Gesellschaft. Jugendliche ohne Ausbildungsplatz zwischen Inklusion und Exklusion. *Religionsunterricht an berufsbildenden Schulen (rabs), 43*(3), 6–8.

Statistisches Bundesamt (Hrsg.). (19.08.2009). *Niedrigeinkommen und Erwerbstätigkeit. Begleitmaterial zum Pressegespräch.* Wiesbaden.

Statistisches Bundesamt (Hrsg.). (10.08.2012). *Deutschland hat die niedrigste Jugenderwerbslosigkeit in der EU* (Pressemitteilung Nr. 274). Wiesbaden

Wahl, S. A. (2012). Prekäre Beschäftigung und Anerkennung – eine Missachtungsphänomenologie. In A. Fisch, D. Kirmse, S. A. Wahl & S. Zink (Hrsg.), *Arbeit – ein Schlüssel zu sozialer Gerechtigkeit* (Forum Sozialethik: 11. Band, S. 59–81). Münster: Aschendorff.

ZOOM [ZeitarbeiterInnen Ohne Organisation Machtlos] (Hrsg.). (o.J.). *San Precario.* (IG Metall). http://www.igmetall-zoom.de/materialien-zeitarbeiter-leiharbeiter-gewerkschaftbetriebsrat/san-precario.html [17.11.2012].

Jan Völkel

„Wir müssen reden!" – Die Frage des Berufsbezugs des BRU als Chance zum Dialog

Wenn im Gespräch mit Religionslehrerinnen und Religionslehrern an berufsbildenden Schulen das Stichwort „Berufsbezug" fällt, sind die Reaktionen oft verhalten. Aus Sicht derer, die oft schon über Jahrzehnte hinweg BRU in der Praxis unterrichten und erleben, ist dies nicht unbedingt überraschend. So manches Stichwort hat man die religionspädagogische Debatte schon beherrschen sehen (oder zumindest in der eigenen Ausbildung rückblickend davon erfahren), Problemorientierung, Lernsituationen, Schlüsselqualifikationen, Kompetenzen, Lernfelder und nun eben einmal mehr der Berufsbezug (Siebel & La Gro, 2006, S. 103ff.). Nicht selten wird schnell geurteilt, hier werde von Seiten der angeblich praxisfernen Bildungspolitik und Wissenschaft einmal mehr alter Wein in neuen Schläuchen präsentiert. Am Ende zeigt man sich meist unbeeindruckt oder gelegentlich leicht verunsichert. Letztlich muss es im BRU um das Leben und die Persönlichkeit der Schüler gehen, so lautet fast immer der abschließende Konsens. Letzterem ist kaum zu widersprechen, aus BRU-Perspektive wie auch aus allgemeinpädagogischer Sicht. Doch nur wenige BRU-Unterrichtende, so scheint es, nehmen das Stichwort des Berufsbezugs in eben diesem Sinne als Chance wahr.

An dieser Stelle sollen einige Gedanken vorgebracht werden, wie der Berufsbezug als Bereicherung für die Schülerinnen und Schüler und für den BRU besser umgesetzt werden kann. Dabei ist es wichtig, dies sei vorweg gesagt, die unterschiedlichen Positionen der Akteure ernst zu nehmen. Wer den Berufsbezug pauschal als einen Versuch abtut, die Bildung aus der Beruflichen Bildung wegzurationalisieren und letztere nur noch kommerziellen Interessen unterzuordnen, tut jenen Unrecht, die sich lange um die Konzeption des Lernfeldkonzeptes und des Berufsbezugs bemüht haben und dies immer noch tun. Ebenso kann man nicht all jenen Praktikern, die sich in ihrem pädagogischen Handeln mit der Idee des Berufsbezugs im BRU schwer tun, die Fähigkeit oder Bereitschaft absprechen, neue Ideen und Konzepte in ihren Unterricht aufzunehmen. Es scheint jedoch, dass das Problem des Berufsbezugs im BRU nicht in seiner theoretischen Fundierung, sondern in den Gegebenheiten des Arbeitsumfelds Schule und der Kollegien zu suchen ist. Als Anlass zum Dialog kann er dabei aber durchaus eine Chance für den BRU darstellen.

1. „Den" Berufsbezug gibt es nicht

Die Frage, was denn nun mit „Berufsbezug" genau gemeint ist, lässt sich durchaus befriedigend, aber nicht einfach beantworten. Einer der ersten engagierten Versuche einer sachlogischen Abgrenzung des Begriffs Berufsbezug findet sich bei Horstmann

(1999/2003). Er unterscheidet zwischen einem „engen", vom Subjekt her gesehenen Berufsbezug, und einem „weiten" Berufsbezug, welcher Beruflichkeit in einen größeren gesellschaftlichen Kontext einordnet. Beide Arten werden vom ihm weiter ausdifferenziert:

Arten des Berufsbezugs nach Horstmann (1999/2003, S. 13–16)					
„Enger" Berufsbezug		„Weiter" Berufsbezug			
individuell	funktional	biographisch	sozial	ökonomisch	global
Erleben des Auszubildenden im konkreten Ausbildungsberuf	Bezug zum konkreten Arbeitsplatz und seinen Anforderungen	Stellenwert von „Beruf" für die Lebensplanung	Stellenwert von „Beruf" für Staat und Gesellschaft	Volkswirtschaftliche und betriebswirtschaftliche Bezüge	Bedeutung von Berufen und deren Leistung angesichts der Globalisierung

Diese Unterteilung kann demjenigen, der sich erstmalig Gedanken über die Umsetzung des Berufsbezugs im BRU macht, durchaus einige Impulse geben. Inhaltlich ist sie jedoch nicht ganz schlüssig. Horstmann räumt selbst ein, dass es zwischen einzelnen Bereichen seiner Abgrenzung Überschneidungen gibt, etwa zwischen biographischen und individuellen Bezügen. So wie der Stellenwert des Berufs für die weitere Biographie eng mit den Erfahrungen verbunden ist, welche der Jugendliche während seiner Berufsausbildung sammelt, so scheint die dargestellte Differenzierung auch an anderen Punkten wenig scharf zu sein. Der ökonomische Bezug steht mit seinen betriebswirtschaftlichen Aspekten in stetiger Wechselwirkung mit dem funktionalen Berufsbezug und ist zugleich unter volkswirtschaftlicher Perspektive mit dem sozialen Berufsbezug verwoben, da wirtschaftliche Geschehnisse einen wichtigen Teil unserer gesellschaftlichen Umgebung darstellen. Aus heutiger Sicht scheint auch die Trennung der Kategorien „ökonomisch" und „global" der wirtschaftlichen Realität kaum mehr angemessen.

Einen weniger breiten, aber deutlich tragfähigeren Differenzierungsansatz stellt Obermann (2011) dar.[1] Er unterscheidet zwischen einem materialen und einem fundamental-kategorialen Berufsbezug (ebd., S. 48–49). Demnach gelten Berufsbezüge dann als material, wenn „eine berufliche Fähigkeit [...] unmittelbare Bezüge zur Religion aufweist [und] Lerninhalte additiv ergänzt und vertieft [werden]" (ebd., S. 48). In Abgrenzung hierzu sind fundamental-kategoriale Berufsbezüge da zu finden, wo sie „einen Einfluss haben auf die persönliche Entwicklung und gesellschaftliche Sozialisation der Auszubildenden (Chancen), auf ihre persönliche Wahrnehmung von Ausbildung und Berufswelt, auf ihre vom Beruf abhängige persönliche Lebensplanung oder auf ihre damit verbundenen existentiellen Fragen nach dem Leben angesichts des lebensbiographisch gewichtigen Übergangs von der Schule ins Berufsleben" (ebd., S. 49).

---

1   Ebenfalls in Auseinandersetzung mit Horstmanns Modell.

Angesichts der Anfragen an den BRU, welche sich oft auf dessen Möglichkeit materialer Beiträge zur Beruflichkeit fokussieren, ist hier besonders die klare Benennung fundamental-kategorialer Berufsbezüge als zentrales religionspädagogisches Anliegen hervorzuheben. Auch viele Praktiker können sich hier in „ihrem", aus der Praxis erwachsenen BRU bestärkt sehen. Schließlich ist ein Religionsunterricht, der sich an der Lebenswelt der Lernenden orientiert, biographiebegleitend und damit an den beruflichen Schulen sehr oft kategorial berufsbezogen. „Beruflichkeit ist eine wesentliche Dimension der Identität" (Meyer-Blanck, 2012). Als lebensbegleitendem Unterricht ging es dem BRU schon zentral um die Entwicklung von Kompetenzen, als der Kompetenzbegriff die Debatte noch gar nicht beherrschte.[2] Wurde schon vor längerer Zeit zu Recht festgestellt, „dass die Diskussion um den BRU der allgemeinen religionspädagogischen Entwicklung stets um einige Jahre voraus war" (Mayer, 2006, S. 102), so braucht sich der BRU auch in der allgemeinpädagogischen Kompetenzdebatte nicht vor anderen Unterrichtsfächern zu verstecken, welche lange Zeit nach rein inhaltlichen Aspekten strukturiert wurden oder noch werden.

Für die praktische schulische Arbeit kann es damit hilfreich sein, sich zu vergegenwärtigen, dass es „den" Berufsbezug im BRU nicht gibt. Religionslehrerinnen und -lehrer sollten offen sein für die Möglichkeiten materialer Berufsbezüge und sich dazu mit den Anliegen anderer, berufsbezogener Unterrichtsfächer auseinandersetzen. Den BRU nur auf materiale Anknüpfungspunkte zu reduzieren, wäre jedoch ein gewaltiger Rückschritt. Deshalb ist es ebenso notwendig, den Beitrag des BRU zur Entwicklung einer umfassenden beruflichen Handlungskompetenz im Sinne des fundamental-kategorialen Berufsbezugs mutig zu kommunizieren.

2.   Funktionalisierungsdebatten schaden mehr, als sie nutzen

Ist aber der materiale Berufsbezug der „schlechtere", weil weniger den Kernanliegen des Religionsunterrichts verhaftete Ansatz? Stellt ein materialer Berufsbezug eine Funktionalisierung des BRU für die Interessen der anderen Fächer dar und dient ein fundamental-kategorialer Bezug dagegen eher der Unterstützung der Persönlichkeit des Schülers? Oder trägt der berufsbezogene Religionsunterricht gar generell die Tendenz zur Funktionalisierung und damit auch zur Unterordnung und Entwertung in sich?

Schon Horstmann beschrieb den Berufsbezug als Chance und Bedrohung des BRU zugleich: Während von Seiten der ausbildenden Wirtschaft der Berufsbezug oft als „Kampfbegriff zur Sicherung ökonomischer Interessen" (Horstmann, 1999/2003, S. 11) gebraucht würde, nutzten Schulvertreter diesen „zur Legitimation des Berufskollegs gegenüber dem dualen Partner" (ebd.), begäben sich also häufig auf dieselbe Argumentationsebene, auf welcher der Berufsbezug eng und einseitig als eine Orien-

---

2   Ob die im BRU angestrebten Kompetenzen jedoch sinnvoll in Niveaustufen eingeordnet werden können, ist zu recht umstritten.

tierung des gesamten Berufsschulunterrichts an unmittelbaren betrieblichen Interessen und Verwertungsoptionen verstanden würde. Führt man Horstmanns Gedanken weiter, so scheint eine Bedrohung des Berufsschulunterrichts (nicht nur des BRU) darin zu liegen, dass sich zentrale Akteure der Diskussion, bewusst oder unbewusst, auf eine rein funktionale Vorstellung von Bildung einlassen, in der „Beruf" nur noch als „Erwerb", als Veräußerung der eigenen Arbeitskraft zur Sicherung der materiellen Existenz gesehen wird. Eine solche reine „Erwerbsausbildung" sollte man schließlich zu Recht alleine den Händen der Wirtschaft überlassen. „Durch zu einseitigen Berufsbezug würde der Lernort Schule überflüssig" (ebd.).

Auch an vielen anderen Stellen wird eindringlich vor einer Funktionalisierung des BRU gewarnt. So heißt es etwa in einem Beitrag des allgemein anerkannten und auch Berufsanfängern oft zur Lektüre vorgeschlagenen BRU-Handbuchs: „BRU sollte sich gerade in den Berufschulen nicht funktionalisieren lassen zur Werte-Vermittlerin, zur Akzeptanzbeschafferin für immer neue Technologien und wirtschaftliche Vorgaben und auch nicht zum religiös-moralischen TÜV und Kundendienst für die geschädigten und an den Verarbeitungsfolgen leidenden Jugendlichen" (Gerber, 2006, S. 123).

Bei allem kritischen Potential, das den BRU zu Recht mit ausmacht, wird jedoch leicht übersehen, dass Berufsbezug auch bedeuten kann, die Anknüpfungspunkte der beruflichen Unterrichtsfächer positiv für den BRU nutzbar zu machen. Ein berufsbezogener BRU, so kann man didaktisch strukturieren, wählt einen Unterrichtsgegenstand aus der beruflichen Erlebniswelt der Lernenden, beispielsweise die Möglichkeit einer Kündigung. Er führt darüber zur Auseinandersetzung mit einem elementaren Lebensthema, etwa die Bedeutung der Arbeit und der sich daraus ergebende Selbstwert oder die Würde des Menschen. Zu diesem Thema bietet er den Schülerinnen und Schülern einen konfessionellen Standpunkt zur Orientierung an, etwa die Sicht der Würde des Menschen als Geschöpf. In der Auseinandersetzung mit diesem Standpunkt kann er den Schülerinnen und Schülern dabei möglicherweise neue Perspektiven und Möglichkeiten aufzeigen, beispielsweise der Begegnung der Situation mit neuem Selbstwert- und Autonomiegefühl.

Berufsbezug im BRU bedeutet deshalb nicht zwingend eine Funktionalisierung, sondern er ist eine Möglichkeit, an die Lebenswelt der Schülerinnen und Schüler anzuknüpfen. Der BRU kann die berufliche Situation und auch die Unterrichtsgegenstände der wirtschaftlichen Unterrichtsfächer nutzen, um die Lernenden an seine und ihre eigenen Themen heranzuführen. Er wird sich nur dann vereinnahmen lassen, wenn er in seinem Rückgriff auf die Situationen und die Probleme der beruflichen Erlebniswelt der Versuchung erliegt, diese mit Hilfe der Religion stets lösen oder befrieden zu wollen. Zu Recht „ist es auch nicht das Ziel des BRU, Konflikte durch Harmonie wegzubekommen, sondern Harmonie und Konflikte als Lebensdimensionen verstehen zu lernen" (Gerber, 2006, S. 124).

In einigen Diskussionen, so scheint es, wird der Begriff der „Funktionalisierung" wie ein Verteidigungsreflex vorgebracht, hinter dem sich die Ängste so mancher Unterrichtender verbergen. Es mag dabei um Befürchtungen der Vereinnahmung gehen, um die Sorge um die Entwertung des eigenen Faches, aber vielleicht ebenso auch um eine latente Unzufriedenheit mit der schon lange erlebten Situation des BRU und um Vorbehalte gegen die Anliegen anderer Fächer. Solange der Funktionalisierungsvorwurf jedoch im Raum steht, es also immer auch um Unterordnung geht, wird ein positiver, inspirierender Dialog zwischen den Fächern auf Augenhöhe nicht gelingen und der Blick auf die Möglichkeiten des Berufsbezugs im BRU einseitig bleiben.

3. BRU-Lehrerinnen und -Lehrer müssen sich ein realistisches Bild von den Anliegen der berufsbezogenen Fächer verschaffen können

Ein in diesem Sinne positiver Dialog setzt auch voraus, dass sich Unterrichtende ein Bild von den tatsächlichen Anliegen der anderen Unterrichtsfächer verschaffen. Dass auch hier Vorbehalte vorhanden sind, welche die gemeinsame Arbeit erschweren, sei beispielhaft am berufsbezogenen Fach Wirtschaftslehre dargestellt. Wirtschaftsbezogene Unterrichtsfächer finden sich im Berufsschulunterricht der kaufmännischen Ausbildungsberufe in verschiedenen Formen, je nach Beruf etwa als Bankbetriebslehre, Einzelhandelsbetriebslehre usw. Das Fach Allgemeine Wirtschaftslehre bzw. das verwandte Fach Wirtschafts- und Sozialkunde sind darüber hinaus auch in vielen nicht-kaufmännischen Vollzeit- und Teilzeitbildungsgängen der beruflichen Schulen obligatorisch.[3]

In einer Veröffentlichung zu wirtschaftlichen Fragestellungen im BRU (Märkt & Schnabel-Henke, 2012) heißt es dazu beispielsweise: „Im Wirtschaftskundeunterricht der Berufsschule wird zur Erläuterung des Marktgeschehens das Modell des Homo oeconomicus zugrunde gelegt. Der Homo oeconomicus ist der egoistische Nutzenmaximierer, der den Gesetzen des ökonomischen Prinzips gehorcht und keine Entscheidungsfreiheit und dadurch keine Verantwortlichkeit hat" (ebd., S. 206). Wenn die berufsbezogenen Unterrichtsfächer sich tatsächlich derart an einem Menschenbild der egoistischen Verantwortungslosigkeit orientierten, so wäre es durchaus angebracht, den BRU grundsätzlich als Gegenentwurf zu konzipieren und der Debatte um den Berufsbezug nur in latenter Abwehrhaltung zu begegnen. Im Bemühen um eine differenzierte Sichtweise lohnt sich jedoch einmal der Blick auf das, was das Fach Wirtschaftslehre etwa mit Hilfe der verwendeten Schulbücher vermitteln möchte. Hier sind vier Beispiele aufgeführt, die nicht ganz in das gebotene Bild passen:

• „Die zahlreichen Berichte in den Medien über Lebensmittelskandale machen deutlich, wie schutzlos der Verbraucher unredlichen Geschäftspraktiken der Produzenten und Händler ausgeliefert sein kann. [...] Beim Verbraucherschutz geht es grundsätzlich darum, den Verbraucher vor Schönfärberei, Täuschung und Ge-

---

3 In einigen dualen Ausbildungsberufen werden die Unterrichtsfächer Allgemeine Wirtschaftslehre und Politik formal getrennt erteilt und benotet, deren Inhalte aber in der Kammerprüfung im Prüfungsteil Wirtschafts- und Sozialkunde gemeinsam geprüft. Hier wäre eine Neustrukturierung, schon im Sinne einer bessern Orientierung der Lernenden, sinnvoll.

sundheitsgefährdung zu schützen" (Dieckerhoff, Friedrichs, Jung & Manegold, 2011, S. 215).

- „Bei älteren Arbeitnehmern kann die Arbeitsleistung abnehmen, andererseits verfügen gerade diese über ein Höchstmaß an Berufserfahrung. Würde man jedoch nur die Leistung beachten, könnte dies zu Benachteiligungen führen. Eine gerechte Entlohnung berücksichtigt deshalb neben der Leistung auch *soziale Gesichtspunkte*" (Nuding & Haller, 2007, S. 198, Hervorhebung im Original).
- „In voller Absicht hat die Gesellschaft auch die Möglichkeit geschaffen, die wirtschaftliche Tätigkeit von Menschen im Rahmen eines so genannten *sozialwirtschaftlichen Prinzips* zu finanzieren. Dabei wird die direkte Entgeltfinanzierung bewusst umgangen. Sie wird deshalb außer Kraft gesetzt, um einerseits eine falsche Abhängigkeit zwischen Anbieter und Nachfrager zu vermeiden (Integritätsprinzip) und andererseits soll dadurch die Möglichkeit geschaffen werden, Menschen, die sich unter Umständen diese Angebote finanziell nicht leisten können, nicht auszugrenzen (Solidaritätsprinzip)" (Beck, Mödinger & Schmid, 2007, S. 45, Hervorhebung im Original).
- Man darf nicht übersehen, dass mit Rationalisierungsmaßnahmen häufig auch eine nervliche Mehrbelastung der einzelnen Arbeitnehmer verbunden sein kann. […] Vor diesem Hintergrund wird vielerorts der Ruf nach einer stärkeren *Humanisierung* der Arbeitswelt laut. Dieser Ruf beinhaltet eine menschlichere Ausgestaltung des Arbeitsplatzes und des Arbeitsumfelds. Hierzu gehört auch der Wunsch nach Anerkennung der Leistung des Einzelnen" (Marchewka, 2007, S. 45–46, Hervorhebung im Original).

Es ließen sich leicht noch viele weitere Beispiele anbringen, die Eines zeigen: Ethische Gesichtspunkte spielen im Wirtschaftslehreunterricht durchaus eine Rolle. Dabei wird der Mensch nicht nur als Homo oeconomicus gesehen, sondern als soziales Lebewesen. Auch in der Schule muss der Auffassung zugestimmt werden, „dass die […] behauptete Eigengesetzlichkeit der Ökonomie ein ideologisches Konstrukt ist" (Wehmeier, 2006, S. 466)[4]. Gerade im Bereich der Wirtschafts- und Sozialkunde spielen außerdem die Perspektive des Arbeitnehmers und seine Rechte eine große Rolle, die Grenze zum Politikunterricht ist hier oft fließend. Und ebenso wie den Religionslehrer kann die Lebensnähe der aufgeworfenen Fragen auch den Wirtschaftslehrer in seiner ganzen Persönlichkeit fordern. Wie soll er etwa reagieren, wenn er mit Auszubildenden im ersten Lehrjahr die Vorschriften des Jugendarbeitsschutzgesetzes behandelt und ihm daraufhin mehrere Schüler/innen emotional und tief verunsichert von den Verstößen in ihrem Ausbildungsbetrieb erzählen?

Die integrierte Behandlung von ethischen Fragestellungen in den berufsbezogenen Fächern kann einen eigenständigen Ethikunterricht nicht ersetzen und erst Recht nicht den BRU. Der beispielhaft betrachtete Wirtschaftslehreunterricht ist aber genauso wenig eine Lehre der egoistischen Gewinnmaximierung, wie der Religionsunterricht

---

4   Unter Berufung auf: Meyer-Faje, A. & Ulrich, Peter (Hrsg.) (1991). *Der andere Adam Smith: Beiträge zur Neubestimmung von Ökonomie als Politischer Ökonomie*. Bern: Haupt.

eine weltfremde Morallehre darstellt. Es gibt durchaus eine Basis für einen konstruktiven Dialog über gemeinsame Anliegen, aus dem gemeinsame Unterrichtsvorhaben und wechselseitige Bezüge entstehen können.

4.   Berufsbezug braucht den Dialog

Auch wenn es in diesem Dialog um die Identifizierung gemeinsamer Anknüpfungspunkte und die Entwicklung fächerübergreifender Lernsituationen geht, steckt darin eine größere Chance als nur die Produktion nützlicher Papiere. Der Berufsbezug kann dazu beitragen, sich genauer mit den Zielen und Argumentationsweisen der verschiedenen Fächergruppen auseinanderzusetzen und so die Zusammenarbeit der Kolleginnen und Kollegen an den beruflichen Schulen nachhaltig stärken. Hierbei können die staatlichen Lehrkräfte, besonders wenn sie neben dem BRU ein berufsbezogenes Fach vertreten, eine besondere Vermittlerfunktion einnehmen. Dafür müssen staatliche Lehrkräfte jedoch stärker als bisher in den Fokus der kirchlichen BRU-Verantwortlichen kommen: Der BRU braucht die Perspektive und den fachübergreifenden Sachverstand staatlicher Lehrkräfte in der Aus-, Fort- und Weiterbildung. Und in der schulischen Praxis könnte der verstärkte Dialog zwischen kirchlichen und staatlichen BRU-Lehrkräften dazu beitragen, die gegenseitigen Vorurteile der „nur beruflichen" und der „allgemeinbildenden" bzw. „berufsübergreifenden" Fächer abzubauen zugunsten einer kreativen Zusammenarbeit. Die Kirche sollte sich gerade in der aktuellen Diskussion um die Grenzen und Möglichkeiten des Berufsbezugs im BRU stärker darum bemühen, diese Lehrerinnen und Lehrer mit ins Boot „ihres" BRU zu holen.[5]

Der BRU kann aus seiner Tradition der Biographiebegleitung und der konsequenten Schülerorientierung heraus allen Forderungen nach Kompetenzorientierung und Berufsbezügen selbstbewusst begegnen. Er sollte dabei ebenso selbstbewusst nicht alle seine Anliegen in berufliche Situationen zu übersetzen versuchen, denn auch das Unübersetzbare muss im BRU deutlich werden, dies macht seine eigene Unersetzbarkeit aus (Meyer-Blanck, 2012). Aus dieser Haltung heraus stellt die Diskussion über den Berufsbezug im BRU eine Chance zum Dialog und zur Stärkung des Religionsunterrichts an beruflichen Schulen dar.

Literatur

Beck, J., Mödinger, W. & Schmid, S. (2007). *Marketing: Grundlagen und Instrumente* (2. Auflage). Haan-Gruiten: Europa Lehrmittel.

---

5   In NRW werden beispielsweise ca. 75% des BRU von kirchlichen Lehrkräften erteilt, welche jedoch nur etwa 25% der BRU-Lehrkräfte insgesamt ausmachen. Auch die Stellen der so genannten „Bezirksbeauftragten" für den BRU sind z.Z. ausschließlich mit Pfarrerinnen und Pfarrern besetzt. Entsprechend liegt auch die von den Kirchen zu leistende religionspädagogische Fortbildung sowie der organisatorische Kontakt zu Schulleitungen und Bezirksregierungen weitgehend in deren Hand.

Büro der Evangelischen Landeskirchen Düsseldorf, Katholisches Büro NRW & Kommissariat der Katholischen (Erz-) Bistümer in NRW (Hrsg.) (1998). *Berufsausbildung in Nordrhein-Westfalen: Kompetenzbildung mit Religionsunterricht.* Düsseldorf.

Dieckerhoff, W., Friedrichs, K., Jung, C. & Manegold, K. (2011). *Wirtschaftslehre für höhere gewerbliche Vollzeitschulen.* Troisdorf: Bildungsverlag Eins.

Gerber, U. (2006). Wiederkehrende Fragen und Probleme des BRU. In Gesellschaft für Religionspädagogik & Deutscher Katechetenverein (Hrsg.), *Neues Handbuch Religionsunterricht an berufsbildenden Schulen (BRU-Handbuch).* Neukirchen-Vluyn: Neukirchener.

Horstmann, D. (1999/2003). Berufsbezug oder umfassende Handlungskompetenz? In Evangelische Kirche im Rheinland Abteilung Erziehung und Bildung (Hrsg.), *Berufsbezug im Religionsunterricht: Werkheft für das Berufskolleg* (2. überarbeitete und erweiterte Auflage). Düsseldorf.

Marchewka, B. (2007). *Wirtschafts- und Sozialkunde: Prüfungsvorbereitung für gewerblich-technische Berufe* (2. Auflage). Troisdorf: Bildungsverlag Eins.

Märkt, C. & Schnabel-Henke, H. (2012). Umgang mit Geld – Was heißt gerecht wirtschaften? In Schweitzer, F., Ruopp, J. & Wagensaumer, G., *Wertebildung im Religionsunterricht: Eine empirische Untersuchung im berufsbildenden Bereich* (S. 206–210). Münster: Waxmann.

Mayer, R. (2006). Berufsbezogene Ansätze in der Berufspädagogik. Zur Geschichte des BRU aus evangelischer Sicht. In Gesellschaft für Religionspädagogik & Deutscher Katechetenverein (Hrsg.), *Neues Handbuch Religionsunterricht an berufsbildenden Schulen (BRU-Handbuch).* Neukirchen-Vluyn: Neukirchener.

Meyer-Blanck, M. (2012). *Die Religion des BRU: Impulsreferat zur Beiratssitzung des Bonner evangelischen Instituts für berufsorientierte Religionspädagogik am 8. März 2012.*

Ministerium für Schule und Weiterbildung des Landes Nordrhein-Westfalen (Hrsg.) (2006). *Lehrplan zur Erprobung für das Fach Evangelische Religionslehre im Berufskolleg für den Bildungsgang der Berufsschule Berufsgrundschuljahr gemäß Anlage A5 der APO–BK und für die Bildungsgänge, die zu einem Berufsabschluss nach Landesrecht und zum mittleren Schulabschluss (Fachoberschulreife) oder zu beruflicher Grundbildung und zum mittleren Schulabschluss (Fachoberschulreife) führen gemäß Anlage B der APO–BK.* Düsseldorf.

Nuding, H. & Haller, J. (2007). *Wirtschaftskunde.* Stuttgart: Ernst Klett.

Obermann, A. (2011). Der kategoriale Berufsbezug des BRU: Überlegungen zu einem „alten" Thema aus berufspädagogischer Sicht. *BRU. Magazin für den Religionsunterricht an berufsbildenden Schulen* (hrsg. v. der Gesellschaft für Religionspädagogik Villigst e.V), *55,* 48–49.

Religionspädagogische Institute der Landeskirchen (ALPIKA), Comenius-Institut der EKD, Arbeitsgemeinschaft Evangelischer Erzieher in Deutschland (AEED) & Gesellschaft für Religionspädagogik in Villigst (Hrsg.) (o. J.). *Situation und Perspektiven des Religionsunterrichts an Berufsbildenden Schulen in Deutschland.*

Religionspädagogisches Institut der Evangelischen Kirche in Hessen und Nassau (Hrsg.) (2005). *Zur Situation des Fachs Evangelische Religion an Berufsbildenden Schulen im Bereich der Evangelischen Kirche in Hessen und Nassau (EKHN). Ein Bericht des Terminierten Fachausschusses an den Gesamtkirchlichen Ausschuss für den Religionsunterricht.* Darmstadt.

Siebel, K.-T. (2006). Lehrbücher im BRU. In Gesellschaft für Religionspädagogik & Deutscher Katechetenverein (Hrsg.), *Neues Handbuch Religionsunterricht an berufsbildenden Schulen (BRU-Handbuch).* Neukirchen-Vluyn: Neukirchener.

Siebel, K.-T. & La Gro, J. (2006). BRU seit 1970. In Gesellschaft für Religionspädagogik & Deutscher Katechetenverein (Hrsg.), *Neues Handbuch Religionsunterricht an berufsbildenden Schulen (BRU-Handbuch).* Neukirchen-Vluyn: Neukirchener.

Wehmeier, E. (2006). Wirtschaftsethik. In Gesellschaft für Religionspädagogik & Deutscher Katechetenverein (Hrsg.), *Neues Handbuch Religionsunterricht an berufsbildenden Schulen (BRU-Handbuch).* Neukirchen-Vluyn: Neukirchener.

Ferdinand Herget

Kompetenzorientiert lernen durch Lernaufgaben

Kompetenzorientierter RU fördert den Erwerb vernünftiger Orientierungs- und Handlungsfähigkeit von Schülerinnen und Schülern bei religiös-weltanschaulichen Themen. Wesentliches Mittel dafür ist problemlösendes Lernen, weil es die Entfaltung schöpferischen Denkens und Handelns unterstützt, Schülerinnen und Schülern das Verstehen religiöser Fragen ermöglicht und neue Einsichten gewinnen lässt. Lernaufgaben sind dafür ein zentrales didaktisches Anregungs- und Steuerungsinstrument. Wie können Lernaufgaben das leisten? Die religionsdidaktische Diskussion hat in vielfacher Weise die Frage behandelt, welche Inhalte für Lernaufgaben geeignet sind. Bislang liegen aber kaum Erkenntnisse vor, die den Zusammenhang zwischen Lernaufgaben und Problemlösen behandeln. Im Rückgriff auf Erkenntnisse der Denkpsychologie werden hier wesentliche Prinzipien zur Erstellung von Lernaufgaben entwickelt.

1. Grundlagen: Religionsunterricht, Kompetenzorientierung und Problemlösen

1.1 Die neue Herausforderung an den Religionsunterricht durch die Kompetenzorientierung: religiöses Lernen als Problemlösen

Die Forderungen nach der Befähigung zur Selbstorganisation, Eigenverantwortung, Flexibilität, Selbstwirksamkeit, Selbstreflexion oder Selbststeuerung des Lernenden hat im Zuge bildungspolitischer (Employability, Kompetenzorientierung), bildungstheoretischer (Mündigkeit) und lerntheoretischer (Konstruktivismus) Diskussionen auch die Frage nach der Eigenart der unterrichtlichen Lehr-Lern-Prozesse aufgeworfen. Ergebnis des schulischen Lernens soll die Kompetenz sein, in herausfordernden Situationen, für die bislang keine Lösungsregeln zur Verfügung stehen und die daher nicht einfach nach einem bekannten Schema bewältigt werden können, in schöpferischer Weise Lösungsverfahren zu entwickeln und auch unter Berücksichtigung von Werten und Normen anzuwenden (Leutner, Fleischer, Wirth, Greiff & Funke, 2012, S. 35; Heyse, Erpenbeck & Michel, 2002, S. 11; Klieme, Funke, Leutner, Reimann & Wirth, 2001, S. 185). Diese grundlegende, domänenübergreifende Fähigkeit heißt Problemlösekompetenz und gilt als ein zentrales Qualifikationsziel schulischen Lernens. Problemlösekompetenz ist erforderlich, weil sich nicht für alle möglichen Situationen vorab Lösungsregeln erstellen lassen. Das neue Ziel, im Unterricht den Erwerb von Problemlösekompetenz zu fördern, hat zuerst vor allem in der Mathematikdidaktik das Problemlösen und im Besonderen die Erforschung von Aufgabenstellungen in den

Blick gerückt. „Entscheidend für die Motivierung des Lernens und für ein verständnisvolles Erschließen von Wissen sind die Aufgabenstellungen, an denen Schülerinnen und Schüler neuen Stoff im mathematisch-naturwissenschaftlichen Unterricht erarbeiten" (Baumert, 1997, S. 88). Damit knüpfte man an eine Forschungstradition an, die im vergangenen Jahrhundert u.a. Walther Poppelreuter, Martin Wagenschein oder Karlheinz Tomaschewsky geprägt hatten. Vor allem Martin Wagenschein hat die Bedeutung der Motivation der Schüler *aus der Sache selbst* immer wieder hervorgehoben, um echtes Verstehen zu erzielen (Wagenschein, 2013, S. 87). Die Wirkung der genannten Autoren auf den Unterrichtsalltag blieb allerdings gering, weil der vom Behaviorismus und später Kognitivismus geprägte didaktische Mainstream den Ideen einer willkürlichen externen Steuerung der Lernprozesse durch Lohn und Strafe einer Unzugänglichkeit der Denkprozesse (Geist als black-box) oder deren technischer Simulation durch Computerprogramme verhaftet blieb. Das verhinderte vor allem die Erforschung komplexer Problemlöseprozesse, wie sie für den Unterricht typisch sind.

Mit der kirchlichen Rezeption von Bildungsstandards und der Kompetenzorientierung Anfang 2000 rückte die Frage nach der Gestaltung von Aufgaben als schüleraktivierende Unterrichtseinstiege ins Blickfeld religionsdidaktischer Forschung (z.B. Kemmler, 2008; Obst, 2008; Peter, 2009; Gnandt, 2011; Leisen, 2010). Bislang ist die Diktion uneinheitlich, man spricht u.a. von Lernsituationen, Anforderungssituationen, Lernanlässen oder Lernaufgaben. Übereinstimmung besteht weitgehend über die Funktionen solcher Einstiege im Unterricht: Sie dienen dem Kompetenzerwerb und sollen Schüler/n

- anregen, selbständig, eigenverantwortlich oder selbstorganisiert zu lernen,
- ermöglichen, neues Wissen und Können zu erwerben und nicht einfach bekannte Verfahren abzuarbeiten,
- ermöglichen, sich lebendiges Wissen anzueignen,
- vor Herausforderungen stellen,
- vollständige, zielbezogene Handlungen abverlangen.

Deshalb sind Lernaufgaben vor allem Problemlöseaufgaben (Obst, 2008, S. 185; siehe auch Sajak & Feindt, 2012, S. 90). Im Folgenden werden Lernaufgaben als die unterschiedlichen Lehr- und Lernformen zugrunde liegende *Struktur* verstanden, die Problemlösen anregt und fördert. Lernaufgaben können z.B. als Lernsituationen, Dilemma-Situationen, Lernfelder oder -bereiche, Projekt- oder Frontalunterricht gestaltet sein.

1.2 Problemlösen im Religionsunterricht oder: Ist die Frage nach Gott ein Problemlöseprozess im denkpsychologischen Sinn?

Zentrales Ziel des RU ist, Schüler zu verantwortlichem Denken und Handeln im Hinblick auf Glaube und Religion zu befähigen. Deshalb stellt der RU das Wechselspiel zwischen Schüler und Inhalt in den Mittelpunkt. Dass dieses Wechselspiel ein Problemlöseprozess ist, hat bislang in der religionsdidaktischen Diskussion kaum eine

Rolle gespielt. Daher ist zuerst zu klären, ob Fragen stellen und Antworten suchen im Religionsunterricht als Problemlöseprozesse verstanden werden können.

Die Selbstmitteilung Gottes muss sich nach christlicher Auffassung ein Mensch erschließen, um sie zu verstehen und annehmen zu können. Eugen Biser hat diesen Prozess eingehend analysiert (Biser, 1982). Eine denkpsychologische Interpretation seiner Befunde zeigt, dass die Frage nach Gott auch als ein Problemlöseprozess gelesen werden kann. Dabei liegt das Spezifische der Gottesfrage nicht im Prozess als solchem, sondern in dem das eigene Geschick bestimmenden Ernst und der existenziellen Herausforderung, die mit ihrer Beantwortung verbunden ist. Das Ziel der Gottesfrage ist, sich über sich selbst und die Welt Gewissheit zu verschaffen und nicht allein sich Wissen anzueignen. Biser unterscheidet drei Phasen: *Unklarheit, Krise, Antwort*. Diese drei Phasen entsprechen denkpsychologisch den Abschnitten der *Präparation, Inkubation* und *Illumination*. Die Gottesfrage bricht nach Biser in einer Situation der *Unklarheit* über den Sinn des eigenen Lebens auf. Sie muss nicht von außen andoziert werden, sondern springt in Lebenssituationen auf, die der Mensch auf ihren tieferen Sinn hin verstehen will. Das kann eine Krise im Selbstverständnis sein, in der die dauerhafte Sinnlosigkeit des eigenen Seins und Tuns erlebt wird, wie auch eine Erfahrung überbordender Freude, die auf unvergängliches Glück verweist. Denkpsychologen sprechen von der Phase der *Präparation*. Der menschliche Geist spielt sich mehr oder minder lang auf ein Problem ein. Das Problem tritt aber erst ins Bewusstsein, wenn sich ein Ziel damit verbindet. Dann identifiziert sich der Mensch mit dem Problem: Es wird zu seiner Aufgabe. Die zweite Phase bezeichnet Biser als *Konflikt*, in der Denkpsychologie spricht man von *Inkubation*. Für Biser hat sie ein aktives Moment der geschärften Reflexion der Sachlage, die zugleich mit einem Verlust der Sicherheiten im Umgang mit der Wirklichkeit einhergeht. Die alten Antworten, Regeln, Gesetze, Algorithmen, Selbstverständlichkeiten oder Gewohnheiten tragen nicht mehr und die neuen sind noch nicht gefunden. Zugleich hat sie ein passives Moment, das als tiefste Beunruhigung erlebt wird, weil die Gründe nicht mehr tragen und alte Denkmuster zerbrechen. Diese Phase gleicht einem Reifungsprozess, bei dem sich Zeiten intensivster Auseinandersetzung mit Zeiten völliger Abkehr und absichtlicher Ablenkung abwechseln. Das kann als Entmächtigung im Denken erlebt werden: Der Denker wird gewissermaßen zum Zeugen der Denkbewegungen, ohne dass er aktiv eingreifen kann. In der von Biser analysierten dritten Phase der *Antwort* schlägt die Suche in das Empfangen der Lösung um. Die Frage nach Gott verwandelt sich in ein gewisses Erleben einer Antwort, die dem Denker ein neues Fundament gewährt. Das weist starke Parallelen zur denkpsychologisch sogenannten Phase der *Illumination* bzw. des Geistesblitzes auf. Alles Problemlösen hat – neben der aktiven Suche nach der Lösung – auch ein pathisches Moment. Die Lösung kann nicht einfach gemacht werden, sondern muss erwartet werden: Sie wird immer auch vorgefunden. Das aktive Bemühen kann den entscheidenden Umschlag nicht erzwingen. In der Illumination empfängt der Mensch vom Objekt seiner Erkenntnis eine starke Vergewisserung, die oftmals mit besonderem Glückserleben verbunden ist.

Wenn das Wechselspiel von Person und Inhalt im RU auch als Problemlöseprozess beschrieben werden kann, sind Lehr-Lern-Arrangements erforderlich, die das Problemlösen anregen, fördern und unterstützen, indem sie die Neugier eines Schülers wecken, ihn zum Zugehen auf den Inhalt ermutigen und Störungen dieses Wechselspiels (starre Lenkung seines Interesses, Festlegung von Fragerichtungen, unangemessenen Zeitdruck, Ablenkung durch Nebenziele usw.) vermindern.

2.   Denkpsychologische Theorien des Problemlösens im Religionsunterricht

Die denkpsychologische Forschung zum Problemlösen findet in der katholischen religionspädagogischen Literatur bislang kaum Widerhall. Das ist erstaunlich, weil Menschenbild, denkpsychologische Konzepte und Gestaltung von Lehr-Lern-Prozessen miteinander verzahnt sind (Herget, 2000). Deshalb hängt die Frage, wie Lernaufgaben zu konstruieren sind, wesentlich von den theoretischen Konzepten über das Problemlösen ab.

2.1   Zwei denkpsychologische Ansätze in der Religionsdidaktik: abduktive Korrelation und Gestalttheorie

Bislang hat die religionspädagogische Diskussion sich zumeist auf die Rezeption lernpsychologischer Theorien wie der Lerntheorie des Strukturalismus oder des Konstruktivismus beschränkt und damit auch unkritisch deren Vorstellungen vom Problemlösen übernommen. Diese Ansätze stützen sich auf ein Lernmodell, das das assoziative Merken und das Reproduzieren von Wissensbeständen in den Mittelpunkt stellt. In letzter Konsequenz ist Lernen ein Prozess der Instruktion durch den Lehrer und der Wiederholung des Gemerkten durch den Schüler (Baptist, 2000; Riegel, 2007). Bislang lassen sich zwei Ansätze der Rezeption von Problemlösungstheorien in der Religionspädagogik ausmachen, der der abduktiven Korrelation (Ziebertz, Heil & Prokopf, 2003), der die Schlusstheorie von Charles S. Peirce (1839–1914) auf das Lernen im RU anwendet, und der problemzentrierte Ansatz Hergets, der die Übernahme der Gestalttheorie zum Problemlösen (Herget, 2000) diskutiert.

Das Modell der abduktiven Korrelation geht von den Begreifprozessen der Schülerinnen und Schüler aus, die für sich etwas Neues entdecken. Problemlösen wird als ein Schließen von einer Summe von erklärungsbedürftigen Fakten auf ein diese verbindendes Allgemeines, eine Theorie, definiert (Hoffmann, 2003). Das ist gegenüber den o.e. Ansätzen ein fundamentaler Unterschied, weil es den Kern des Problemlösens als Entdecken von Neuem und nicht bloß als Assoziation von Elementen sieht und den Schüler als Subjekt eines Entdeckungsprozesses begreift und nicht als Anwender definierter Lösungsregeln. Die Theorie der abduktiven Korrelation ermöglicht so einen neuen Blick auf das religiöse Lernen: Bislang galten vor allem die Vorerfahrungen besonders in Gestalt der religiösen Sozialisation durch Elternhaus und Gemeinde als maßgebliche Bedingung für das Gelingen religiösen Lernens. Aus Sicht der Abduktion kommt ein weiterer, die Vorerfahrung relativierender Faktor hinzu: Das Entdecken von Neuem als Grund für das Gelingen religiösen Lernens. Die abduktive Korrelation vermag aber bislang keine Theorie des Entdeckens von Neuem zu liefern. Sie führt es auf das Aufdecken einer immer schon vorhanden, aber noch nicht bekannten Beziehung zwischen der Lebenswelt eines Schülers und überlieferten religiösen Deutungssystemen zurück. Lernen gleicht dem Ausleuchten eines dunklen Raumes mit einer Taschenlampe. Der Schüler weiß schon alles, es ist ihm nur noch nicht bewusst. Damit muss die abduktive Korrelation ein unbewusstes Lernen annehmen. Das ist empirisch aber schwer verifizierbar.

Die Gestalttheorie der Berliner Schule geht über die Abduktion vor allem in zweifacher Weise hinaus (Wertheimer, 1964). Sie bricht mit der Engführung produktiver Prozesse als logischer Schlussprozess, indem sie problemlösendes Denken als zielbezogene Umstrukturierung beschreibt, zu dem in gleicher Weise heuristische wie logische Operationen gehören. Darüber hinaus sieht sie als einen wichtigen Bestandteil von Problemlösen, dass erst Lösungsverfahren (Algorithmen) gefunden werden müssen, also der Rückgriff auf Vorwissen nicht immer genügt.

2.2 Grundannahmen der Gestalttheorie zum Problemlösen

Im Anschluss an Duncker wird eine Situation als ein Problem bezeichnet, wenn ein Mensch ein Ziel hat, aber nicht weiß, wie er es erreichen kann (Duncker, 1966, S. 1). Problemlösen ist der psychische Prozess der Überwindung des Hindernisses, so dass das Ziel erreicht werden kann. Problemlösendes Denken ist die Grundlage sinnvoller und sachgerechter Gestaltung der Lebenswelt. Mit Problem ist keine persönliche Schicksalssituation gemeint, die ggf. therapeutisch zu behandeln ist.

Problemlösen wird immer von mehr oder weniger starken Emotionen begleitet, gefördert oder gehemmt (Metzger, 1967; siehe auch Betsch, Funke & Plessner, 2011). Dazu gehört das Zutrauen in die eigenen Fähigkeiten und die Zuversicht, eine Aufgabe anpacken und lösen zu können, genauso wie die Angst vor der Herausforderung, das Zurückschrecken vor der Mühe, die Ungeduld beim Nachdenken und die überschwängliche Freude beim Lösen der Aufgabe. Daneben können Eingriffe von außen, z.B. Vorgaben von Zeit, von Lösungsregeln, von ungeeigneten Fragen die Entfaltung problemlösenden Denkens verhindern (Soff, 2001; Metzger, 1962). Im Folgenden wird es ausschließlich um die Problemlöseprozesse selbst gehen und nicht um die fördernden und hemmenden Randbedingungen.

Beim problemlösenden Lernen kreist das Denken um die vier Pole *Ziel/Aufgabe*, *Material*, *Lösungsablauf* und *Lösung*:

1. Das *Ziel* ist das, was man erkennen, erreichen, wissen oder verwirklichen will. Aus dem Ziel entfalten sich eine *Aufgabe* oder ein *Aufgabenspektrum*. Das sind Forderungen, die beschreiben, was zu tun ist, um das Ziel zu erreichen.
2. Das *Material* ist alles, was Gegenstand des Tuns aufgrund der Forderungen der Aufgabe wird.

3. Beim *Lösungsablauf* werden Inhalt und Abfolge der einzelnen Lösungsschritte geplant, realisiert und mit der Aufgabe abgeglichen.

4. Die *Lösung* ist das Produkt des Problemlöseprozesses, das das Ziel erreichen lässt. Lösungen können u.a. Gedanken, Formeln, Werkzeuge und Verfahren sein. Mit der erfolgreichen Durchführung der Lösung kommt der Prozess an ein (vorläufiges) Ende.

Das Ziel des Denkens ist, die vier Pole zu klären und miteinander in Beziehung zu setzen. Daher ist das Problemlösen ein dynamischer, nichtlinearer Prozess, bei dem das Denken häufig zwischen den Polen Ziel/Aufgabe, Material, Lösungsablauf und Lösung hin- und herwechseln kann, bis es eine Klärung erreicht hat. Beim Problemlösen besteht über wenigstens einen der vier Pole eine unzureichende Auffassung, so dass das Ziel nicht erreicht wird. Dann entsteht ein Konflikt zwischen dem angestrebten Ziel und seiner Erreichung. Normalerweise sind im Unterricht mehrere der vier Pole unklar. Das erfordert einen gründlichen Klärungsprozess, an dessen Ende ein Schüler eigenständig formuliert, welches Ziel er hat und welche Aufgaben sich daraus ableiten, welches Material ihm zur Verfügung steht, welchen Lösungsablauf er plant und wie die Lösung aussehen soll. Aus dem Ziel leitet sich oftmals eine Kaskade von Teilaufgaben ab. Deren Abarbeiten ist in gleicher Weise ein Problemlöseprozess. Bei der Klärung der vier Pole können die heuristischen Fragen Dunckers verwendet werden (Duncker, 1966, S. 28). Sie bilden eine Grundstruktur von Fragen, die Schüler anwenden können, um Probleme zu lösen.

Ziel-/Aufgabenanalyse	Was will ich eigentlich? Was ist gefragt? Was kann ich entbehren? Was ist nicht gefragt?
Materialanalyse	Was kann ich brauchen oder umfunktionieren? Was habe ich schon? Welche Materialien brauche ich noch?
Analyse des Lösungsablaufs	Wie muss ich vorgehen? Wie muss der Prozess ablaufen?
Konfliktanalyse	Warum geht es eigentlich nicht? Was ist der Grund des Übels?

Für den Unterricht und damit das Vertrautmachen mit dem Problemlösen gibt es unterschiedliche Konstruktionswege, um die Balance zwischen Unter- und Überforderung der Schüler zu vermeiden und sie vor eine echte Herausforderung zu stellen. Das Ziel bzw. die Aufgabe können sehr eindeutig bis zu sehr vage formuliert sein. Das Material kann vollständig vorgegeben werden bis dahin, dass alles Material selbständig gesucht und ausgewählt werden muss. Schließlich kann der Ablauf der Lösung vorgegeben sein oder die Schüler können den Ablauf vollständig selbst planen.

2.3 Anregungen zum Nachdenken schaffen: zur Konstruktion von Lernaufgaben durch Vergleiche

Die grundlegende Forderung an einen problemlösenden Unterricht lautet, Schüler in eine Situation zu führen, die zum Nachdenken führt. Nur dann entzünden sich bei ihnen Fragen, nur dann wollen sie etwas wissen, nur dann ist ihr Interesse geweckt. Anders formuliert: Das tendenziell problemarme Feld muss in ein problemhaltiges umgewandelt werden. Das sollen Lernaufgaben leisten. Lernaufgaben unterstützen das Aufbrechen einer echten Frage beim Schüler besser, als es oftmals ein einfacher Unterrichtsbeginn mit der Angabe des Themas oder eine einfache Lehrerfrage tun (z.B. „Wir wollen heute den Aufbau des Lukas-Evangeliums besprechen", „Ist es sinnvoll, an Gott zu glauben?", „Schaut Euch einmal diese Bilder an, die Menschen in einer Überflussgesellschaft und Menschen, die hungern, zeigen"). Eine geeignete Lernaufgabe führt dazu, dass ein Schüler ein ihn anziehendes Ziel erreichen will und deshalb seinen eigenen Kopf gebraucht, um neues Wissen oder Können zu erwerben.

2.3.1 Inhalte für Lernaufgaben finden: das heuristische Schema Kemmlers

Bedeutende Erkenntnisse liegen bereits für die *inhaltliche* Bestimmung von Handlungssituationen und die daraus abzuleitenden Lernsituationen bzw. Lernaufgaben vor. U.a. hat Kemmler eine Klassifikation zur Identifizierung von Themen und Inhalten für den RU vorgelegt, die sich als äußerst geeignet erweist, lebensnahe Situationen zu identifizieren, die das Interesse von Schülern wecken können.

Kemmler spricht im Zusammenhang von Lernaufgaben von Anforderungssituationen. Das sind Herausforderungen, die dem Menschen im beruflichen, privaten und gesellschaftlichen Bereich begegnen und für die im RU Deutungs-, Entscheidungs- und Handlungsmodelle bereitgestellt, erarbeitet, reflektiert und eingeübt werden (Biesinger, Kemmler & Schmidt, 2010, S. 8). „Anforderungssituationen nehmen nicht nur gegenwärtige und zukünftige Handlungssituationen in den Blick, sondern ermöglichen auch eine rückwärtsblickende Deutung und Beurteilung vergangener privater oder gesellschaftlicher, evtl. auch bereits beruflicher Ereignisse, Schicksale und Widerfahrnisse" (Kemmler, 2010, S. 26). Für die Identifikation von Anforderungssituationen wird ein heuristisches Schema zur Verfügung gestellt:

Anforderungssituationen aus den drei Lebensbereichen Privat, Beruf, Gesellschaft	Geförderte Kompetenzen
Probleme auf der Verstehensebene: Fragen, die zu klären, zu beantworten oder zu beurteilen sind	Wahrnehmungs- und Deutungskompetenz
Existentielle Grundfragen: Wichtige Lebensfragen, mit denen sich Menschen auseinandersetzen	Wahrnehmungs- und Deutungskompetenz
Persönliche, gesellschaftliche und berufliche Entscheidungen: Entscheidungen, die getroffen werden müssen	Urteils- und Entscheidungskompetenz
Aufgaben aus allen drei Lebensbereichen, die zu bewältigen sind: Mehr oder weniger große Projekte	Gestaltungskompetenz
Werturteile, die gefunden werden müssen: moralische und ethische Entscheidungen	Urteils- und Entscheidungskompetenz

Zweifelsohne besitzt eine solche Klassifikation von Inhalten allergrößten Wert, um Anforderungssituationen aufzuspüren und für den Unterricht fruchtbar zu machen. Zu bedenken ist allerdings, dass eine Anforderungssituation erst didaktisch für den Unterricht aufbereitet werden muss, um im Unterricht tatsächlich wirksam zu werden. Wie eine solche Situation didaktisch aufzubereiten ist, soll nun unter Rückgriff auf die denkpsychologischen Befunde erläutert werden.

2.3.2 Denkanregungen mit Lernaufgaben schaffen: Vergleiche erzeugen kognitive Dissonanzen

Eine gute Lernaufgabe erzeugt beim Schüler eine kognitive Dissonanz, also das Erkennen von Widersprüchen oder Gegensätzen in einer Situation. Methodisch können Dissonanzen durch Vergleiche angeregt werden.

Kognitive Dissonanzen entstehen, wenn Gegebenes miteinander verglichen werden kann. Im Grundfall werden beim Vergleich zwei Inhalte miteinander in Beziehung gesetzt. Dabei bildet ein Inhalt eine Norm im weitesten Sinne, an der der andere gemessen, beurteilt, bewertet oder nachgeprüft wird (z.B.: „X ist groß verglichen mit anderen dreijährigen Kindern"). Was zur Norm wird, hängt vom Wechselspiel der Kräfte in der aktuellen Situation, den Bedingungen im Individuum und der kulturellen Umgebung ab. Zu den Kräften der aktuellen Situation können Inhalte werden, die einen starken Aufforderungs- oder Abstoßungscharakter haben und dem Individuum erstrebenswert oder abstoßend erscheinen. Zu den subjektiven Bedingungen gehören längerfristig wirksame Dispositionen wie Reife, kognitive Fähigkeiten, Charakter usw., aber auch kurzfristig wirkende Faktoren wie Aufmerksamkeit, Stimmung oder Gesprächsklima. Kulturelle Einflüsse stellen Muster des Üblichen und Normalen (Sitte), aber auch Rituale, Traditionen, Werte, Sprache oder Symbole bereit, die der einzelne mehr oder weniger überlegt aufnimmt bzw. zu denen er sich verhält.

Kognitive Dissonanzen haben häufig einen starken Aufforderungscharakter. Sie ziehen die Aufmerksamkeit auf sich und regen Denken und Handeln an. Das Erfassen von Dissonanzen ist oft von starken Emotionen begleitet, die von Freude an der Aufgabe bis hin zur Abwehr der Aufgabe durch offene Rebellion oder stille Verweigerung reichen können. Denn kognitive Dissonanzen erzeugen auch starke Abwehr (Tendenz zum problemarmen Feld). Der Geist will sich möglichst auf gewohnten Pfaden bewegen, um mit geringem Aufwand ein Ziel zu erreichen. Man begnügt sich mit Scheinwissen oder Scheinkönnen, um sich irgendwie durchzuwursteln, wenn ein Ziel nur mühsam erreicht werden kann (Poppelreuter, 1933).

Zu unterscheiden sind explizite, ausdrücklich gegebene und implizite, einschlussweise gegebene Vergleiche. Beim expliziten Vergleich werden die Vergleichspunkte ausdrücklich benannt, beim impliziten Vergleich nur einer der beiden.

Explizite Vergleiche sind eine bewährte Methode, die auch im NT vielfach Anwendung findet.

Das Gleichnis vom verlorenen Sohn enthält einen expliziten Vergleich, indem es das Verhalten beider Söhne gegenüber dem Vater miteinander in Beziehung setzt (Lk

15,11–32). Auch andere Gleichnisse wie das Gleichnis vom barmherzigen Samariter (Lk 10, 25–27) oder von den Talenten (Mt 25,14–30) bedienen sich dieses Verfahrens. Ein expliziter Vergleich kann auch aus einer Beziehung zwischen einem Ist-Zustand und einem Soll-Zustand entstehen, den man erreichen möchte („Wir wissen nicht, was Kompetenzorientierung ist, wollen es aber am Ende unseres Kurses wissen").

Beim *impliziten* Vergleich wird entweder der normierende oder der normierte Vergleichspunkt nicht ausdrücklich erwänt, weil er als geläufig eingeschätzt wird. „Er hat Gott gelästert! Was bedürfen wir weiteres Zeugnis?" (Mt 26, 65) ist ein impliziter Vergleich, weil der normierende Punkt, die Regeln zur erlaubten Rede über Gott, allen bekannt sind und nicht eigens benannt werden muss. In vielen Situationen werden implizite Vergleiche verwendet, weil die Norm das individuell oder gesellschaftlich Übliche, Normale oder Regelmäßige ist. Implizite Vergleiche können im Unterricht zu Missverständnissen führen, schlimmstenfalls zum Verweigern des Nachdenkens oder zu lautstarkem Widerstand. Oftmals beurteilen Schüler Sachverhalte, indem sie sie implizit mit einem Sachverhalt ihrer Erfahrungswelt in Beziehung setzen und daraus ein Urteil ableiten. Dann sind ihre Urteile schwer zu verstehen, weil ihre Norm nicht ausdrücklich erwänt wird. Das kann zu Fehleinschätzungen der Äußerungen von Schülern führen, weil ihr Vergleichspunkt nicht bekannt ist. Daher ist es ein vorrangiges Ziel des Unterrichts, implizite Vergleiche in explizite zu verwandeln. Erst auf dieser Basis ist ein echter Dialog möglich.

2.3.3 Lernaufgaben in der Unterrichtspraxis

Die Diskussion der denkpsychologischen Ergebnisse hat für die Konstruktion von Lernaufgaben vor allem zwei wesentliche Befunde erbracht:
1. Das Lösen von Lernaufgaben ist ein Problemlöseprozess, der anspringt, wenn das Denken ein Ziel hat, das es nicht erreichen kann.
2. Ein problemarmes Feld kann durch einen Vergleich, der eine kognitive Dissonanz erzeugt, in ein problemhaltiges Feld verwandelt werden.

Daraus lassen sich für Lernaufgaben folgende Konstruktionsmerkmale ableiten. Eine Lernaufgabe wirkt dynamisch, wenn
- sie einen *Vergleich* zwischen normalerweise zwei Positionen ermöglicht, die im Widerspruch zueinander stehen;
- der Widerspruch für den Schüler *anschaulich* ist, so dass er erfassen kann, wo der Widerspruch liegt;
- eine der beiden Positionen vorzugsweise der engeren oder weiteren *Lebenswelt* des Schülers entnommen ist, so dass seine eigene Meinung Ausdruck findet und
- sie ein *Ziel* enthält, das zu erreichen eine *Herausforderung* ist.

Anhand eines Beispiels soll das Gemeinte verdeutlicht werden:

Mein Neffe ist vor einem halben Jahr tödlich verunglückt. Vor der Beerdigung kam es zu einem heftigen Streit in seiner Familie. Der Vater lehnte eine kirchliche Beerdigung ab: „Wenn es einen Gott gäbe, hätte er geholfen. Ich glaube nicht mehr an ihn. Deshalb will ich auch keinen Pfarrer sehen." Die Mutter und die Tochter wollten unbedingt eine kirchliche Feier: „Erst jetzt wissen wir so richtig, warum wir an Gott glauben. Wir wollen auf keinen Fall auf die Kirche verzichten."

Entwerfen Sie ein Rollenspiel zwischen Vater, Mutter und Tochter, bei dem die Frage geklärt wird, wie ein allmächtiger und gütiger Gott das Leiden in der Welt zulassen kann.

Diese Lernsituation enthält zwei verschiedene Positionen, die ausdrücklich benannt werden. So wird ein *Vergleich* zwischen der Position des Vaters und der Mutter bzw. Schwester möglich. Das wirkt auf das Denken anziehend, weil die Situation unklar ist und auf Bereinigung drängt. Die Sachlage ist *anschaulich*, weil sie eine (zumindest für eine bestimmte Schülergruppe) mögliche Situation enthält. Indem z.B. der Vater eine bei Schülern vorfindbare Meinung ausdrückt, kann sich ein Schüler mit dieser Position *identifizieren*. Das ermöglicht ihm, seine für ihn selbst noch nicht hinreichend durchdachte Position klärend in den Blick zu nehmen und ihre Tragfähigkeit für ihn zu erforschen. Die Angabe eines Ziels macht aus dem Aufeinandertreffen von zwei Positionen schließlich ein zu lösendes Problem.

Die Lehrkraft hat dabei die genaue Klärung der Lernsituation zu fördern und zu unterstützen (z.B.: „Worum geht es? Welche Positionen liegen hier vor? Was sagt der Vater? Was sagen Mutter und Tochter?"). Auch diese Phase erfordert viel Zeit und Freiraum für die Schüler, um sich gedanklich auf die Situation einzuspielen. Das kann durch Maßnahmen unterstützt werden, wie die, die Meinungen bewerten zu lassen, die Geschichte noch einmal zu erzählen, nachzuspielen oder Fragen sowie Anmerkungen auf Moderationskarten formulieren zu lassen.

Aus dieser Sachlage entfalten sich u.U. ganze Kaskaden weiterer Teilaufgaben, die der Suche nach dem geeigneten *Material* und dem richtigen *Lösungsablauf* dienen. Ihre innere Struktur bleibt die einer Lernaufgabe. Grundsätzlich kann eine Lehrkraft die Schwierigkeitsgrade für Schüler stark variieren. Sie kann das Material zur Erläuterung beider Positionen vorgeben oder den Schülern die aktive Suche und Auswahl des Materials überlassen („Wo kann man Begründungen für die Aussagen von Vater und Mutter/Tochter finden? Welche Bücher kann man zu Rate ziehen?"). Hilfreich dafür sind die heuristischen Fragen. Neben der Frage nach dem Inhalt, der Theodizee-Frage, erwirbt der Schüler methodisches Wissen („Was ist ein Rollenspiel?") und übt Formen der Teilhabe ein („Wer verfasst das Rollenspiel? Wer spielt mit? Wie können wir alle am Prozess beteiligen?"). Je mehr Schüler in der Verwendung dieser Fragen und der Materialauswahl geübt sind, desto größer können die Freiräume bei der Suche und Auswahl des Materials werden. Dabei entdecken Schüler Kriterien zur Unterscheidung von geeignetem und ungeeignetem Material. Das ist für sie wichtig, weil sie damit ihre Kritikfähigkeit gegenüber ungeeigneten Informationen und Materialien entfalten können. Schüler gewinnen auch Prozesswissen, wenn sie in die Planung des

Lösungsablaufs einbezogen werden („In welcher Reihenfolge wollen wir vorgehen? Was müssen wir zuerst machen, was später?"). So wird für sie das Verfahren transparent und nichts geschieht ohne innere Notwendigkeit.

Grundsätzlich lassen sich mit sehr verschiedenen Mitteln Lernaufgaben erzeugen. Es können unterschiedliche Äußerungen Prominenter z.B. zur prägenden Kraft des Glaubens (Kosian, 2012) ebenso verwendet werden wie Songs aus der Jugendkultur (z.B. Christina Stürmer: *Weißt Du, wohin wir gehen?*; Die Toten Hosen: *Am Ende*; Georg Ringsgwandl: *Nix mitnehma*) oder Kurzgeschichten sowie Bilder, die Vergleiche ermöglichen. Entscheidend ist die Aufbereitung nach den Strukturgesetzen einer Lernsituation.

Die große Chance der Kompetenzorientierung liegt darin, dass sie den Blick auf die geistigen Prozesse der Schülerinnen und Schüler beim Aneignen von Inhalten gelenkt hat. Dieser Spur zu folgen lohnt sich im Interesse der jungen Menschen, weil so eine Möglichkeit besteht, dass sie ihre religiöse Denk-, Sprach- und Ausdrucksfähigkeit entwickeln.

Literatur

Baptist, P. (2000). Nach TIMSS und vor PISA. Gedanken zum Mathematikunterricht. Anregungen für die Sekundarstufe. In L. Flade & W. Herget (Hrsg.), *Mathematik lehren und lernen nach TIMSS* (S. 7–12). Berlin: Volk und Wissen.

Baumert, J. (1997). *Expertise „Steigerung der Effizienz des mathematisch-naturwissenschaftlichen Unterrichts"* (Materialien zur Bildungsplanung und Forschungsförderung, 60). Bonn: BLK.

Betsch, T., Funke, J. & Plessner, H. (2011). *Denken – Urteilen, Entscheiden, Problemlösen.* Berlin: Springer.

Biesinger, A., Kemmler, A. & Schmidt, J. (2010). Religiöse Kompetenz. Ein Definitionsangebot für den Religionsunterricht an berufsbildenden Schulen. *religionsunterricht an berufsbildenden schulen, 1,* 7–10.

Biser, E. (1982). *Der schwere Weg der Gottesfrage.* Düsseldorf: Patmos.

Duncker, K. (1966). *Zur Psychologie des produktiven Denkens* (2. Auflage). Berlin: Springer.

Gnandt, G. (2011). Anforderungssituationen und Lernanlässe. In W. Michalke-Leicht (Hrsg.), *Kompetenzorientiert unterrichten: Das Praxisbuch für den Religionsunterricht* (S. 45–53). München: Kösel.

Herget, F. (2000). *Einsichtiges Lernen im Religionsunterricht an Berufsschulen.* Münster: Lit.

Heyse, V., Erpenbeck, J., & Michel, L. (2002). *Lernkulturen der Zukunft. Kompetenzbedarf und Kompetenzentwicklung in Zukunftsbranchen* (QUEM-report 74). Berlin: Arbeitsgemeinschaft Betriebliche Weiterbildungsforschung e.V.

Hoffmann, M. H. (2003). *Lernende lernen abduktiv: eine Methodologie kreativen Denkens.* http://www.prism.gatech.edu/~mh327/03-MH-abduktiv-Lernen.pdf [14.04.2013].

Kemmler, A. (2010). Anforderungssituationen im Religionsunterricht. *religionsunterricht an berufsbildenden schulen, 3,* 26–27.

Kemmler, A. (2008). Paradigmenwechsel oder neuer Wein in alten Schläuchen? Kompetenzorientierter Religionsunterricht am Beispiel einer Lernsituation in der Fachschule für Sozialpädagogik. *religionsunterricht an berufsbildenden schulen, 3,* 13–14.

Klieme, E., Funke, J., Leutner, D., Reimann, P., & Wirth, J. (2001). Problemlösen als fächer-
übergreifende Kompetenz. Konzeption und erste Resultate aus einer Schulleistungsstudie.
Zeitschrift für Pädagogik, *47*, 179–200.

Kosian, M. (2012). *Was Promis glauben.* München: Katholisches Schulkommissariat in Bayern.

Leisen, J. (2010). Lernaufgaben als Lernumgebung zur Steuerung von Lernprozessen. In H.
Kiper, W. Meints, S. Peters, S. Schlump, & S. Schmit (Hrsg.), *Lernaufgaben und Lernma-
terialien im kompetenzorientierten Unterricht* (S. 60–67). Stuttgart: Kohlhammer.

Leutner, D., Fleischer, J., Wirth, J., Greiff, S. & Funke, J. (2012). Analytische und dynamische
Problemlösekompetenz im Lichte internationaler Schulleistungsvergleichsstudien. *Psychologische Rundschau*, *63*(1), 34–42.

Metzger, W. (1962). *Schöpferische Freiheit* (2. Auflage). Frankfurt: W. Kramer.

Metzger, W. (1967). *Stimmung und Leistung: Die affektiven Grundlagen des Lernerfolgs* (4.
Auflage). Münster: Aschendorff.

Obst, G. (2008). *Kompetenzorientiertes Lehren und Lernen im Religionsunterricht.* Göttingen:
Vandenhoeck & Ruprecht.

Peter, D. (2009). Lernaufgaben. Ein Beitrag zur Kompetenzorientierung im Religionsunterricht. *Loccumer Pelikan*, *3*, 135–140.

Poppelreuter, W. (1933). *Psychokritische Pädagogik zur Überwindung von Scheinwissen,
Scheinkönnen, Scheindenken usw.* München: C.H. Beck.

Riegel, U. (2007). *Abduktive Korrelation: Konzept und religionspädagogische Bedeutung.*
http://www.service.bistumlimburg.de/ifrr/beitraege12007_4.htm [01.07.2013].

Sajak, C. P., & Feindt, A. (2012). Zur Signatur kompetenzorientierter Unterrichtsgestaltung
im Religionsunterricht. Ergebnisse aus den unterrichtspraktischen Forschungsprojekten
KompRU und KompKath. In C. P. Sajak (Hrsg.), *Religionsunterricht kompetenzorientiert:
Beiträge aus fachdidaktischer Forschung* (S. 89–106). Paderborn: Ferdinand Schöningh.

Soff, M. (2001). Gestalttheoretische Beiträge zur Förderung von Kreativität. *Gestalt Theory,
23*(3), 184–195.

Tomaschewsky, K. (1963). *Schulpädagogik: Teil 1: Didaktik.* Berlin: Volk und Wissen.

Wagenschein, M. (2013). *Verstehen lernen: Genetisch – Sokratisch – Exemplarisch* (6. Auflage). Weinheim: Beltz.

Wertheimer, M. (1964). *Produktives Denken* (2. Auflage). Frankfurt: W. Kramer.

Ziebertz, H.-G., Heil, S., & Prokopf, A. (2003). *Abduktive Korrelation: Religionspädagogische
Konzeption, Methodologie und Professionalität im interdisziplinären Dialog.* Münster: Lit.

Roland Biewald und Andreas Obermann

Empirische Studien zum BRU in der Pluralität: Wie erleben muslimische und atheistische Schülerinnen und Schüler den evangelischen BRU?

Wie nehmen christliche, konfessionslose und muslimische Jugendliche heute den Religionsunterricht in beruflichen Schulen wahr? Wie erleben sie den konfessionellen Religionsunterricht als Schülerinnen und Schüler, die nicht der Konfession/Religion des Unterrichtenden angehören? Wie erleben Jugendliche die Frage nach der Religion im beruflichen Kontext? Diesen exemplarischen Fragen sind die beiden Autoren im Schuljahr 2012/2013 in Lerngruppen der Dualen Ausbildung nachgegangen. Mit der Methode der Gruppendiskussion wurden Schülerinnen und Schüler in Sachsen und NRW befragt. Im Blick auf die methodische Vergleichbarkeit wurden die Fragen konzeptionell im Vorfeld aufeinander abgestimmt, wobei länderspezifisch-inhaltliche Schwerpunktsetzungen (so gibt es in Sachsen viele „atheistische", aber nur wenige muslimische Schülerinnen und Schüler, während es in NRW prozentual deutlich anders aussieht) bewusst beibehalten wurden. Die Ergebnisse, die wir hier vorstellen, weisen hin auf weitergehende didaktische und konzeptionelle Fragen und entsprechende Weichenstellungen für einen BRU der Zukunft.

Die beiden folgenden Impulse sind je als Sammlung von Schlaglichtern zu verstehen, die Erkenntnisse und Ergebnisse aus den empirischen Studien zur „Pluralität des BRU" aufzeigen. Der folgende Beitrag kann jedoch nicht mehr sein als eine Skizze und verweist auf die im Herbst erscheinende ausführliche Dokumentation der beiden Untersuchungen in Sachsen und NRW.

1. Der BRU in der Pluralität in den neuen Bundesländern (Roland Biewald)

1.1 Vorbemerkung

Die Untersuchung zum BRU in der Pluralität fokussierte sich in Sachsen insbesondere auf die Teilnahme konfessionsloser Schülerinnen und Schüler. Das liegt angesichts der gesellschaftlichen und kirchlichen Situation nahe. Ca. 80% der Schüler gehören keiner Religionsgemeinschaft an. Dennoch ist der Begriff „konfessionslos" unscharf und trägt der differenzierten Selbstwahrnehmung der Schülerinnen und Schüler („Was bin ich denn eigentlich?") nicht Rechnung. In den Gruppengesprächen versuchten die Schüler selbst, genauer über ihre Position Auskunft zu geben. Z. B. unterschieden einige zwischen „gläubig" und „kirchlich" oder „an etwas glauben – aber nicht an Gott glauben". Die Unterscheidung zwischen „konfessionell" und „konfessionslos", die im Folgenden getroffen wird, vergröbert daher diese Sachverhalte. „Konfessionslos" meint, dass die betreffenden Schüler nicht in einer christlichen Familie oder Gemeinde sozialisiert wurden. Andere Religionen spielen in Sachsen nur eine marginale Rolle: islamische oder jüdische Schülerinnen und Schüler waren an den Gesprächen nicht beteiligt. „Konfessionslos" bedeutet aber nicht automatisch „atheistisch". Ausgesprochener und begründeter Atheismus ist viel weniger verbreitet, als die Zahlen zur Kirchenzugehörigkeit suggerieren. Nur ganz wenige Schüler im BRU haben sich als Atheisten bezeichnet. Freilich kann man vermuten, dass diese den Ethikunterricht besuchen. Jedoch ist auch hier die Zahl der bekennenden Atheisten gering, wie Ethiklehrer berichten. Auf eine genau statistische Erhebung wurde bei dieser Untersuchung verzichtet, um die Gewissensfreiheit der Schüler zu respektieren und sie im Gruppengespräch nicht zu einem Bekenntnis zu nötigen.

1.2 Die Zusammensetzung der Gesprächsgruppen – Anteil der Konfessionslosen

Es wurden in den Gruppengesprächen insgesamt 307 Schülerinnen und Schüler erfasst, wobei sich nicht alle am Gespräch beteiligten.

Anzahl	Schulform	konfessionslose SuS	Durchschnitt
9x	Berufliches Gym./Fachoberschule	5% – 90%	ø 50%
3x	Berufsschule	55 – 90 – 100%	ø 78%
4x	Berufsfachschule	36 – 37 – 60 – 80%	ø 53%
2x	Fachschule (evang.)	45%/30% (agnostisch 10%/20%)	ø 38%

Das sind Eigenangaben der Schülerinnen und Schüler, wobei sie oft unsicher waren, ob „konfessionslos", „agnostisch", „atheistisch", „indifferent" oder „ungläubig" eher zutrifft.

1.3 Schüleräußerungen zu ausgewählten Fragestellungen

Die kursiv gesetzten Sätze sind nicht unbedingt direkte Zitate, sondern auch sinngemäße Zusammenfassungen mehrerer markanter Äußerungen. Da eine große Gruppe von Schülern aus dem Beruflichen Gymnasium (BGY) erfasst wurde, werden die Aussagen der „eigentlichen" Berufsschüler (Berufsschule, Berufsfachschule und Fachschule) in der Zusammenfassung noch einmal besonders gewichtet und gegenüber denjenigen der Schülerinnen und Schüler des BGY und der Fachoberschule profiliert.

1.3.1 Warum nehmen Sie am BRU teil? (Aussagen der konfessionslosen Schüler)

Ich möchte etwas über das Christentum wissen, auch wenn ich selbst nicht glaube, um andere besser zu verstehen.

Wissensaspekte spielten bei der Begründung, warum Konfessionslose am BRU teilnehmen, eine große Rolle. Sehr detailliert wurden Themen genannt, für die sich die Schüler interessieren.

Das korreliert mit der Tatsache, dass die meisten der konfessionslosen Schülerinnen und Schüler zuvor keinen Religionsunterricht besucht haben. Die Erwartungen der Berufsschüler sind differenzierter beschrieben als in der Gruppe des BGY, z. B. *„Inhalte des christlichen Glaubens kennenlernen", „Reformation", „Erfahrungen, die Christen mit ihrem Glauben gemacht haben, kennenlernen", „Bewahrung der Schöpfung", „Beschneidungsthema", „Rituale anderer Religionen".* Die Differenzierung geht oft in Richtung praktischer Vollzüge und Lebenshaltungen, während der von den BGY-Schülern genannte Aspekt der kritischen Auseinandersetzung mit Religion fehlt.

Ein zweiter signifikanter Bereich ist der stärkere Berufsbezug. Insbesondere aus den Ausbildungsgängen für Sozialberufe kamen Äußerungen wie: *„Menschen aus anderen Kulturen und Religionen besser verstehen", „Vorbereitung auf existenzielle Fragen wie Sterben und Tod", „Vorbereitung auf die erzieherische Arbeit mit Kindern aus anderen Religionen", „Wissen von Besonderheiten verschiedener religiöser Gruppen, z. B. der Zeugen Jehovas", „Verbesserung der Anstellungschancen bei kirchlichen Arbeitgebern".*

Die Äußerungen der konfessionslosen Schülerinnen und Schüler unterscheiden sich aber nur wenig von denen der christlichen, vor allem hinsichtlich der Bildungsinteressen bezüglich Christentum und anderen Religionen. Bei letzteren wird häufiger der elterliche Druck genannt, am RU teilzunehmen, sowie das Interesse, den eigenen Glauben zu reflektieren. Es ist aber eher eine kirchenkritische Haltung wahrzunehmen. Kirchliches Engagement wird durch den BRU nicht verstärkt.

1.3.2 Worin unterscheidet sich Ihrer Erfahrung nach der BRU von anderen Fächern?

„Man lernt etwas über das Leben." „Wir sprechen oft über Zwischenmenschliches." „Auf meine Interessen wird besser eingegangen, ich kann Unterrichtsthemen mitbestimmen." „Diskussion und Meinungsbildung ist erwünscht." „Die Lehrerin/der Lehrer ist cool." „Der Unterricht ist weniger stressig, eher chillig."

Insgesamt bekommt der BRU von den Schülern ein gutes Zeugnis für seine Schülerorientierung, Elementarisierung und seinen Lebensbezug ausgestellt. Auch hier fällt eine stärkere Differenziertheit der Schüleräußerungen aus der Berufsschule auf. Möglicherweise liegt der Grund darin, dass sich der BRU von den anderen, berufsbezogenen Fächern deutlicher unterscheidet als von allgemeinbildenden Fächern. Daher nehmen die Schülerinnen und Schüler des BGY Unterschiede weniger wahr. Insbesondere schätzen die Schüler den existenziellen Bezug, das Ernstnehmen ihrer eigenen Meinung und die Offenheit für Fragen. Freilich spielen auch andere Gründe eine Rolle wie die Person des Lehrers/der Lehrerin und der geringere Stressfaktor. Ob dies positiv (gelungene Unterrichtsgestaltung) oder negativ („Laberfach") zu werten ist, konnte nicht erhoben werden.

Die positive Wahrnehmung der BRU-Lehrkraft unterscheidet sich kaum von dem, wie sie auch am BGY wahrgenommen wird. Lediglich im Fall der kirchlichen Trägerschaft der Schule gibt es kritische Äußerungen, weil hier der BRU verpflichtend ist und das von einigen Schülern mit einer geringeren Offenheit der Lehrkraft assoziiert wird.

1.3.3 Hilft Ihnen der BRU im Leben, z. B. um Sachverhalte und Erfahrungen besser zu verstehen, oder bei Entscheidungen?

Diese Frage geht in Richtung der Kompetenzorientierung im Sinne einer umfassenden Handlungskompetenz. Prüfstein dafür wäre ja, ob die Lernerfahrungen, die im BRU gemacht werden, irgendeine Relevanz für die außerschulischen Lebensvollzüge in Freundeskreis, Familie und am Arbeitsplatz haben.

„*Bin toleranter geworden*" [öfter genannt]. „*Ich kann nun besser mit dem Thema Tod umgehen.*" „*Ich sehe verschiedene Dinge anders als vorher.*" „*Ich kann jetzt besser mit störrischen alten Frauen im Altersheim umgehen.*" „*Die Behandlung von Weltethos hat mich für die Fragen des interreligiösen Dialogs aufgeschlossen.*"

Die Antworten waren in beiden Gruppen eher zurückhaltend bzw. vage. In manchen Lerngruppen sahen die Schüler überhaupt keine direkte Auswirkung dessen, worüber im BRU nachgedacht wird, auf das Alltags- bzw. Berufsleben. Das korreliert weitgehend mit einer hohen Anzahl von konfessionslosen Schülern. Die bejahenden Antworten bewegen sich auf der Ebene der bereits genannten berufsbezogenen Kompetenzen im Sinne einer Erwartung, dass der BRU diese hervorbringen wird. Natürlich wäre es auch eine Überforderung der Schüler, wollte man hier bereits konkrete Beispiele aus der Praxis erwarten. Immerhin wurde im Zusammenhang mit Praktikumserfahrungen darauf hingewiesen, dass in der Krankenpflege oft Gesprächssituationen entstehen, in denen das Pflegepersonal seelsorgerlich in Anspruch genommen wird. Dafür habe man im BRU Wichtiges gelernt, z. B. zum Umgang mit Leid und Schicksal.

1.3.4 Was wünschen Sie sich für die weitere Gestaltung des BRU?

Diese Frage ist sozusagen der „Wunschzettel" für die Auszubildenden, zugleich aber auch die Möglichkeit für die Lehrkräfte, konkrete Erwartungen an den Unterricht zu hören und in ihre Arbeit einzubeziehen. Im Nachgang zu den Gesprächen soll – sofern nicht schon geschehen – mit den Lehrerinnen und Lehrern über die Schüleräußerungen im Rahmen einer Fortbildung gesprochen werden.

Die BRU-Schüler wünschen sich zunächst die (intensivere) Behandlung bestimmter Themen, z. B. *Arbeit an biblischen Texten* und *Kenntnisse über religiöse (Sonder-) Gemeinschaften.*

Den Auszubildenden in Sozialberufen ist ein stärkerer Praxisbezug wichtig. Hier grenzen die Erwartungen teilweise schon an beruflichen Fachunterricht, z. B. *„Wie kann ich diese Sachverhalte an Kinder vermitteln?"*. Eine Minderheit, die den BRU-Lehrer nicht ganz so „offen" erlebt (vgl. Punkt 2), wünscht sich eine *größere Toleranz gegenüber anderen Sichtweisen, die in der Klasse vertreten werden*. Viele Äußerungen beziehen sich auf die Unterrichtsgestaltung. Die Wünsche der BRU-Schüler ähneln denen der BGY-Schüler, sind insgesamt aber etwas konkreter. Neben *Exkursionen* stehen *Diskussionen, gemeinsame Aktionen und praktische Vollzüge (z. B. gemeinsame Feiern, Essen kochen)* hoch im Kurs.

Resümierend kann man sagen, dass sich der BRU vom RU an beruflichen Gymnasien und Fachoberschulen eigentlich nur dadurch unterscheidet, dass sowohl die Praxis des Unterrichts als auch die Erwartungen der Auszubildenden einen deutlicheren Berufsbezug aufweisen. Das ist anhand der hier vertretenen Ausbildungsrichtungen gut nachvollziehbar. Leider liegen keine aussagekräftigen Daten zu Ausbildungsrichtungen im gewerblich-technischen Bereich vor. Die Unterrichtversorgung mit BRU in diesen Fachrichtungen tendiert in Ostdeutschland gegen Null.

In dieser Hinsicht unterscheiden sich die Meinungen der konfessionslosen Schüler kaum von denen der Schüler mit christlichem Hintergrund. Durchweg besteht bei den konfessionslosen Schülerinnen und Schülern ein großes Interesse an Sachwissen über Religion. Dieses soll aber zugleich verknüpft sein mit existenziellen Fragen. Man wünscht sich hier offene Diskussionen, in die unterschiedlichste Meinungen und Überzeugungen eingebracht werden können und die der eigenen Meinungsbildung dienen. Eine Orientierung in eine bestimmte (religiöse) Richtung wird kritisch wahrgenommen. Eine direkte Auswirkung auf Lebensvollzüge, z. B. auf ethische Entscheidungen, wird mehrheitlich verneint. Kompetenzerweiterung erwartet man sich in beruflicher Hinsicht. Der BRU hat also eine bildende Funktion, die sich in erster Linie auf der kognitiven Ebene bewegt, mit der aber auch Erwartungen an ethische Orientierung und Handlungsorientierung verbunden sind.

1.4   Ausblick – einige didaktische und religionspädagogische Folgerungen

1.4.1 Konfessionslose Schülerinnen und Schüler besser und genauer wahrnehmen

Die Gespräche mit den Lehrerinnen und Lehrern zeigten, dass sie sich zu wenig bewusst machen, wie heterogen ihre Lerngruppen sind. Die meisten hatten nur eine ungefähre Vorstellung davon, wie viele Konfessionslose in der Lerngruppe sind. Es ist auch verständlich, dass „die Frage nach dem Bekenntnis" nicht gern gestellt wird. Jedoch ist ein Ausloten der religiösen Sozialisation und der Vorkenntnisse und Vorerfahrungen der Schülerinnen und Schüler eine wichtige Voraussetzung für die angemessene didaktische Planung und Gestaltung des Unterrichts. Einige Schülergespräche zeigten, dass es nicht um eine plakative Einordnung in „konfessionell" bzw.

„christlich" und „konfessionslos" gehen kann. Dazwischen gibt es viele Nuancen, auf die die Schüler selbst auch Wert legen. Die Gruppengespräche haben gezeigt, dass die Schüler – von wenigen Ausnahmen abgesehen – bereit sind, über ihre religiösen Vorerfahrungen und ihre Einstellung gegenüber Religion zu sprechen. Eine wesentliche Voraussetzung dafür ist allerdings, dass eine offene Gesprächsatmosphäre herrscht, in der keine unterrichtlichen Bewertungen vorgenommen werden, und in der die Schüler nicht befürchten müssen, dass sich kritische Äußerungen langfristig negativ auf ihre Zensuren auswirken. Die Lehrerrolle ist also nicht einfach: Die Lehrperson muss immer deutlich machen können, wann Schülerleistungen im BRU gefordert werden, die gegebenenfalls auch bewertet werden, und wann Phasen des Kennenlernens und der Reflexion der eigenen Einstellungen stattfinden, die dem Unterrichtenden helfen, den Unterricht angemessen zu gestalten. Wenn bei den Schülern ankommt, dass es letztlich um eine Verbesserung des Unterrichts geht, dann werden sie für solche Gesprächsphasen auch aufgeschlossen sein. Freilich: die Erwartung eines besser auf die Gruppe abgestimmten Unterrichts muss dann auch erfüllt werden.

1.4.2 Schülerinnen und Schüler mit unterschiedlichem biografischen Hintergrund stärker miteinander ins Gespräch bringen

Besonders interessant sind die „Erkundungsphasen", wenn die Schüler mit unterschiedlichem biografischen Hintergrund selbst in einen Diskurs kommen. Dieser ist selten theologisch reflektiert, jedoch werden sehr oft ganz elementare Fragen angesprochen, die für den BRU ein ganzes Programm abgeben. „Gibt es Gott denn überhaupt und wie kannst Du ihn nachweisen?" ist die am häufigsten diskutierte Frage zwischen konfessionslosen und christlichen Schülern. Im Grunde ist das die ureigene Frage jedes Religionsunterrichts, der sich zur Aufgabe macht, die Gottesfrage in einer säkularen und multikulturellen Gesellschaft wach zu halten und immer wieder neu zu thematisieren. Der Dialog zwischen Schülern mit unterschiedlichen Einstellungen gegenüber Gott und Religion ist sehr fruchtbar, weil oft Fragen aufbrechen, die in einem thematisch orientierten Unterricht verdeckt oder als geklärt vorausgesetzt werden. Die Fragen können eine existenzielle Tiefe erreichen, denn daran hängen zum Teil eigene Glaubensüberzeugungen und Lebensentwürfe der Schülerinnen und Schüler. Was ist, wenn ich keine guten Argumente habe, um meinen Glauben an Gott zu rechtfertigen? Oder umgekehrt: Was ist, wenn ich in einer BRU-Lerngruppe nicht ernst genommen werde, weil ich keine Glaubenserfahrungen nachweisen kann?

1.4.3 Schülerinnen und Schüler in die Themenfindung besser einbeziehen

Aus dem oben Gesagten ergibt sich direkt eine Folgerung: Die Fragen der Schüler müssen so thematisiert und didaktisch aufbereitet werden, dass sie in einen fruchtbaren Lernprozess überführt werden können. Es ist also geboten, halbjährlich mit den Schülern zusammen eine Ideenkonferenz abzuhalten, welche Themen des BRU ihnen am Herzen liegen und welche Fragen sich damit verbinden. Einer übermäßigen Traktierung von Lieblingsthemen und Hobbies kann man entgegenwirken, indem man jeweils eine Korrelation zum Lehrplan herstellt und nach den Prinzipien der Elementarisierung vorgeht. Für den BRU sollte in jedem Fall gelten, dass die Schüler selbst zum Thema des Unterrichts werden. Das ist ein alters- und situationsgerechter Zugang zum Erschließen dessen, was Religion ist.

1.4.4 Erfahrungs- und erlebnisorientierte Lernformen (z. B. Exkursionen, Projekte) fördern

In den Gruppengesprächen wurden seitens der Schüler vor allem die erlebnisorientierten Lernformen wie Exkursionen positiv bewertet. Auch wenn dabei sicherlich das Motiv eine Rolle spielt, einfach einmal den Schulraum zu verlassen und vielleicht auch anstrengende Denkarbeit zu vermeiden, sollte diesen Lernformen mehr Beachtung geschenkt werden. Im Sinne des Elementarisierungskonzeptes wird Religion hier in Lebenszusammenhängen erfahren. Diese können unmittelbar (z. B. Kirchenraum, kirchliche Handlungen) oder vermittelt durch Kunst, Kultur, Handlungsweisen (z. B. Diakonie) und persönliche Bekenntnisse (z. B. Interview mit Personen aus der Arbeitswelt) sein. Dass dadurch wirklich Lernprozesse in Gang kommen, muss durch entsprechende Evaluationsmethoden (z. B. reflektierende Nachgespräche) bestätigt werden. Man kann auch raffiniertere Methoden einsetzen wie z. B. mediengestützte Präsentationen zu Aufgaben, die begleitend zu einer Exkursion gestellt wurden, oder Projekte, die sich an außerschulische Lernsituationen anschließen, wie z. B. diakonische Aktivitäten, Umweltprojekte, politisch-ethische Stellungnahmen oder die Umsetzung arbeitsethischer Ideen (schöner Arbeitsplatz, Teamarbeit, Betriebsklima, Verantwortungsübernahme u. a.).

1.4.5 Die Bedeutung von Religion/Glauben für die Lebensgestaltung aufzeigen

Der BRU ist trotz aller Pluralität und Heterogenität der Lerngruppen Religionsunterricht gemäß Artikel 7(3) des Grundgesetzes, also bezogen auf die Grundsätze der ihn verantwortenden Religionsgemeinschaft. Dieser Grundsatz erlebt im BRU eine weite Auslegung, da aus organisatorischen Gründen und wegen knappen Lehrpersonals weithin nur evangelischer oder katholischer BRU stattfindet. Das geschieht nach einem einfachen Prinzip: Die Konfession der Lehrkraft entscheidet über die Konfessionalität des BRU. Die in vielen Bundesländern rechtlich mögliche Form eines konfessionell-kooperativen RU ist also hier – mindestens intentional – Praxis. Es wäre aber höchst problematisch, so weit zu gehen, aus dem kooperativen BRU Religionskunde oder Ethikunterricht zu machen. Dagegen sprechen nicht nur rechtliche Gesichtspunkte, sondern auch das berechtigte Interesse der Schülerinnen und Schüler, mindestens eine der Konfessionen auch authentisch vertreten zu sehen. Das hat mit

„missionarischem" Unterricht nichts zu tun (in dieser Hinsicht sind die Schüler in Ostdeutschland sehr kritisch), sondern es geht um konkrete theologische Kriterien für die Beurteilung von Sachverhalten – z. B. was Religion ist, wie Gott gedacht werden kann, wie der Mensch zu denken ist. An diesen Kriterien kann und soll man sich auch reiben, sie sollen diskutiert und in Frage gestellt werden, damit Schüler urteilsfähig werden und sich selbst positionieren können. Dieses Argument spielt in der Diskussion um die Konfessionalität des RU allgemein eine große Rolle und es gilt genauso für den BRU in der Pluralität. Die Schüler entscheiden sich selbst für den BRU – zumindest dann, wenn eine Alternative vorhanden ist. Eines der Entscheidungskriterien, das in den Schülergesprächen genannt wurde, ist die Erwartung, hier „original" mit einer Religion in Berührung zu kommen. Das „Original" ist dann jeweils der Lehrer/die Lehrerin, wenn man die Konfessionalität der Unterrichtsinhalte (Lehrpläne) nicht überbewertet. Was kann das Ziel eines BRU sein, der authentisch, aber nicht missionierend ist? Es könnte darin bestehen, die Funktion und die Bedeutung von Religion für die Lebensbegleitung der Jugendlichen aufzuzeigen. Damit sind deutliche Berührungspunkte zu Ethik und Lebensgestaltung gegeben, das Profil liegt jedoch im Aufzeigen der orientierenden Funktion von Religion. Exemplarisch kann man das für mehrere Religionen tun, jedoch wird es für eine christliche Lehrkraft authentisch nur am Beispiel des Christentums funktionieren. Ob diese dann evangelisch oder katholisch ist, spielt eine untergeordnete Rolle, wenn sie sich dem konfessionell-kooperativen Ansatz verpflichtet fühlt.

2.   „Gott ist Geschichte, wir sind die Gegenwart"[1] – signifikante Ergebnisse der Untersuchung in NRW (Andreas Obermann)

Dieser Ausspruch von einem Auszubildenden der Mechatroniker im ersten Lehrjahr bringt eine für ihn schlüssige Aporie als Unmöglichkeit eines sinnvollen BRU auf den Punkt: Lebensbiographisch gehört Religion der Vergangenheit an. Der Gott der Vergangenheit – Kindergottesdienst, Konfirmation, Firmung, Jugendkreis oder der bisherige Religionsunterricht – hat nun keinen Bezug mehr zur Jugend heute. Für den jugendlichen Auszubildenden gibt es keinen Weg vom vergangenen Gott und der traditionell erlebten Religion zur gelebten und erfahrenen Gegenwärtigkeit der Jugend heute. Mehrheitlich ist Religion in ihrer traditionellen Form aus dem Blickwinkel der Auszubildenden etwas für die ältere Generation und *„halt für die Jugend nicht mehr so wichtig"*.

Grundsätzlich ist die Erteilung des Religionsunterrichts am Berufskolleg für die meisten Auszubildenden überraschend: *„Mich hat es überrascht. Ich hätte nicht ge-*

---

1   Alle hier zitierten Schüleräußerungen entstammen Gruppendiskussionen, die der Verfasser im Laufe des Schuljahres 2011/2012 an einem Berufskolleg einer Großstadt in NRW durchgeführt hat. Eine Dokumentation erfolgt in einer gesonderten Publikation der gesamten Projektergebnisse im Herbst 2013.

dacht, dass in der Ausbildung Religion wichtig ist." Mehrheitlich wird der BRU in der Berufsschule an den bisherigen Erfahrungen der Schüler mit dem früheren Religionsunterricht gemessen: „*Ich hab' auf der Schule die Erfahrung gemacht, dass sich die Themen wiederholen. Ich hatte bestimmt drei oder vier Religionslehrer und jeder von ihnen hat die Geschichte mit dem verlorenen Sohn durchgenommen. Irgendwann ist man es ja auch mal leid. Dann ist es wirklich auch mal ʼwas Nettes, wenn man andere Themen bespricht, als sich die gängigsten Bibelgeschichten rauszusuchen.*" Angesichts des fehlenden Erwartungshorizonts erweist sich der BRU jedoch für viele Schüler im Nachhinein als überraschend anders gegenüber dem früheren Religionsunterricht, was an seinem Berufsbezug[2] und an der thematischen Zuspitzung liegen mag: Aus der Perspektive der Schülerinnen und Schüler ist der BRU anders, weil hier die Rede vom Menschen im Zentrum steht: „*Wir reden ja nicht über Gott. Wir reden über uns.*" Der Auszubildende sieht in der Rede vom Menschen keine Dimension des Religionsunterrichts: Der BRU „*ist halt anders wie der alte Religionsunterricht und hat gar nicht so viel mit der Religion zu tun.*"

Der BRU ist in der Wahrnehmung vieler Auszubildender religiös neutral – d.h. es geht weder primär um den Glauben und die Bibel, ein Bekenntnis oder authentischen Lebensvollzug. Die Auszubildenden sehen es nicht als zwingende Voraussetzung für eine Teilnahme am BRU an, gläubig zu sein oder einer Kirche (Religionsgemeinschaft) anzugehören: „*Hier ist es ja so, dass man nicht unbedingt gläubig sein muss, um eine gute Note zu erhalten.*" Der BRU wird von den jugendlichen Auszubildenden deshalb als normaler Unterricht erfahren, der eine gute Note verspricht ohne eine notwendige existentielle Beteiligung: Religionsunterricht „*ist einfach ein normaler Unterricht, wie jeder andere.*"

Weiterhin steht der BRU unter einem ökonomischen Legitimationsdruck, sofern der BRU nach seinem Berufsbezug befragt wird. Akzeptiert und als sinnvoll erachtet werden alle jene Fächer, die zu einem augenscheinlichen Gewinn für die berufliche Handlungsfähigkeit beitragen: „*Als Mechaniker braucht man eigentlich keine Religion.*" Kaum ein Auszubildender sieht im Religionsunterricht einen Bezug zu seinem Beruf selbst, seiner beruflichen Tätigkeit und der Berufsausbildung: „*Ich weiß immer noch nicht genau, was Religion mit unserem Beruf zu tun hat, denn eigentlich sind wir hier in der Schule, um die Theorie zu lernen. Warum Religion dazu gehören soll, weiß ich nicht. Ich kann nicht verstehen, was das damit zu tun hat.*"

Auszubildende entdecken aber auch positive Aspekte und Inhalte im BRU für sich: „*Ich fand den Unterricht gar nicht so schlecht. […] Beispielsweise, wie man mit irgendwelchen Problemen umgehen kann. Das Thema Wut und Frustration hängt halt viel mit der Ausbildung zusammen. Wenn man in einem Betrieb arbeitet und man Schwierigkeiten hat mit irgendwelchen Kollegen oder mit dem Chef, passt das schon zu diesem Thema. […]Insofern fand ich das besser als mal wieder über verschiedene Religionen zu sprechen und die Unterschiede kennenzulernen. Ein sogenannter Standardreligionsunterricht, finde ich, muss an der Berufsschule nicht sein. Ich fand das daher eigentlich ganz gut.*" Den Bezug der Religion zum Beruf im scheinbar

---

2   Vgl. hierzu ausführlich die geplante separate Veröffentlichung.

religionslosen BRU wahrzunehmen und in der Reflektion seine berufliche wie auch existentielle Dimension zu entdecken, dürfte eine Voraussetzung für die Wahrnehmung des BRU als richtigem Religionsunterricht sein.[3]

Insgesamt ergab die weite Mehrheit der Äußerungen, dass die religiös-heterogenen Lerngruppen als normal empfunden werden: *„Wir leben alle zusammen, wir arbeiten alle zusammen. Warum sollte man dann nicht auch alle zusammen Religionsunterricht haben? Die anderen Fächer haben wir auch alle zusammen. Nur weil wir unterschiedlichen Religionen angehören, heißt es noch lange nicht, dass wir getrennten Unterricht machen müssen. Es sei denn, es ist ganz spezifischer Unterricht, katholischer Religionsunterricht, evangelischer Religionsunterricht, so wie es auf den vorherigen Schulen der Fall war. Das haben wir hier ja nicht."* Die meist genannte Erwartung im BRU ist die gegenseitige Akzeptanz unterschiedlicher Meinungen und die Toleranz als Basis der Lerngemeinschaft: *„Dass man Toleranz und Respekt anderen Religionen gegenüber zeigt. Aber eigentlich spielt die Religion erst mal gar keine Rolle, sondern der Mensch."*

Muslimische Schüler nehmen am evangelischen (bzw. katholischen) Religionsunterricht teil, weil sie diesen nicht explizit als christlichen Religionsunterricht erfahren, sondern als ein allgemeines Fach oder als allgemeinen Religionsunterricht: *„Allgemeiner Religionsunterricht ist schon gut."* Muslimische Schülerinnen und Schüler sehen sich im BRU als Repräsentanten und Anwälte des Islam: *„ Vor allem heutzutage wird der Islam falsch verstanden, auch wegen den Medien. Deswegen finde ich das gar nicht mal so schlecht, am christlichen Unterricht teilzunehmen."* Viele Muslime wollen ein offenes Ohr für eine unverfälschte Darstellung des Islam in der Schule: *„Sie sollen uns zuhören und ihr Ohr frei machen, dass sie mal hören, wie der Islam ist, und sie nicht nur draußen hören, was der Islam sein soll. Sie sollen Verständnis von uns gewinnen – und wir von ihnen."* Muslimische Auszubildende treten im BRU selbstbewusst religiös auf. Bei ihren Mitschülern entdecken sie oft weder eine religiöse Sozialisation noch eine existentielle Bedeutung der Religion. Ein atheistischer Auszubildender beschreibt die Gläubigkeit seiner muslimischen Mitschüler wie folgt: *„ Das ist bei euch ganz anders. Bei euch ist es halt intensiv. Ihr lebt strikt danach. Von klein an. Ist einfach so. Das ist eure Glaubensrichtung. Ist ok. Also ich bin der letzte Mensch, der was dagegen sagt. Bei den anderen* [den Christen – A.O.] *ist das nicht so. In meiner Familie sind alle evangelisch, ich bin halt der einzige. Da wird dann auch nicht gesagt, was wie in der Bibel steht."* Insgesamt leisten muslimische Schüler einen spezifischen Beitrag zum Gelingen des BRU, indem sie eine religiöse Positionalität und Emotionalität in den Unterricht einbringen und so die Unterrichtskommunikation anregen und bereichern. Dabei verhindern muslimische Auszubildende die Kommunikation evangelischer Themen – z.B. die Rechtfertigungslehre – im BRU nicht mehr und auch nicht weniger als alle anderen Schüler auch.

Der besondere Charakter des BRU innerhalb der Balance zwischen der größtmöglichen Offenheit für die didaktische Fokussierung auf die Auszubildenden, der religi-

---

3   Zur differierenden Auffassung bei Berufen mit Kundenkontakt die ausführlichere eigenständige Dokumentation.

ösen Neutralität angesichts der multireligiös-pluralen Lerngruppen sowie schließlich der konfessionell-religiösen Intention des BRU nach GG 7(3) kann treffend mit dem Stichwort „Selbstbeteiligung" umschrieben werden: Die Auszubildenden schätzen und fordern den BRU als Kommunikationsraum, der authentische Schüleräußerungen in aller Freiheit zulässt und sie provoziert, ihre eigenen religiösen und weltanschaulichen Standpunkte zu reflektieren und in den Unterricht einzubringen: *„Jeder sollte seinen eigenen Glauben haben und offen darüber sprechen können."* Die Auszubildenden wollen jedoch keine religiös-weltanschaulichen Positionen aus der Tradition vorgesetzt bekommen, sondern ihre eigenen Standpunkte einbringen: *„Also mir wäre im Religionsunterricht, wenn wir richtig Religion machen würden, wichtig, dass auch neue Sachen mal durchgenommen werden. Wenn ich jetzt mal überlege, was ich in den letzten Schuljahren schon alles an Unterricht hatte, Islam und hier und da, dann ist so ziemlich alles mal durchgenommen. Wenn man einfach mal was Neues dann durchnehmen würde, dann hätte ich da auch nichts dagegen. Also nicht die üblichen Bibelstellen, die man schon mindestens zehnmal gelesen hat"* (christliche Schülerin). Die Auszubildenden formulieren dezidiert den Anspruch auf einen religiösen Standpunkt und die Chance, diesen authentisch im BRU kommunizieren zu können. So äußert sich eine christliche Schülerin: *„Für mich gehört zum Religionsunterricht, dass wir eine Verbindung herstellen zwischen der früheren Religion, das war viel strenger, und unserem jetzigen Alltag. Wie die Religion für uns irgendwie da mit reinspielt. Dass wir das vielleicht mehr wahrnehmen."*

Ich resümiere: Die oben skizzierte vielfältige Pluralität des BRU ist für Auszubildende heute eine Normalität. Die religiös-heterogenen Lerngruppen sind eine didaktische und pädagogische Herausforderung für die berufsorientierte Religionspädagogik. Es gilt in diesen pluralen Kontexten die christlichen Inhalte verständlich und berufsbezogen zu kommunizieren: als Vergewisserung und/oder Stärkung der Überzeugung der christlichen Schüler oder auch als erstmalige Vermittlung christlicher Inhalte zur Förderung der Lebenskompetenz und ethischen Lebensführung der Schüler muslimischen Glaubens und der religionslosen Schüler. Perspektivisch sind meines Erachtens folgende Bereiche zukünftig für den BRU zu bedenken:[4]

1) Unter dem Aspekt des BRU in der Pluralität sind die Schüler ohne religiöse Sozialisation und religiöse Beheimatung in ihrer Selbsteinschätzung und Selbstzuschreibung als genuine Gruppe wahrzunehmen und zu stärken.

2) Der BRU ist als Religionsunterricht mit Selbstbeteiligung zu konzipieren: Eine offene und authentische Kommunikation über religiöse und weltanschauliche Fragen in diesbezüglich heterogenen Lerngruppen provoziert eine subjektiv-existentielle Beteiligung der Schüler und verstärkt so eine (emotionale) Konfessionalität des BRU.

---

4   Vgl. zu den folgenden Perspektiven auch die entsprechenden Projekte des „Bonner Evangelischen Instituts für berufsorientierte Religionspädagogik" (bibor – www.bibor.uni-bonn.de/projekte). Insbesondere sind hier die Frage nach der „Religion des BRU" sowie die Frage nach einer religionspädagogisch zu bestimmenden Konfessionalität des BRU zu nennen.

3) Die eingeforderte existentielle „Selbstbeteiligung" der Schüler verändert auch den Modus der konfessionellen Prägung des BRU, insofern die Schüler durch eine authentische Kommunikation über religiöse Inhalte ihre eigenen religiösen Standpunkte stärken, fundieren, vergewissern oder auch neu definieren können: Die Konfessionalität erhält so den primären Charakter des subjektiven Bekennens und erst nachrangig eines (offiziellen) Bekenntnisses. Von daher gilt es, das Verständnis der Konfessionalität theologisch in religionspädagogischer Perspektive neu zu reflektieren und zu bestimmen. Die Bekenntnisaspekte sind auch in kirchenjuristischer Perspektive zu diskutieren und bei der Bestimmung des Verständnisses von Konfessionalität als didaktisch relevante sowie auch justiziable Kriterien einzubringen.

4) Eine bedeutende Funktion für die Konfessionalität des BRU kommt der Person des Lehrers/der Lehrerin in ihrer konfessionellen Authentizität zu, sofern die Lehrperson im Religionsunterricht als Bezugsperson in positiver Annahme wie auch negativer Ablehnung eine bedeutende Rolle spielt.

5) Für den BRU gilt es, angesichts der Ablehnung klassisch-religiöser Themen nach einer spezifischen Religion des BRU zu fragen und Zugänge zu genuin religiösen Vorstellungen bei Jugendlichen offenzulegen: Jugendliche Auszubildende haben eine religiös-weltanschauliche Vorstellung jenseits der verfassten Religionsgemeinschaften entwickelt, mit denen sie ihre transzendenten Wünsche und Hoffnungen ausdrücken (implizite Religiosität). Dieses Grundbedürfnis nach den auch in den Religionen kommunizierten Wünschen und Hoffnungen gilt es wahrzunehmen und im Blick auf ihre existentielle Bedeutung hin zu reflektieren.

6) Die Kommunikation religiöser Inhalte im BRU vermittelt muslimischen Schülerinnen und Schülern einen veränderten (neuen) Zugang im Verständnis von und der Begegnung mit ihren christlichen („gefühlt deutschen") Mitschülern. Der BRU leistet so einen spezifischen Beitrag zur Integration von Schülern mit Migrationsgeschichte in die bundesrepublikanische Mehrheitsgesellschaft.

7) Für einen im beschriebenen Sinn gelingenden BRU gilt es, eine Praxis kreativer und adaptiver religiöser Selbstsozialisation zu entwickeln: Ein die Schüler mit ihrer in nichttraditionellen Kontexten entwickelten und gelebten Religiosität wahrnehmender BRU sollte darauf ausgerichtet sein, die religiöse Sozialisation Jugendlicher in der je eigenen subjektiven Ausgestaltung wahrzunehmen, zu stärken, mit Kontexten anderer religiöser Konzepte ins Gespräch zu bringen und so Möglichkeiten der Weiterentwicklung zu eröffnen. In einem offenen Diskurs im BRU sollten alle Prägungen von Religiosität gleichermaßen anerkannt und wertgeschätzt werden und als gegenseitige Bereicherung erlebbar und erfahrbar sein. Der BRU ist so als interreligiöse Sprachschule des Glaubens in und zwischen Religionen zu verstehen.

Simone Hiller, Claudia Märkt und Hanne Schnabel-Henke

Kompetenzorientiertes interreligiöses Lernen im Berufsschulreligionsunterricht

Der Titel eröffnet drei Themenkomplexe: Kompetenzorientierung, Berufsschulreligionsunterricht (BRU) und interreligiöses Lernen. Diesen drei Aspekten wird zunächst einzeln nachgegangen, bevor sie sukzessive verknüpft werden. Damit folgt die Ausführung den im zugrundeliegenden Kongressforum vorgebrachten Diskussionsanstößen.

1.   Zur Kompetenzorientierung

Kompetenzorientierung ist derzeit ein maßgebliches didaktisches Prinzip. Der Kompetenzbegriff wird jedoch nicht einheitlich verwendet.[1] Eine große Verbreitung hat die Definition nach Weinert gefunden. Sie wurde als Grundlage für verschiedene Bildungspläne herangezogen: Kompetenzen sind „die bei Individuen verfügbaren oder durch sie erlernbaren kognitiven Fähigkeiten und Fertigkeiten, um bestimmte Probleme zu lösen, sowie die damit verbundenen motivationalen, volitionalen und sozialen Bereitschaften und Fähigkeiten, um die Problemlösungen in variablen Situationen erfolgreich und verantwortungsbewusst nutzen zu können" (Weinert, 2001, S. 27). In der aktuellen Bildungsplanarbeit (vgl. den Bildungsplan 2015 für den Mittleren Schulabschluss in Baden-Württemberg) werden Fähigkeiten und Fertigkeiten einerseits prozessbezogen und andererseits inhaltsbezogen definiert (Bergner, 2012). Die prozessbezogenen Kompetenzen sind langfristig angelegt und spielen eine übergeordnete Rolle. Zu ihnen werden ebenso die volitionalen und sozialen Bereitschaften im Sinne von Einstellungen gezählt. Dabei ist man sich bewusst, dass Einstellungen nur begrenzt lehrbar und nicht überprüfbar sind. Auf der inhaltsbezogenen Seite werden die Fähigkeiten und Fertigkeiten um die Kenntnisse ergänzt, die eine Präzisierung der Inhalte darstellen. Kompetenzorientierung soll bewirken, dass der Unterricht aus einer Outcome-orientierten Perspektive entwickelt wird. Die Ausgangsfrage für die Gestaltung des Unterrichts ist nun nicht mehr „Welches Wissen muss ich den Schülerinnen und Schülern vermitteln?", sondern „Was soll ein Schüler/eine Schülerin am Ende können?". Der Unterricht soll verstärkt die Heterogenität der Schülerinnen und Schüler in den Blick nehmen und diese individuell fördern.

Ein Schüler/eine Schülerin soll sich Kenntnisse, Fähigkeiten und Fertigkeiten aneignen, um in verschiedenen Situationen kompetent handeln zu können, oder wie es Weinert sagt, „um die Problemlösungen in variablen Situationen erfolgreich und verantwortungsbewusst nutzen zu können" (Weinert, 2001, S. 27). Jemand ist also dann kompetent, wenn er in verschiedenen Anforderungssituationen jeweils adäquat

---

1   Vgl. zu Kompetenzen religiöser Bildung Zeigan (2012), S. 31–34.

handeln kann. Folglich spielen beim kompetenzorientierten Lernen für den Unterricht Anforderungssituationen eine wichtige Rolle: „Anforderungssituationen sind All-tags- und Lebenssituationen, deren Bewältigung die Anwendung von Kenntnissen, Fähigkeiten, Fertigkeiten und Einstellungen ‚anfordert‘, die – in unserem Falle – im Religionsunterricht erworben werden" (Rupp, 2011, S. 4).

2.   Was bedeutet Kompetenzorientierung für den BRU?

Ist es überhaupt sinnvoll, den BRU an Kompetenzen zu orientieren oder wird dadurch nicht vielmehr die Besonderheit des Religionsunterrichtes gefährdet – nämlich eine „Kultur der Nachdenklichkeit" (Nipkow, 2005, S. 111) zu pflegen?

Kritiker bemängeln beispielsweise die strenge Outcome-Orientierung, die zur Fol-ge haben kann, dass nur das unterrichtet wird, was gemessen werden kann. Bildung, und gerade religiöse Bildung, sei mehr als messbarer Kompetenzerwerb und liege jenseits der Grenzen von Verfügbarkeit und Machbarkeit (Obst, 2008, S. 41ff.).

Befürworter argumentieren, dass der BRU durch Kompetenzorientierung an Profil gewinnen kann, weil durch die Festlegung von Kompetenzen verbindlich definiert wird, was gelernt wird. Kompetenzorientierung ist in dieser Sichtweise ein Beitrag zur Qualitätssicherung des BRU, der damit seine Bedeutung als gleichgewichtiges und ernstzunehmendes Fach im Bildungskanon der beruflichen Bildung stärken kann.

Wie kann Religion kompetenzorientiert unterrichtet werden? Wodurch zeichnet sich kompetenzorientierte Religionsunterrichtsplanung aus? Gabriele Obst hat dies modellhaft beschrieben und am Beispiel der „Mohammedkarikaturen" sechs Phasen unterschieden (ebd., S. 136ff.):

1. Zentrum und Ausgangspunkt ist die Identifikation von offenen Anforderungssitua-tionen, die sich Schülerinnen und Schülern mit ihren privaten, beruflichen und ge-sellschaftlichen Bezügen sowie den Fragen und Aufgaben, die daraus erwachsen, stellen. Im Beispiel Mohammedkarikatur: Vor welchen Fragen stehen Schülerin-nen und Schüler, wenn sie sich auf die Bearbeitung des Konflikts einlassen: „Wie kommt es, dass sich Muslime durch die karikaturistische Darstellung Mohammeds in schwerwiegender Weise in ihrem Glauben beleidigt fühlen, und welche Konse-quenzen hat dies für das Zusammenleben und den Umgang mit Muslimen?" (ebd., S. 138)

2. Im zweiten Schritt wird die Bedeutung dieser Situation für die je besondere Schü-lergruppe analysiert. In einer religionsgemischten Berufsschulklasse wird der Karikaturenstreit eine andere Bedeutung haben als beispielsweise in einer reli-gionshomogenen Gymnasialklasse. Entsprechend sensibel muss die Zugangswei-se sein.

3. Drittens werden Erfahrungen, Kenntnisse, Fähigkeiten und Einstellungen der Schülergruppe berücksichtigt, die sogenannte Lernausgangslage. Herrschen, um am Beispiel zu bleiben, negative oder positive Erfahrungen und Einstellungen anderen Religionen gegenüber vor? Von welchen Kenntnissen zum Thema Bilder-verbot in den Religionen kann ausgegangen werden?

4. Im vierten Schritt erfolgt die Definition der erforderlichen Kompetenzen: Welche Fähigkeiten brauchen Schülerinnen und Schüler, um diese Situation wahrnehmen und deuten zu können und im Konflikt handeln, urteilen und entscheiden zu können? Hierzu zählt Obst das *Wissen* über das islamische und jüdisch-christliche Bilderverbot, das *Verständnis* der muslimischen Reaktionen auf die Mohammed-karikaturen, die Fähigkeit, sich darüber mit Muslimen zu *verständigen* und die Bereitschaft, die Perspektiven anderer zu *respektieren*.

5. Bei der auf diesen Analyseschritten aufbauenden konkreten Planung der Lehr- und Lernprozesse ist auf die Transparenz und Vielfalt der Lerngelegenheiten und die Einbeziehung der Schüler an der Mitgestaltung des Lernablaufes zu achten.

6. Wichtiger Bestandteil in diesem 6-stufigen Regelkreis ist die Überprüfung der Lernergebnisse, beispielsweise in Form eines Selbsteinschätzungsbogens, eines Lerntagebuchs, eines Tests oder auch mündlicher Gespräche.

Zusammenfassend lässt sich festhalten, dass sich kompetenzorientierter BRU durch eine stringente Schüler- und Ergebnisorientierung auszeichnet. Kristallisationspunkt sind die Anforderungssituationen, auf denen die Lernprozesse beruhen und deren Bewältigung überprüft werden kann. Spezifisch für den BRU sind hier herausfordernde Situationen aus beruflichen, privaten und gesellschaftlichen Lebenssituationen zu berücksichtigen, anhand derer Deutungs-, Entscheidungs- und Handlungswege nicht nur gegenwärtiger und zukünftiger, sondern auch rückwärtsblickender Ereignisse entwickelt, reflektiert und eingeübt werden können (Kemmler, 2010, S. 26).

Wie können solche Anforderungssituationen aufgespürt und didaktisch fruchtbar gemacht werden? Hier sind zwei Wege denkbar:

- Zum einen kann von der Lebenswelt der Schülerinnen und Schüler ausgegangen werden, um daraus Situationen zu identifizieren, die nur mithilfe religiöser Kompetenz verstanden werden können. Obst beschreibt diesen Weg am Beispiel der Mohammedkarikaturen und der dadurch ausgelösten gewalttätigen Ausschreitungen, einem Thema, dessen medialer Präsenz sich keiner entziehen konnte. Exemplarisch stellt dieses Thema die Schülerinnen und Schüler vor die Herausforderung, sich im Konflikt zwischen westlicher und islamischer Zivilisation zu positionieren. Der Religionsunterricht hat hier die Aufgabe, „sowohl fundamentalistischer Vereinfachung sowie kulturellem Hochmut und individualistischer Abstinenz und Indifferenz" entgegenzuwirken (Obst, 2008, S. 138).
- Zum anderen kann von – beispielsweise in den Bildungsplänen definierten – Kompetenzen ausgegangen werden und nach Alltagssituationen gesucht werden, in denen diese Kompetenzen gebraucht werden. Ein Beispiel:

In der Berufsschule der Kreisstadt gibt es seit wenigen Monaten einen ‚Raum der Stille‘, der Schülerinnen und Schüler als Rückzugsmöglichkeit und Andachtsraum dienen soll. Der Schülerbibelkreis und eine Gruppe muslimischer Schülerinnen und Schüler wollen den Raum beide nutzen. Sie überlegen sich nun, wie der Raum gestaltet und genutzt werden könnte, sodass er allen offen steht und es keine Konflikte gibt.

Eine solchermaßen aus einer Alltagssituation abgeleitete Aufgabenstellung umfasst das, was zu kompetenzorientierten Lernaufgaben gehört: Sie fordert heraus, ist komplex und offen, sie erlaubt verschiedene Lösungswege. Sie lässt auch Raum, um eigenes Wissen, eigene Erfahrungen aber auch eigene Fertigkeiten anzubringen und sie ist lebenswelt- und anwendungsorientiert. Mehrere Kompetenzdimensionen werden angesprochen – religiöse Kompetenz im engeren Sinne als Reflexion der eigenen Bezugsreligion und der Wahrnehmung der subjektiven Religion, kommunikative Kompetenz und Selbst- und Fremdwahrnehmungskompetenz.

3.   Was bedeutet Kompetenzorientierung für interreligiöses Lernen im BRU?

„Konfessioneller Religionsunterricht darf heute nicht mehr ausgrenzen und hinter verschlossenen Türen stattfinden, sondern Aufgabe des Religionsunterrichts ist es, den interreligiösen Dialog innerhalb der Schulgemeinschaft maßgeblich voranzutreiben. […] Schulen, die interreligiöse und interkulturelle Erziehung in einem friedlichen Miteinander der Kulturen beispielgebend vorleben möchten, können auf Religions- und Ethikunterricht nicht verzichten" (OStD'in Elisabeth Ruiner, Schulleiterin der Justus-von-Liebig-Schule, Mannheim) (Hiller, 2012).

„Religionsunterricht in der Berufsschule muss so gestaltet sein, dass alle daran teilnehmen können, gleich welcher Konfession, Religion oder Geschlecht" (Barbara Waldkirch, Verlagsleiterin Waldkirch KG Verlag-Druck-Agentur) (ebd.).

Diese exemplarischen Stimmen aus Schulleitung und Wirtschaft, geäußert als Ausgangsthesen auf einem Podium zum BRU auf dem Katholikentag 2012, belegen, dass die Förderung interreligiöser Kompetenz eine der zentralen Erwartungen an den BRU ist. Diese Erwartungshaltung ergibt sich aus der gesamtgesellschaftlich wahrgenommenen Herausforderung durch „fremde" Religionen, vor allem den Islam, aber auch durch Religion überhaupt sowie die spezifische Schülerzusammensetzung an Berufsschulen, wo eine im Vergleich zu allen anderen Schularten besonders große Heterogenität der Schülerinnen und Schüler im Bezug auf Herkunft, Kultur und Religion (aber auch weitere, hier nicht im Vordergrund stehende Aspekte wie Alter und Milieuzugehörigkeit) den Unterricht und das Schulleben prägt. Zumeist bleibt diese auch konfessionelle und religiöse Verschiedenheit der Schülerinnen und Schüler im Religionsunterricht erhalten – rechtlich möglich durch den großzügig gewährten Gaststatus für Schülerinnen und Schüler anderer Konfessionen und Religionen. So gehörten beispielsweise in Baden-Württemberg im Schuljahr 2010/2011 im evangelischen BRU rund 53% der Schülerinnen und Schüler einer evangelischen Kirche an – rund 27% waren katholisch und knapp 20% nicht-christlich (rund 6% meldeten sich ganz vom Religionsunterricht ab; die Zahlen für den katholischen Religionsunterricht sehen fast identisch aus) (Lorenz, 2012, S. 219–220). Sinkende Taufziffern in der katholischen wie den evangelischen Kirchen in Deutschland sowie eine hohe Geburtenrate unter Mitbürgern mit Migrationshintergrund und damit häufig nicht-christlichen Glaubens lassen für die Zukunft eine noch stärker durch unterschiedliche Religionen geprägte Gesellschaft mit entsprechend multireligiöser Zusammensetzung von Schulklassen, aber auch von Familien erwarten (Gronover, Hiller, Märkt & Schnabel-Henke, 2012, S. 2). Die Nennung solcher statistischer Kennzahlen verweist dabei immer auch auf ein politisches Ziel, das mit dem interreligiösen Lernen verbunden wird: die Integration von Schülerinnen und Schülern mit Migrationshintergrund in die Gesellschaft (Biesinger, Schweitzer, Gronover & Ruopp, 2012).

Die Begegnung mit Menschen anderer Religionen kann interreligiöses Lernen fördern, ist dafür aber weder notwendige noch hinreichende Bedingung, sondern kann sich sogar negativ auswirken:

> „Es wäre ein Missverständnis zu denken, ein interreligiös orientierter Unterricht sei schon deshalb gelungen, weil Begegnungsmöglichkeiten eröffnet und von den Lernenden wahrgenommen wurden. Denn nicht jede Begegnung führt automatisch zu einem Zuwachs an Kompetenz [...]. Darüber hinaus kann auch nicht damit gerechnet werden, dass jede Begegnung automatisch zu einer toleranteren Haltung den anderen gegenüber führt. Vielmehr können Begegnungen im Gegenteil Abneigungen verstärken und Stereotypen verfestigen [...]" (Willems, 2011, S. 224).

Gegenüber der sogenannte „Kontakthypothese",[2] die einen direkten Zusammenhang zwischen der Begegnung Angehöriger verschiedener Religionen und einem Zuwachs an Verständnis und einem Abbau von Vorurteilen sieht, ist deshalb Skepsis angebracht. Sozialpsychologische Forschung ergibt, dass Begegnung zur Verstärkung von Stereotypen führen kann und zeigt, unter welchen Bedingungen Begegnung kompetenzfördernd abläuft. Eine verständnisfördernde Begegnung Angehöriger verschiedener Religionen beschreibt Joachim Willems unter Rückgriff auf verschiedene Forschungsarbeiten als wahrscheinlich, wenn die Schülerinnen und Schüler lernen, auf Kategorisierungsmöglichkeiten jenseits religiöser Zugehörigkeit zurückzugreifen: „Erkennen die Beteiligten beispielsweise, dass sie ähnliche Schwierigkeiten in der Schule haben, so ist es wahrscheinlich, dass eine neue und nun gemeinsame Kategorie „Schüler/innen" an Bedeutung gewinnt und damit eine mögliche Dominanz der religiösen oder kulturellen Kategorisierung gebrochen wird. Weitere mögliche Gemeinsamkeiten sind gemeinsame Hobbies, ähnliche Wohngegenden (Großstadt, Kleinstadt, Dorf) oder, im Blick auf die außerschulische Bildung, ähnliche Berufe" (Willems, 2011, S. 250 unter Verweis auf Thomas, 2006, S. 11–12). Eine aussagekräftige Studie zu den Möglichkeiten und Grenzen interreligiösen Lernens im Rahmen der Berufsschule liegt bislang leider nicht vor.

Stephan Leimgruber nimmt den Aspekt der direkten Begegnung in einer zweigliedrigen Definition interreligiösen Lernens auf. Er unterscheidet zwischen „interreligiösem Lernen im engeren Sinne", das „in der Konvivenz von Angehörigen verschiedener Religionen und durch das Gespräch in direkten Begegnungen" (Leimgruber, 2007, S. 21) geschieht, sowie „interreligiösem Lernen im weiteren Sinne", das auch vermittelte Erfahrungen, also „alle (direkten und indirekten) Wahrnehmungen,

---

2 Einen prägnanten Überblick hierzu bietet Willems (2011), S. 248 – 250, Anm. 148.

die eine Religion und deren Angehörige betreffen, die verarbeitet und in das eigene Bewusstsein aufgenommen werden" (ebd., S. 20), umfasst. Zusammengenommen ergibt sich ein weiter Hintergrund interreligiösen Lernens, bei dem der Beziehungs- hermeneutik neben der Aneignungs- und Vermittlungshermeneutik eine besondere Relevanz zukommt: „Interreligiöses Lernen resultiert aus direkten, personalen, inter- subjektiven Begegnungen und aus indirekten u.a. medialen Wahrnehmungen" (ebd.).

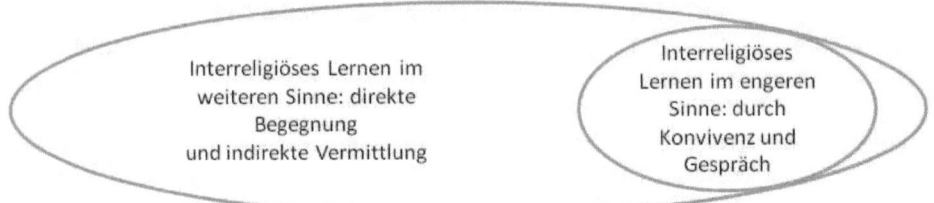

Abbildung 1:   Interreligiöses Lernen nach Stephan Leimgruber (Leimgruber, 2007, S. 20–21)

Aus theologischer Perspektive ist mit Stephan Leimgruber klarzustellen, dass es beim interreligiösen Lernen „nicht um Missionierung, Konversion, Abwerbung oder um eine Einheit auf kleinstem gemeinsamen Nenner, sondern letztlich um das Zusam- menleben in einer pluralen Gesellschaft und eine Standortbestimmung in religiöser Hinsicht" (Leimgruber, 2007, S. 23) geht.

Begrifflich wie inhaltlich stellt sich für interreligiöses Lernen die Frage nach dem Verhältnis zu interkulturellem Lernen. Werden Religion und Kultur mit Stephan Leim- gruber als sich bedeutungsmäßig partiell überlappend und damit als unterschiedlich, aber letztlich auch nicht voneinander trennbar verstanden, so sind auch interreligiöses und interkulturelles Lernen miteinander verwoben.

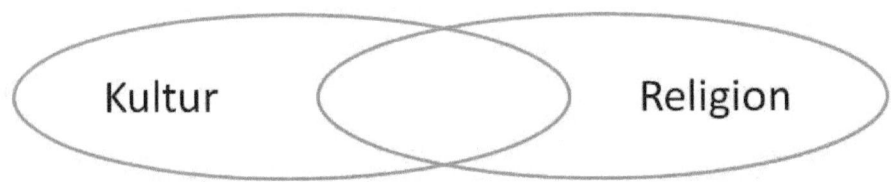

Abbildung 2:   Kultur und Religion nach Stephan Leimgruber (Leimgruber, 2007, S. 19–20)

Interreligiöse Kompetenz umfasst verschiedene Bereiche bzw. Kompetenzen. So unterscheidet Stephan Leimgruber (ebd., S. 99–101) auf Grundlage von Vorüberle- gungen von Ulrich Hemel (1988), Rudolf Englert (2004), Dietrich Benner (2004) und dem Bericht der Expertenkommission des Comenius Instituts (Fischer & Elsenbast, 2006) exemplarisch folgende Bereiche: ästhetische Kompetenz, inhaltliche Kompetenz, anamnetische Kompetenz, Frage- und Ausdrucksfähigkeit, Kommunikationsfähigkeit und Handlungsfähigkeit.

In der KIBOR-Pilotstudie „Interreligiöse Kompetenz in der beruflichen Bildung" (Biesinger, Kießling, Jacobi & Schmidt, 2011) wurden auf Grundlage der im Handbuch Interreligiöses Lernen (Schreiner, Sieg & Elsenbast, 2005) beschriebenen Ziele in Videoaufzeichnungen von Religionsunterricht in Berufsschulklassen in drei verschiedenen Bundesländern sechs Kategorien interreligiöser Kompetenz bei den Schülerinnen und Schülern beschrieben:

1) *Interaktions- und Dialogfähigkeit* (auf Grundlage von Positionalität im eigenen Glauben): das „Vermögen, eine eigene Position auszubilden, diese in den Dialog mit anderen Positionen einzubringen, sich daran zu reiben und miteinander die Suche nach Wahrheit voranzubringen" (Biesinger et al., 2011, S. 29).

2) *Fähigkeit zur Selbstdistanzierung und zur Selbstrelativierung*: die Fähigkeit, sich selbst gegenüber zu treten und Fremdheit wahrnehmen zu können; das „Vermögen, am Fremden auch das Fremde im Eigenen zu entdecken und sich damit auseinanderzusetzen" (ebd., S. 30).

3) *Ambiguitätstoleranz*: das „Vermögen, im Vollzug des Perspektivenwechsel die Spannung zwischen Mehrdeutigem oder gar Unvereinbarem auszuhalten" (ebd., S. 30); die Fähigkeit zum duldsamen Umgang mit Mehrdeutigkeiten und unvereinbaren Gegensätzen.

4) *Fähigkeit zum Perspektivenwechsel*: das „Vermögen, die gegebene religiöse Pluralität aufzugreifen, die eigene Religion nach Kräften empathisch mit den Augen des Gegenübers und die fremde Religion mit den Augen desjenigen Menschen wahrzunehmen, der in dieser Religion steht und lebt" (ebd., S. 29–30).

5) *Fähigkeit zur interreligiösen Kommunikation* (Judentum, Christentum, Islam): das „Vermögen, das nicht auf Belehrung zielt, sondern sich als Interaktion zwischen Angehörigen verschiedener Religionen versteht" (ebd., S. 30).

6) *Religiöse Praxiskompetenz*: das „Vermögen, die eigene religiöse Praxis zu reflektieren und die Praxis anderer Religionen wahr- und ernst zu nehmen" (ebd., S. 31).

Wissen an sich macht noch keine Kompetenz aus; die dort versammelten Inhalte wurden anderen Kategorien zugewiesen.

Die genannten Kategorien interreligiöser Kompetenz können gezielt durch entsprechende Anforderungssituationen gefördert werden. Beispiele finden sich inzwischen in verschiedenen veröffentlichten Unterrichtsmaterialien (z.B. Uhrig, 2010, S. 18; BRU Magazin Nr. 57). Vor allem aber stecken die Anforderungssituationen im Alltag der Schülerinnen und Schüler: von der SMV organisierte Veranstaltungen, die gemeinsame Nutzung eines Meditationsraums in der Schule, das Essensangebot in der Mensa oder Kantine, Fragen der Lebensgestaltung wie Freundschaften und Heirat, Umgang mit andersreligiösen Kolleginnen und Kollegen oder Kundinnen und Kunden etc. Im Sinne der Kompetenzorientierung ist es lohnend, in die privaten, beruflichen und gesellschaftlichen Alltagssituationen der Schülerinnen und Schüler einzutauchen und die spezifisch herausfordernden Anforderungssituationen genau dort aufzuspüren!

Literatur

Benner, D. (2004). Bildungsstandards und Qualitätssicherung im Religionsunterricht. *Religionspädagogische Beiträge, 53,* 5–20.

Bergner, J. (2012). Auftaktveranstaltung Bildungsplanreform 2015 Baden-Württemberg, Vortrag gehalten am 19.12.2012: http://www.kultusportal-bw.de/servlet/PB/show/1384812/PPT_Dr_Bergner_%20Bildungsplanreform_2015_Auftakt.pdf [25.01.2013].

Biesinger, A., Kießling, K., Jakobi, J. & Schmidt, J. (Hrsg.) (2011). *Interreligiöse Kompetenz in der beruflichen Bildung: Pilotstudie zur Unterrichtsforschung.* Berlin: Lit.

Biesinger, A., Schweitzer, F., Gronover, M. & Ruopp, J. (Hrsg.) (2012). *Integration durch religiöse Bildung: Perspektiven zwischen beruflicher Bildung und Religionspädagogik.* Münster: Waxmann.

Englert, R. (2004). Bildungsstandards für „Religion" formulieren. *Religionspädagogische Beiträge, 53,* 29–32.

Fischer, D. & Elsenbast, V. (Hrsg.) (2006). *Grundlegende Kompetenzen religiöser Bildung.* Münster: Comenius-Institut.

Gronover, M., Hiller, S., Märkt, C. & Schnabel-Henke, H. (2012). Interreligiöses Lernen in der Berufsschule: Konzepte und Perspektiven zwischen Alltag und religionsdidaktischer Inszenierung. *Magazin für den Religionsunterricht an berufsbildenden Schulen, 57,* 2–5.

Hemel, U. (1988). *Ziele religiöser Erziehung.* Frankfurt/Main: Peter Lang.

Hiller, S. (Hrsg.). „*Warum denn so was? – Religionsunterricht in der Berufsschule" Thesen der Podiumsteilnehmerinnen und -teilnehmer im Rahmen des 98. Deutschen Katholikentags Mannheim 2012 (im Zentrum Kirche-Wirtschaft-Arbeitswelt am 18.05.2012 im Technoseum Mannheim).* Unveröffentlicht.

Kemmler, A. (2010). Anforderungssituationen im Religionsunterricht. *religionsunterricht an berufsbildenden schulen, 4,* 26–27.

Leimgruber, S. (2007). *Interreligiöses Lernen* (Neuausgabe). München: Kösel.

Lorenz, K. (2012). Die Integrationsfrage aus der Perspektive der Schulverwaltung. In Biesinger, A., Schweitzer, F., Gronover, M. & Ruopp, J. (Hrsg.), *Integration durch religiöse Bildung: Perspektiven zwischen beruflicher Bildung und Religionspädagogik* (S. 217–227). Münster: Waxmann.

Michalke-Leicht, W. (Hrsg.) (2011). *Kompetenzorientiert unterrichten: Das Praxisbuch für den Religionsunterricht.* München: Kösel.

Nipkow, K. E. (2005). *Pädagogik und Religionspädagogik zum neuen Jahrhundert: Bildungsverständnis im Umbruch, Religionspädagogik im Lebenslauf, Elementarisierung (1. Band).* Gütersloh: Gütersloher Verlagshaus.

Obst, G. (2008). *Kompetenzorientiertes Lehren und Lernen im Religionsunterricht.* Göttingen: Vandenhoeck & Ruprecht.

Rupp, H. (2011). *Worin zeigt sich kompetenzorientierter Religionsunterricht?.* Vortrag Karlsruhe, 18. Februar 2011. http://www.ekiba.de/download/Worin_zeigt_sich_kompetenzorientierter_RU_18-02-11.pdf [22.01.2013].

Schreiner, P., Sieg, U. & Elsenbast, V. (2005). *Handbuch Interreligiöses Lernen.* Gütersloh: Gütersloher Verlagshaus.

Thomas, A. (2006). Die Bedeutung von Vorurteil und Stereotyp im interkulturellen Handeln. *Interculture Journal, 2*, 3–20.

Uhrig, C. (2010). Anforderungssituation: Veranstaltungsschutz bei einer Podiumsdiskussion zum geplanten Bau einer Moschee. *religionsunterricht an berufsbildenden schulen, 4*, 19.

Weinert, F. E. (Hrsg.) (2001). *Leistungsmessungen in Schulen.* Weinheim: Beltz.

Willems, J. (2011). *Interreligiöse Kompetenz: Theoretische Grundlagen – Konzeptualisierungen – Unterrichtsmethoden.* Wiesbaden: VS Verlag für Sozialwissenschaften.

Zeigan, H. (2011). Kompetenzorientierung im allgemeinbildenden Religionsunterricht. *Religionspädagogische Beiträge, 67*, 31–44.

Carolin Simon-Winter

„Verschiedenheit achten – Gemeinschaft stärken"

Religionsunterricht als Ort einer kompetenzorientierten Bildung in der pluralen Gesellschaft

Einleitung

Der Religionsunterricht an der Schule wird viel diskutiert und bietet immer wieder Anlass zur Auseinandersetzung: Einige hätten ihn gerne als unzeitgemäßes Relikt aus „vorsäkularer" Zeit aus der Schule verbannt, andere sehen ihn als unverrückbare Bastion der persönlichen Glaubensbildung und somit als „Wertträger" für unsere Gesellschaft.

Solange darum gestritten wird, bekommt er die Aufmerksamkeit, die ihm gebührt. Denn der RU bietet viele Möglichkeiten, den Horizont junger Menschen zu erweitern, indem er Bildung vermittelt, die weit über Wissensweitergabe hinausgeht.

Dafür ist es natürlich notwendig, dass sich der Religionsunterricht konzeptionell weiterentwickelt und die Veränderungen der Gesellschaft thematisiert und reflektiert, in die hinein er wirken möchte.

Im Folgenden wird das Projekt „Verschiedenheit achten – Gemeinschaft stärken" der Theodor-Heuss-Schule in Offenbach vorgestellt, das nun schon im sechsten Jahr erfolgreich durchgeführt wird.

In einem ersten Teil wird die Schule beschrieben, aus der heraus sich das Projekt entwickelt hat. Im zweiten Teil wird sowohl die organisatorische wie auch die inhaltliche Umsetzung des Projekts vorgestellt, um dann in einem dritten Teil auf die durch den Unterricht gewonnen Kompetenzen einzugehen. Der Bezugsrahmen hierfür ist die im Jahre 2011 vom Katholischen Institut für berufsorientierte Religionspädagogik (KIBOR) durchgeführte Studie zur interreligiösen Kompetenz in der beruflichen Bildung.

Zu Wort kommen an verschiedenen Stellen schließlich auch diejenigen, um die es in erster Linie geht: Schülerinnen und Schüler, die ihre Erfahrungen mit dem Projekt beschreiben.

1. Schule als Ort gelebter Pluralität

Unter dem Titel „Verschiedenheit achten – Gemeinschaft stärken" wurde im Jahr 2006 an der Theodor-Heuss-Schule (THS) in Offenbach ein Schulprojekt initiiert, das die im eigenen Schulprogramm propagierte „gelebte kulturelle Vielfalt" als aktiv zu gestaltendes Handlungsfeld sieht.

Ausgangspunkt war, dass in der Schule ein hoher Anteil der Schülerinnen und Schüler einen sogenannten Migrationshintergrund hat. Junge Menschen vieler Nationalitäten, verschiedener Religionen und unterschiedlicher sozialer Schichten sind täglich zusammen und somit treffen verschiedene Traditionen, Wertesysteme und Bildungsziele aufeinander. Der Mikrokosmos Schule ist also ein Spiegelbild der pluralen Gesellschaft mit ihren Konflikten und Chancen.

Seit einigen Jahren gibt es in vielen Städten verstärkt „interreligiöse Arbeitskreise", „Runde Tische" oder einen „Rat der Religionen". Ziel all dieser Gesprächskreise und Diskussionsrunden ist es, Menschen unseres Landes ins Gespräch zu bringen, die hier schon seit Jahrzehnten miteinander leben, ohne sich richtig zu kennen.

Bis heute ist das Miteinander-Leben der Menschen unterschiedlicher Herkunft von Un- oder Halbwissen bestimmt und daraus resultierend von Vorurteilen oder diskriminierenden, weil verallgemeinernden Zuschreibungen von Verhaltens- bzw. Charaktereigenschaften (Mecheril, Castro Varela, Dirim, Kalpaka & Melter, 2010, v.a. S. 150–151) geprägt.

Die Gründe solcher Formen der Diskriminierung sind vielfältig und auf verschiedenen Ebenen unserer Gesellschaft anzutreffen, im Bereich des nachbarschaftlichen Zusammen- oder auch Nebeneinanderlebens, in politisch geführten Diskussionen und vor allem auch in den Medien.

Umso wichtiger ist es, dass sich Menschen zusammenschließen, um der „instinktiven" Abgrenzung entgegenzutreten und dieser Form der Abschottung durch ein Kennenlernen auf intellektueller wie auch auf emotionaler Ebene ein Ende zu bereiten.

Schulen sind Orte, an denen dies schon seit langem und ganz selbstverständlich geschieht. Dort sind tagtäglich die unterschiedlichsten Menschen an „Runden Tischen" zusammen. Es ist wichtig, sich dies bewusst zu machen, nach Strukturen zu suchen und Konzepte zu entwickeln, die die Gemeinschaft stärken und dabei gleichwohl die Unterschiedlichkeit der Beteiligten bewahren.

Dies bedeutet dann aber auch, die Möglichkeit zu bieten, Konflikte zu benennen, Unterschiede nicht unter den Tisch zu kehren, sondern Mut zu machen, den/ die Andere/n anzusprechen und auch Unverständnis zu äußern. Nicht alles lässt sich lösen, und vorschnelle Harmonisierungstendenzen bieten nur Stoff für neuerliche Konflikte. Es geht aber auch nicht in erster Linie darum, eine Streitkultur zu entwickeln. Nicht über alles lässt sich streiten. Wir brauchen auch eine Kultur des „Anders-Sein-Lassens" und manchmal auch eine Kultur des „Einander-Ertragen-Könnens", ohne dabei den einfachen Weg der Gleichgültigkeit zu wählen. Es ist wichtig, die „Verschiedenheit zu achten, die Gemeinschaft zu stärken." Der Religions- und Ethikunterricht ist hierfür ganz besonders geeignet.

2.   Das Religions-/Ethikprojekt: „Verschiedenheit achten – Gemeinschaft stärken"

Der RU hat eine gesellschaftliche Bedeutung und Verantwortung. Viele der in der Gesellschaft auftretenden Konflikte werden den Religionen oder religiösen Überzeugungen zugeschrieben bzw. auch de facto durch sie verursacht.

Aus dem Blick gerät hierbei, dass es bei aller Unterschiedlichkeit der Religionen, gerade im Hinblick auf gemeinsame Werte und Erwartungen an das gesellschaftliche Zusammenleben, viele Gemeinsamkeiten gibt.

Das Trennende zwischen den Religionen besteht neben den inhaltlichen Differenzen vor allem auch in der Art und Weise, wie die einzelnen Menschen ihre jeweilige Religion verstehen und praktizieren. So gibt es in allen Religionen Menschen, die ihre Religion nur dann als identitätsstiftend erleben, wenn diese sich klar von anderen Religionen abgrenzt oder diese abwertet. Für andere Menschen ist ihre Religion vor allem durch die inhaltlichen und spirituellen Werte, die in ihr vertreten werden, identitätsstiftend. Diese Werte haben keinen Exklusivcharakter und könnten somit Anknüpfungspunkte für die Gestaltung eines friedvollen gesellschaftlichen Miteinanders, auch und gerade im Hinblick auf andere religiöse Überzeugungen, werden.

In den Schulen erleben die Schülerinnen und Schüler den Religions- und Ethikunterricht oft als das, was trennt. Üblicherweise werden sie in evangelische oder katholische Lerngruppen bzw. den Ethikunterricht eingeteilt. Ab der Oberstufe wählen sie sich in die jeweiligen Kurse ein.

Die Selbstverständlichkeit, mit der diese Trennung vollzogen wird, birgt eine Gefahr. Religiöse Identität wird nicht über inhaltliche Auseinandersetzung gebildet und entwickelt, sondern durch die bestehende Zugehörigkeit zu einer Gruppierung vorausgesetzt, deren eigene Heterogenität dabei aus dem Blick gerät. So entstehen für die je Außenstehenden Gruppierungen wie „die Moslems", „die Christen", „die Ungläubigen". Ein Blick in die Vergangenheit zeigt immer wieder: Auf Gruppierungen lassen sich verallgemeinernde Bilder projizieren. Vorurteile werden zu Beurteilungen, die Menschen werden nach ihrer Religionszugehörigkeit bewertet oder abgewertet.[1]

Der impliziten Botschaft, dass Religion in erster Linie etwas ist, was trennt, soll mit dem Projekt „Verschiedenheit achten – Gemeinschaft stärken" entgegengetreten werden.

Die Idee war, die Schülerinnen und Schüler unterschiedlicher Religions- und Konfessionszugehörigkeit und diejenigen, die keiner Religionsgemeinschaft angehören, im Klassenverband zu unterrichten. Diese Praxis gibt es gerade an Berufsschulen schon seit längerer Zeit. Jedoch hatte sie mit Blick auf die Zugangsbedingungen für eine Abiturprüfung in einem der genannten Fächer in das Berufliche Gymnasium noch keinen Eingang gefunden, es sei denn, es lagen organisatorische Gründe wie Lehrermangel vor. Wichtig war deshalb für das neu initiierte Projekt, dass es nicht aus einer organisatorischen Notsituation heraus begründet wurde, sondern das Unterrichten im Klassenverband sollte ganz bewusst genutzt werden, um einen aktiven Beitrag zur Gestaltung einer an Werten orientierten pluralen Gesellschaft zu leisten.[2]

Dies geschieht im Projekt sowohl implizit als auch explizit. So sind z.B. Themen wie „Gleichberechtigung", „Respekt" und „Toleranz" Teil des zugrunde gelegten

---

[1] Z.B. „die Moslems unterdrücken ihre Frauen.", „die Christen fühlen sich immer als etwas Besseres.", „die Juden sind geizig."...

[2] Das Projekt erstreckt sich über den gesamten Zeitraum der Jahrgangsstufe 11 (E1/E2). Ab der Jahrgangsstufe 12 (Q1) wird der Unterricht in konfessionellen Lerngruppen angeboten.

Curriculums. Gleichzeitig soll aber auch deren Umsetzung in der praktischen Durchführung des Unterrichts sichtbar werden. Von Beginn an war klar, dass dieses Projekt
an der Theodor-Heuss-Schule aufgrund der Zusammensetzung der Schülerschaft nur
mit Beteiligung einer muslimischen Theologin stattfinden sollte. Der Erfolg solch
eines Unterrichts hängt entscheidend davon ab, dass auch im Lehrpersonal die Unterschiedlichkeit gleichberechtigt repräsentiert wird. Jegliche Form der Inklusion ist
kontraproduktiv.

Die Beteiligung von Lehrkräften verschiedener Religionen, Konfessionen und
Weltanschauungen ist auch als Korrektiv wichtig, damit z.B. nicht einzelne Schüler
ihre persönliche Überzeugung als allgemein gültige Glaubensaussage ihrer jeweiligen
Glaubensgemeinschaft präsentieren können (Gronover, Hiller, Märkt & Schnabel-
Henke 2012, S. 5).

Der Unterricht wird somit von vier Personen gestaltet[3]. Nicht immer sind alle
gleichzeitig anwesend, aber für die Schülerinnen und Schüler der vier bzw. fünf elften
Klassen des Beruflichen Gymnasiums gemeinsam verantwortlich und ansprechbar.

Ausgehend von den Lehrplänen der Fächer evangelische und katholische Religion
sowie des Faches Ethik[4] wurde ein Curriculum entwickelt, das im Wesentlichen die
drei Religionen Judentum, Christentum und Islam sowie säkulare Weltanschauungen
in Verbindung mit den Begriffen „Toleranz", „Integration" und „Identität" in den
Blick nimmt.

Der didaktische Schwerpunkt ist hierbei narratives und biographisches Arbeiten.
Es soll Raum für die Erfahrungen und Traditionen der Schüler der jeweiligen Klassen
bieten, aber auch für die Auseinandersetzung mit theoretischen und wissenschaftlichen Positionen.

Das Projekt soll keine grundsätzliche Alternative zum konfessionellen Religionsunterricht sein, sondern als Bereicherung für bestimmte Jahrgangsstufen dienen.

Gerade in der doch sehr von Klischees und Vorurteilen geprägten gesellschaftlichen Situation ist es wichtig, jungen Menschen die Möglichkeit zu bieten, innerhalb
ihrer Religion und Tradition Heimat zu finden, ohne sich von anderen wertend abzu-
grenzen oder verteidigen zu müssen.

Und wie erleben es die Schülerinnen und Schüler? Die erste Lernerfahrung in allen
Klassen ist: „Wir sind anders!"

Es wird nicht nur sichtbar, dass sich Christen von Moslems unterscheiden und diese wiederum von Atheisten oder Buddhisten. Auch die scheinbar homogenen Blöcke
der Moslems, der Christen und der Atheisten weichen auf, jedoch ohne ihre Unterschiede einfach zu verwischen. Die Schülerinnen und Schüler erleben, dass gerade
in der Differenzierung die Chance zur Verständigung liegt. Einer Verständigung, die
nichts mit vorschneller Annäherung oder gar mit Vereinheitlichung zu tun hat. Die
Religionen bekommen viele verschiedene Gesichter. Es erscheinen neben evangelischen, katholischen, syrisch-, serbisch- und griechisch-orthodoxen Christinnen und

---

3   Je eine Lehrkraft für katholische, evangelische und islamische Religion und für Ethik.
4   Es handelt sich um die zum Zeitpunkt des Projektbeginns gültigen Lehrpläne des Landes Hes-
     sen. Einzusehen unter: http://hkm.hessen.de.

Christen solche aus Pfingst- und Freikirchen. Wir erleben sunnitische, alevitische und schiitische Muslime, Zugehörige der Ahhmadya-Gemeinde, Juden aus Osteuropa und Israel, Buddhisten aus Tibet und Myanmar.

Diese bewusst wahrgenommene Vielfalt stiftet eben keine Verwirrung, sondern die Schülerinnen und Schüler lernen an sich selbst, dass es ein Anders-Sein gibt, welches das Eigene nicht bedroht und somit nicht in Konkurrenz gesehen werden muss. Ein Schüler formulierte es folgendermaßen: *„Man lernt Gemeinsamkeiten und Unterschiede zu schätzen und beginnt, Hintergründe zu verstehen. Das schafft ein besseres Miteinander"*.

Eine weitere bereichernde Erfahrung ist, dass die Schüler selbst das beste „Lehrmaterial" sind und dies auch schätzen lernen können. So war die Antwort eines Schülers auf die Frage, ob der Stoff gut zu bewältigen war: *„Ja, wir hatten es gut, wir waren so unterschiedlich. "*

3. Der Unterricht

Sowohl die inhaltliche wie auch die didaktische Ausgestaltung der einzelnen Unterrichtsmodule orientieren sich an der Pädagogik P. Freires (2002). Für ihn ist Bildung ein Prozess der „Bewusstmachung" und erfolgt in dem bekannten Dreischritt „sehen – urteilen – handeln." Zu erwähnen ist hierbei, dass dieser Dreischritt nicht unbedingt chronologisch vollzogen wird, und dass die einzelnen Schritte nicht immer klar voneinander zu trennen sind.

*   *Sehen* bedeutet, sich der Realität bewusst zu werden und die Dinge oder die Ereignisse, die selbstverständlich scheinen, nochmals explizit zu benennen und dadurch zu realisieren, dass auch die scheinbar eindeutige Realität verschiedene Deutungsmuster zulässt.
*   *Urteilen* bedeutet, mithilfe theoretischer Texte eigene Denkstrukturen zu überprüfen und gegebenenfalls zu erweitern.
*   *Handeln* bedeutet, die erworbenen Einsichten und das erweiterte Wissen in konkrete Handlungen innerhalb und außerhalb der Schule umzusetzen.

Einzelne Unterrichtsmodule

1) Vielfalt bewusst erleben. Die Schüler lernen sich selbst als Teil einer Gruppe kennen, in der viele Sprachen gesprochen werden, in der viele Traditionen bekannt sind, unterschiedliche Lebensformen und Glaubensüberzeugungen gelebt werden und überliefertes Wissen geteilt werden kann. Die Schülerinnen und Schüler erleben, dass kulturelle Vielfalt in der Schule nicht nur Probleme verursacht, sondern auch Reichtum ist und viele Chancen bietet.
2) Ausgehend von der „Adlergeschichte"[5] wird das Thema „Integration" anhand verschiedener Integrationsmodelle besprochen. Der Zusammenhang zwischen

---

5   Die Geschichte vom Adler, der nicht fliegen wollte, nach James Aggrey.

„Integration" und „Identität" soll reflektiert und dadurch deutlich werden (u.a. Kermani, 2010; Topcu, 2007).

3) *Al-Andaluz* (Bossong, 2010) als historisches Beispiel für ein nicht konfliktfreies, aber sehr fruchtbares Zusammenleben der drei monotheistischen Religionen. Entsprechend den eigenen Interessen beschäftigen sich die Schüler mit den Errungenschaften in den Bereichen Kultur, Architektur, Medizin, Religiöser Dialog, Geographie, Mathematik, Philosophie…

4) Toleranzkomponenten und -konzeptionen in Anlehnung an R. Forst (2003) werden er- und bearbeitet, wobei deutlich wird: Toleranz bedeutet nicht, „alles geschehen lassen". Toleranz ist keine Gleichgültigkeit. Toleranz zu leben ist Arbeit. Toleranz wie auch Intoleranz hat immer dort ihre Grenzen, wo Menschen in ihrer Würde verletzt werden.

5) Biographisches Lernen: Die Schülerinnen und Schüler gestalten ihre Biographie. Sie sind darin, abgesehen von einigen Orientierungsfragen, völlig frei. Ebenso bleibt es jedem/r selbst überlassen, ob er/sie ihre „Biographie" der Klasse vorstellen möchte oder nicht.
Ziel ist es, sich bei gleichzeitiger Fähigkeit zum Perspektivenwechsel der eigenen Identität zu vergewissern.

6) Auseinandersetzung mit Elementen des Judentums, des Christentums und des Islam: Um in die jeweilige Religion einzuführen, wird die Geschichte des Anfangs (Exodus, Leben Jesu, Leben Mohammeds) in Wort, Bild und Musik den Schülerinnen und Schülern vorgestellt.
In Gruppen werden für die Religionen typische Themenbereiche[6] erarbeitet, Gemeinsamkeiten gefunden und Unterschiede benannt.
Sehr wichtig sind in diesem Modul die Besuche in Synagogen, Kirchen und Moscheen. Dort findet Begegnung mit Menschen statt, die erzählen, wie sie ihren Glauben leben.

7) Freies Modul: Variiert je nach Zusammensetzung der Klasse, möglich ist die Behandlung der Themen Buddhismus, Esoterik, Hinduismus, Religionskritik, o.Ä.

4.   Durch das Projekt geförderte Kompetenzen

In der Pilotstudie „Interreligiöse Kompetenz in der beruflichen Bildung" von Biesinger, Kießling, Jakobi und Schmidt (2011) werden sechs Kategorien interreligiöser Kompetenzen herausgearbeitet, die sich auch in dem hier beschriebenen Projekt erkennen lassen:

Positionalität, „verstanden als das Vermögen, eine eigene Position auszubilden und diese in den Dialog mit anderen einzubringen" (Biesinger et al., 2011, S. 29). Eine wichtige Erkenntnis für die teilnehmenden Schüler besteht darin, dass auch die Positionalität mehrschichtig ist. So definiert sich ihre Positionalität zunächst aufgrund der Zugehörigkeit zu einer Religion oder im Bekenntnis zum Atheismus oder Agnos-

---

6   Z.B.: Rolle der Frauen, Frieden, Gerechtigkeit, innerreligöse Unterschiede,…

tizismus. Identifikation entsteht hierbei vor allem über die in der jeweiligen Religion geltenden Grundregeln[7] oder in der Bestreitung jeglicher Relevanz von Religion.

In den ersten Stunden der Einheit definieren sich die Schülerinnen und Schüler vor allem auf dieser Ebene. Dies ist einfach und eine solche Position bietet auch Schutz. Es ist nicht nötig, sich selbst zu erklären, sondern „man taucht in einen Gesamtzusammenhang unter".

Die nächste Differenzierung bezüglich der eigenen Positionalität tritt anhand der unterschiedlichen religiösen Richtungen zu Tage. Bei genauerem Nachfragen lösen sich die scheinbar homogenen „Blöcke" auf. Es gibt nun Sunniten, Schiiten, Ahhmady, Aleviten, Evangelische, Katholische, Orthodoxe und Nicht-Religiöse, die Glauben an sich ablehnen und andere, die „nur" die jeweilige religiöse Praxis kritisieren.

Hier wird es für die Schüler schwieriger. Sie müssen z.B. erklären, weshalb ein Fest auf eine ganz bestimmte andere Art gefeiert wird oder welche Besonderheiten sich in ihrer Tradition herausgebildet haben. An dieser Stelle gibt es die ersten hitzigen Debatten um „richtig" und „falsch".

Die von Biesinger et al. erwähnte *Ambiguitätstoleranz* ist gefragt. Sie wird beschrieben als „Fähigkeit zum duldsamen Umgang mit Mehrdeutigkeiten, Widersprüchen und auch mit unvereinbaren Gegensätzen" (ebd., S. 85). Im Bereich der Positionalität bezieht sich diese Form der Toleranz nicht nur auf den Umgang mit gesellschaftlichen Werten und/oder deren Konsequenzen für die Praxis, sondern sie betrifft auch die eigene Geschichte und Identifikation.

Eine neue Ebene der Positionalisierung innerhalb der Gruppe wird erkennbar, wenn die Konsequenzen der Religionszugehörigkeit thematisiert werden, wenn also der Bereich der Ethik in den Vordergrund tritt. Hier wird deutlich, dass die vorher geltenden „Zugehörigkeiten" vollends aufbrechen und sich ganz neue „Gruppierungen" bilden. Die Schülerinnen und Schüler erleben sich plötzlich, z.B. bei der Diskussion um Fragen der „Integration", der „Toleranz" oder der „Gerechtigkeit" in inhaltlicher Übereinstimmung mit Andersgläubigen oder Nichtgläubigen, während Angehörige der eigenen religiösen Gemeinschaft nun zu einer anderen Gruppierung gehören können.

Zusammenfassend ist zu sagen, dass sich die Schülerinnen und Schüler im interreligiösen Unterricht zum einen ihrer eigenen Glaubensgrundlagen verstärkt bewusst werden und diese auch in Abgrenzung zu den anderen definieren. Zum anderen erleben sie aber auch, dass diese „Verankerung" sie nicht dahingehend festhält, auf anderer Ebene mit Anders- oder Nichtgläubigen zu kooperieren oder auch manchmal dazu bringt, zu ihrer eigenen Glaubensgemeinschaft in Widerspruch zu treten.

Dies ist ein äußerst spannender Prozess, der an manchen Stellen auch schwer auszuhalten ist, jedoch zum Ende des Schuljahres von nahezu allen Schülern positiv bewertet wird.

Die Kompetenz der *Selbstdistanzierung* „als [die] Fähigkeit, sich selbst gegenüberzutreten und Fremdheit wahrnehmen zu können" (Biesinger et al., 2011, S. 71)

---

7   Z.B. der Glaube, dass der Koran an Mohammed gesandt wurde, dass Jesus Christus Gottes Sohn ist, …

wird an verschiedenen Stellen des Curriculums gefördert. Für die Schülerinnen und Schüler ist es zunächst oft schwierig, eine Position, die in Distanz zur eigenen geht, einzunehmen oder gar vor den anderen darstellend zu vertreten.

Geübt wird dies z.B. mit Methoden des SOL-Expertenpuzzles (Herold & Herold, 2010), oder dadurch, dass z.B. eine Muslima einem Christen erklärt, warum und in welcher Weise die „Nächstenliebe" im Christentum ein zentraler Begriff ist.

Der *Perspektivenwechsel* (Biesinger et al., 2011, S. 101) als „Fähigkeit, die eigene Religion mit den Augen des anderen und die fremde Religion mit den Augen des in ihr Stehenden zu sehen", vollzieht sich ständig. Immer wieder denken sich die Schülerinnen und Schüler in die jeweils andere Religion hinein, oder versuchen zu verstehen, wie das, was sie von sich berichten, für andersgläubige oder nichtgläubige Mitschülerinnen und Mitschüler „klingt".

Die Schülerinnen und Schüler werden ermuntert, nachzufragen, damit ihre Mitschülerinnen und Mitschüler helfen können, einen Perspektivenwechsel zu vollziehen. Wichtig ist hierbei, dass bestimmte Gesprächsregeln eingehalten werden, die zu Beginn des Schuljahres besprochen werden. So ist die Frage oder die Aussage immer in der „Ich-Form" zu formulieren: „Ich möchte gerne wissen...", „Für mich bedeutet das, was du sagst...".

Des Weiteren gibt es bei den Fragen keine Tabus. Jedoch bleibt es den Schülerinnen und Schülern überlassen, ob sie auf die gestellten Fragen antworten oder zu einer persönlichen Äußerung Stellung nehmen möchten. Wobei ein „Nein" ein „Nein" bleibt und ohne Nachfrage zu akzeptieren ist.

Dies ist wichtig, weil den Schülerinnen und Schülern die Möglichkeit gegeben werden soll, sich auch auf sich selbst zurückzuziehen. Gerade im Bereich der Religiosität, der persönlichen Glaubens- und Lebensüberzeugungen, muss es Bereiche geben, die unangetastet bleiben. Wann dies der Fall ist, muss und kann nur jede/r für sich selbst definieren. Auch dies ist Teil des Lernprozesses. Es gibt Zeiten und Dinge, an und zu denen es nichts zu erklären gibt.

Biesinger et al. weisen darauf hin, dass für *„interreligiöse Kommunikationsfähigkeit"* Artikulationsprozesse wichtig sind, bei denen authentische religiöse Überzeugungen geäußert, hinterfragt, ausgetauscht und artikuliert werden" (2011, S. 140). Dies geschieht im Rahmen des beschriebenen Projektes vor allem in dem Modul des „biographischen Lernens".

Diese Unterrichtseinheit bietet viel Platz für Überraschendes. So unterschiedlich wie die Schülerinnen und Schüler sind auch die Präsentationen ihrer „Biographien". Diese Unterschiedlichkeit betrifft sowohl die Art der Vorstellung wie auch den Inhalt. Es sind „andächtige" Stunden, fast nie kommt es zu Unterbrechungen oder Bemerkungen. Die Schüler spüren sehr genau, dass es hier um das Leben in all seiner Vielfalt und seinem Reichtum geht, und dass sie viel voneinander lernen können.[8]

Unter dem Stichwort *Lernanlass für religiöse Praxiskompetenz* wird die Fähigkeit und Bereitschaft, die eigene religiöse Praxis zu thematisieren und zu reflektieren und

---

8   Stellungnahmen der Schülerinnen und Schüler zum biographischen Lernen: s.u. Anhang „Teil I)".

die religiöse Praxis anderer Religionen wahr- und ernst zu nehmen (ebd., S. 141) beschrieben.

Es ist immer wieder interessant, bestimmte praktische Aufgaben innerhalb des Unterrichts diskutieren zu lassen. Noch spannender wird es jedoch, wenn sich die Schülerinnen und Schüler aufgrund des Unterrichts zusammentun, um gemeinsam für etwas einzustehen oder um gemeinsam etwas vorzubereiten.

Dies soll auf keinen Fall bedeuten, dass sich der Wert des Unterrichts allein in praktisch vorzeigbaren Ergebnissen ermessen ließe, aber an ihnen wird am sichtbarsten deutlich, welche Kompetenzen erworben werden können, die über das Aneignen von Lernstoff hinausgehen.

Neben den jährlich stattfindenden Info- und Kulturabenden oder dem gemeinsamen Eintreten für von der Abschiebung bedrohten Mitschülerinnen und Mitschüler und dem gemeinsam gestalteten Gedenken bei Katastrophen, wurde die erworbene Praxiskompetenz besonders bei der Vorbereitung einer Trauerfeier deutlich. Es wurde aber auch erkennbar, wie schwierig es sein kann, die im Unterricht eingeübten Kompetenzen in der Realität zu leben und dies vor allem auch dann, wenn sich viele Beteiligte in einem emotionalen Ausnahmezustand befinden.[9] Umso beeindruckender war die Erfahrung, dass jede/r sich treu bleiben konnte, und trotzdem oder gerade deshalb alle in der Trauer tief vereint waren.

5.   Anhang

I)   Stellungnahmen der Schülerinnen und Schüler zum „biographischen Lernen"

„Aus den Unterrichtsstunden, in denen wir über unsere Biographien gesprochen haben, habe ich gelernt, mir intensiv Gedanken über mich selbst zu machen. Dadurch habe ich gesehen, welche Ereignisse in meinem Leben mich zu der Person gemacht haben, die ich heute bin. Außerdem war es sehr interessant zu sehen, durch welche Ereignisse andere Menschen geprägt wurden."

„Ich war beeindruckt zu erfahren, was es bedeutet, aus einem anderen Land nach Deutschland zu kommen."

„Ich habe Geschichten gehört, die mich sehr berührt haben. Ich habe gelernt wertzuschätzen, was ich habe. Ich war erstaunt zu hören, dass auch in Deutschland Menschen hungerten. Ich habe eine neue Bedeutung für den Begriff ‚Freiheit' gewonnen. Ich habe auch gespürt, dass mir andere Religionen noch sehr fremd sind und ich mich nicht wirklich mit ihnen identifizieren kann."

„Ich habe Respekt gegenüber dem Leben anderer bekommen. Mich erstaunt, was manche Schüler alles erlebt haben und wie sie erzogen wurden."

---

9   Zum Gestaltungsprozess einer gemeinsamen Trauerfeier: s.u. Anhang „Teil II)".

„Das Leben ist Veränderung."

„Geprägt hat mich in denen letzten Wochen, dass ich die Dinge, die ich jetzt besitze, schätzen soll."

„Mich hat (Namen) *positive Energie zum Weiterleben sehr interessiert. Ich bewundere es."*

II)   Gestaltungsprozess einer gemeinsamen Trauerfeier

Eine beliebte und anerkannte Mitschülerin aus einer der am Projekt beteiligten Klassen hatte sich das Leben genommen. Es war schnell klar, dass, neben dem muslimischen Ritual in der Moschee, die Klasse in einer Trauerfeier von ihr Abschied nehmen wollte. Wie immer waren in der Klasse die unterschiedlichsten Gläubigen und Nicht-Gläubigen vertreten. Viele hatten engen Kontakt zu der Verstorbenen und alle waren geschockt. Wie sollte es ermöglicht werden, dass jede/r sich in der Trauerfeier wieder finden konnte und vor allem auch, dass die Verstorbene nicht durch bestimmte Rituale oder Gesten vereinnahmt werden würde?

Ein zähes Ringen und Diskutieren begann. Jede religiöse Richtung hatte andere Gebote, die nur schwer zu vereinbaren waren oder sich sogar ausschlossen.

Es kamen Fragen wie diese auf: Wer darf überhaupt den Koran öffentlich lesen? Ist Musik erlaubt? Wenn ja, an welcher Stelle? Was ist mit rituellen Waschungen? Welche Symbole können wir verwenden, die nicht missverständlich sind?

Es war ein schwieriger, langwieriger und auch schmerzhafter Prozess. Aber keine/r der Schülerinnen und Schüler ist abgesprungen, auch solche nicht, die ganz gleich aus welcher Überzeugung, eher fundamentalistisch geprägt waren.

Das ist den Schülerinnen und Schülern hoch anzurechnen. Es war möglich, weil deutlich wurde, dass das, was in der Moschee, der Synagoge oder der Kirche gesagt und gelehrt wird, dort auch die Gültigkeit behält, dass es jedoch im Rahmen eines gemeinsam verantworteten Prozesses nicht so sehr auf die jeweiligen „Ausführungen", sondern auf die zu transportierenden Inhalte ankommt, entsprechend der paulinischen Unterscheidung von „Geist" und „Buchstabe". Damit war noch nicht alles geklärt, aber diese Vorgehensweise bot eine Grundlage, auf der weiter diskutiert werden konnte.

Eine Verbundenheit konnte entstehen, weil wir die Konflikte nicht gescheut hatten. Und so wurden dann während der Trauerfeier Gedichte Rilkes gelesen, Verse aus der Bibel und dem Koran rezitiert und wir standen um einen gemeinsam gepflanzten Olivenbaum – und dieser wächst.

III)   Statements von Schülerinnen und Schülern bezüglich der im Projekt gewonnenen Kompetenzen:

„Mein Name ist Waleed und ich habe pakistanischen Hintergrund. Ich schätze an unserer Unterrichtsform, dass man sich von den Weltreligionen ein realistisches Bild machen

kann. Unter anderem ist es sinnvoll, verschiedene Lehrer zu haben, da somit nicht nur eine Religion vertreten ist. Da an unserer Schule viele Schüler dem Islam angehören, finde ich es auch gut, islamische Lehrer zu haben. Das schafft ein besseres Miteinander, auch wird der Zusammenhalt größer, da wir durch den Unterricht, der alle Religionen behandelt, ganz einfach bessere Kenntnisse haben. Man lernt, Gemeinsamkeiten und Unterschiede zu schätzen und die Feiertage und ihre Hintergründe zu verstehen."
Waleed, Pakistan, sunnitisch

„Mir war es wichtig, alle Glaubensrichtungen kennenzulernen. Die Bekanntschaft mit anderen Religionen hat meine Ideologie verändert und der gegenseitige Austausch gab mir die Erkenntnis, wie wenig ich eigentlich über meine Religion wusste. Zudem schafften diese Erkenntnisse Vorurteile aus der Welt."
Mehmet, Türkei, sunnitisch

„Mein Name ist Lisa und ich bin Christin. Meine Eltern kommen aus Deutschland. Das Projekt an unserer Schule ist sehr gut, da man nicht nur die eigene Religion besser kennenlernt, sondern auch andere. Man lernt neue Traditionen kennen und erfährt, wie andere ihre Religion erleben. Was mir sehr gut gefallen hat, war, wie drei Lehrer zusammen die Geschichte vom „Exodus" durchgegangen sind. So hat man die Geschichte von Moses viel intensiver erfahren."
Lisa, Deutschland, evangelisch

„In unserem Religionskurs „Verschiedenheit achten – Gemeinschaft stärken" haben wir bei drei Lehrkräften mit unterschiedlichen Glaubensrichtungen Unterricht. Dies ermöglicht uns, nicht nur die eigene Kultur und Tradition kennen zu lernen, sondern auch die der Mitschüler und diese zu tolerieren. Jeder trägt einige Erfahrungen aus seiner Religion/ Weltanschauung dazu bei. Das gibt uns die Chance, diese Menschen neu kennenzulernen. Das lockert unsere Gruppe auf und wir gehen respektvoll miteinander um."
Markus, Syrien, syrisch-orthodox

„Der Religionsunterricht an der Theodor-Heuss-Schule unterstützt etwas, was dem Schulsystem im Gesamten fehlt. Dieser Unterricht trägt nämlich dazu bei, dass wir mit der Welt im gegenseitigen Kontakt interagieren und dadurch ist globales Denken erst möglich. Wir werden darin gefördert, uns selbst in der Welt zu betrachten, die Rolle, die wir haben, und natürlich auch die Rolle der anderen Kulturen. Durch dieses vielseitige und transparente Denken ist es uns gegeben, im Lernprozess reifer zu werden."
Ofir, Israel, jüdisch

„Ich persönlich finde das Projekt sehr lehrreich, da man zum einen nicht nur lernt, die anderen Religionen zu verstehen und zu tolerieren, sondern durch die direkte Begegnung Vorurteile aus der Welt schaffen kann. Ich finde es sehr interessant, einen Einblick in die jeweils andere Religion zu bekommen und mein Wissen über diese verschiedenen Religionen zu erweitern.
Außerdem finde ich, dass die heutige Gesellschaft aus verschiedenen Religionen besteht und es ist wichtig, dass wir dieses Miteinander als normal begreifen. Nur so können wir miteinander als Menschen auskommen.
Das RU-Projekt hilft uns, dieses Miteinander zu stärken, da wir eine jeweils andere Kultur und fremde Sitten kennengelernt haben. Somit haben wir einen Einblick in das „wahre

Leben" bekommen und können in Zukunft Probleme beseitigen. Religion hilft nicht nur, die jeweils andere Seite zu verstehen, sondern ist auch ein Mittel, um in Harmonie leben zu können."
Amal, Palästina, sunnitisch

6.   Anmerkungen zum Schluss

Im Jahre 2011 bekam das Schulprojekt „Verschiedenheit achten – Gemeinschaft stärken" den „Hildegard-Hamm-Brücher-Preis" durch die Jury von „Demokratisch handeln"[10] verliehen. Die Jury begründete ihre Entscheidung unter anderem mit der großen Bedeutung, die dieses Unterrichtsprojekt für die Werteerziehung junger Erwachsener im Hinblick auf die gegenwärtigen gesellschaftlichen An- und Herausforderungen hat.

Zum Schluss der Preisverleihung wurde nochmals herausgestellt, was dieses Projekt und die entgegengebrachte Anerkennung auch im Bewusstsein der Schülerinnen und Schüler verändert: „Die Schülerinnen und Schüler erleben jetzt, dass ihr Tun gesehen wird und dass ihr Engagement für unsere Gesellschaft nicht gleichgültig ist. Ich denke, so etwas prägt und verändert die eigene Haltung. Sie werden auch weiterhin bereit sein, Verantwortung zu übernehmen für die Gesellschaft, in der sie leben. [...] Ihnen gilt Dank, weil sie den Mut haben, zu zeigen, wer sie sind. Sie sind es, die aus den ihnen zugewiesenen Schubladen herauskriechen, Schubladen, die bei aller Enge ja auch Sicherheit bieten. Sie kommen heraus und stehen zu dem, was sie ausmacht: zu ihren Werten, Traditionen, Erfahrungen und Zweifeln. In dieser Unterschiedlichkeit gehen sie aufeinander zu, weil es ihnen nicht egal ist, wie die Welt aussieht, in der sie leben. Sie übernehmen Verantwortung für die Gestaltung unseres Zusammenlebens" (*Auszug aus der Dankesrede anlässlich der festlichen Preisverleihung in der Akademie für Politische Bildung in Tutzing*).

Wie es mit der Entwicklung und Durchführung des Projektes weitergeht, ist auf einer Internetblogseite[11] zu verfolgen. Unter dem Titel „Achten und stärken" wird über Aktuelles informiert, Geschehenes reflektiert und natürlich auch diskutiert.

Sie sind eingeladen, daran teilzuhaben.

Literatur

Biesinger, A., Kießling, K. Jakobi, J. & Schmidt, J. (Hrsg.) (2011). *Interreligiöse Kompetenz in der beruflichen Bildung: Pilotstudie zur Unterrichtsforschung.* Münster: Lit.
Bossong, G. (2010). *Das maurische Spanien: Geschichte und Kultur.* München: C.H.Beck.
Forst, R. (2003). *Toleranz im Konflikt.* Frankfurt a.M.: Suhrkamp.

---

10 „Demokratisch Handeln" – ein Förderprogramm für Jugend und Schule, Träger: Theodor-Heuss-Stiftung, Akademie für Bildungsreform, gefördert vom Bundesministerium für Bildung und Familie.

11 achtenundstaerken.wordpress.com

Freire, P. (2002). *Pädagogik der Unterdrückten: Bildung als Praxis der Freiheit.* Hamburg: Rowohlt.

Gronover, M., Hiller, S., Märkt, C. & Schnabel-Henke, H. (2012). Interreligiöses Lernen in der Berufsschule: Konzepte und Perspektiven zwischen beruflicher Bildung und Religionspädagogik. *BRU-Magazin, 57,* 2–5.

Herold, C. & Herold, M. (2010). *Selbstorganisiertes Lernen in Schule und Beruf.* Weinheim/ Basel: Beltz Verlag.

Kermani, N. (2010). *Wer ist wir? Deutschland und seine Muslime.* München: C.H.Beck.

Mecheril, P., Castro Varela, M., Dirim, I., Kalpaka, A. & Melter, C. (Hrsg.) (2010). *Migrationspädagogik.* Weinheim/Basel: Beltz.

Topcu, C. (2007). *EinBÜRGERung: Lesebuch über das Deutsch-Werden.* Frankfurt: Brandes & Apsel.

Jürgen Rausch, Wilhelm Schwendemann, Sven Howoldt und Sadik Hassan

Managing Diversity als Querschnittskompetenz in der Religionspädagogik – wer mit der religiös-kulturellen Vielfalt junger Menschen umgehen kann, wird sie im Beruf auch besser verstehen

1. Einleitung

Die Grundlinien des christlichen Verständnisses vom Menschen skizzieren ein Menschenbild, wie es sich an jeder Schule und in jeder Klasse entsprechend seinem Facettenreichtum wiederfinden lässt. Paradox erscheint es deshalb, wenn pädagogisches Handeln im Unterricht einem impliziten oder expliziten Menschenbild folgt (Liebau, 2004, S. 123), es jedoch nicht möglich ist, sich nach christlichem Verständnis auf ein Bild des Menschen festzulegen, sondern dies genau in der Spannung desselben offen zu halten. Pädagogisches Handeln in der Schule hat sich deshalb an zentralen Leitbegriffen zu orientieren, die eine Grundlinie dessen zeichnen, was nach christlichem Verständnis den Menschen auszumachen vermag (Pirner, 2008, S. 92).[1] Das christliche Verständnis des Menschen muss sich in vielfältiger Weise im Unterricht bemerkbar machen, angefangen vom wertschätzenden Umgang bis hin zu didaktischen Konstruktionen, die auf Stärkung der dialogischen Subjektivität des Schülers, der Schülerin und der Lehrkraft zielen. Der Referenzrahmen des Unterrichts im Fach Religion ist deswegen auch die vorausgesetzte Bildungsfähigkeit des Schülers und der Schülerin. Die Bildungsangebote im evangelischen und katholischen Religionsunterricht sind deswegen in erster Linie auch Vermittlung von Orientierungswissen, das seinerseits mit religiösem Informations- und Bedeutungswissen verbunden ist, sodass dadurch Schülerinnen und Schüler zu einer eigenständigen und eigenverantwortlichen Lebensführung und zur religiösen Partizipation in der sozialen Umgebung befähigt werden (Härle, 2004, S. 74). Die zentrale Bestimmung des Menschen liegt in seiner Freiheit, die zu seiner theologisch-anthropologischen Bestimmung zählt und ein zentrales Ziel neuzeitlicher Pädagogik ist (Pirner, 2008, S. 93). Vor allem die Frage nach der Gerechtigkeit Gottes und der dadurch entstandenen Perspektive auf die Grundkonstitution des Menschen ließen Martin Luther in seiner Schrift *Von der Freiheit eines Christenmenschen* keine Ruhe mehr und seine Grunderkenntnis bestand darin, zu sehen, dass der biblische Gott nicht durch Zorn und Strafe gekennzeichnet werden kann, sondern nur die Annahme des sich dem Menschen zuwendenden, gnä-

---

[1] Manfred Pirner spricht in diesem Zusammenhang von Leitlinien eines erfüllten Menschseins aus christlicher Sicht. Mit Pirner hat jeder Mensch durch die Ebenbildlichkeit zu Gott einen nicht einholbaren Mehrwert. Aus diesem Verständnis heraus leitet sich die Einsicht ab, dass der Mensch nicht auf ein bestimmtes Menschenbild festzulegen ist und pädagogisches Handeln in seinen Zielbestimmungen auf den einzelnen Menschen auszurichten ist.

digen und barmherzigen Gottes, der den Menschen durch Glauben und Vertrauen im Vollzug dieses Vertrauens annimmt, ihn so mit der Gnade beschenkt und rechtfertigt, d.h. ihn von der Sündenlast befreit. Die Grundlage für das Leben des Christen bzw. der Christin ist der Rückbezug auf Christus bzw. die befreiende Wirkung des Wortes Gottes, also des Evangeliums. Deswegen spielt sich christliche Freiheit zuallererst in der Sphäre sozialer und öffentlicher Beziehungen ab. Christen und Christinnen leben ihre christliche Freiheit öffentlich und privat, d.h. es geht um Kriterien, christliches Leben als christliches zu charakterisieren. Luthers dialektische Sicht auf das Problem der Freiheit zeigt sich in der Eingangsthese der Schrift: Ein Christenmensch ist ein freier Herr über alle Dinge und niemand untertan. Ein Christenmensch ist ein dienstbarer Knecht aller Dinge und jedermann untertan. Indem der Mensch darauf verzichtet, danach zu streben, fromm zu sein vor Gott, wird er befreit von einem unheiligen Zwang, der sich in der Praxis als Selbstbeweihräucherung o.ä. darstellt. Luther fordert in diesem Abschnitt letztlich den Menschen, der in bestimmten sozialen Bezügen lebt, auf, diese tatsächlich auch zu leben und zu gestalten, aber aus einer inneren Haltung der beschenkten Freiheit heraus und nicht aus heteronomer Fremdbestimmung, weil andere sagen, das oder jenes müsse man tun. Für den evangelischen Religionsunterricht ist dieser Fokus auf Freiheit wesentlich und muss auch in den Äußerungen und der Gestaltung des Unterrichts wahrnehmbar werden und bleiben. Christlich verantwortetes Bildungshandeln sucht deshalb sowohl die Einzigartigkeit als auch die Dimension der Freiheit jedes Schülers/jeder Schülerin zu achten und zu fördern, indem die Entwicklung individueller Fähigkeiten und Begabungen bestmöglich angesprochen wird.

Das christliche Menschenbild, hier vor allem das des Lernenden, berücksichtigt die *Vielfalt* menschlicher Eigenschaften und Persönlichkeitsprofile und setzt eine ganzheitliche Sicht auf den Menschen voraus, um diese Vielfalt erkennen, respektieren und ernst nehmen zu können (Pirner, 2008, S. 96). Ein auf Ganzheitlichkeit ausgerichtetes Verständnis weiß um die vielfältigen Dimensionen, die einen Menschen ausmachen. Schulen, die sich zum christlichen Menschenbild und einem christlichen Bildungsverständnis bekennen, sprechen sich gegen eine einseitige Förderung menschlicher Dimensionen zugunsten merkantilistischer Bildungstheorien im Unterricht aus.

2.   Schlussfolgerungen für den Religionsunterricht an Beruflichen Schulen

2.1   Gesellschaftliche Vielfalt und heterogene Bildungszusammenhänge

Der Religionsunterricht an Beruflichen Schulen ist demnach jener Ort, an dem sich Bildung in christlichen Bezügen als ein über die schulische Allgemeinbildung hinausreichender Anspruch signifikant entfalten lässt und über das von Wolfgang Klafki vertretene Verständnis einer Allgemeinbildung hinaus reicht, indem es über einen Gegenwartsbezug hinaus Bildung als einen Prozess versteht, der Bildung in einem ethischen und religiösen Horizont durch Schlüsselthemen zu fassen sucht und Schülern Lebenskompetenz vermittelt (Klafki, 1993, S. 54). Der Religionsunterricht wird dadurch zugleich orientierendes Element eines gelingenden Umgangs mit Vielfalt und Diversität.

Als Konsequenz daraus ist es dem RU an Beruflichen Schulen möglich, eine Didaktik zu begründen, *Bildungsgänge entlang gesellschaftlicher Vielfalt* in heterogenen Lernverbänden zu unterrichten. Ein solches Handlungsverständnis ist pädagogisch-ethisch begründet, weil es insbesondere darauf zielt, Schülerinnen und Schüler darin zu befähigen, sich in heterogenen sozialen Systemen zurechtzufinden und Verantwortung gegenüber den gesellschaftlich-demokratischen Herausforderungen zu übernehmen.

Bildungshandeln so artikuliert, vollzieht sich stets in Interdependenz zur Religion, weil nach christlichem Verständnis Bildung ohne die Bezugnahme auf Religion dem Menschen dessen Subjektivität vorenthalten würde. Religion ist über diese Wechselbeziehung hinaus als flankierendes Element zu verstehen mit dem Ziel, unterrichtliche Bildungsprozesse auf die Subjektwerdung des Einzelnen hin auszurichten.

Das wiederum bedingt nach eigenem Verständnis, dass eine Homogenisierung von Lern- und Leistungsniveaus im Unterricht ausgeschlossen ist. Selbstbestimmung, sozial verantwortliches Handeln, Hineinwachsen in die Schlüsselthemen und sozialgerechtes und chancengerechtes Mitgestalten einer von Heterogenität und Pluralität geprägten Gesellschaft oder die Teilhabe in einer solchen Gesellschaft blieben dem Einzelnen bereits in der Schule vorenthalten. In der Folge wäre eine Bildungs- und Lebensbiografie in die eine oder in die andere Richtung bereits durch Systemvorgaben vorgezeichnet und widerspräche allen Grundsätzen einer gleichberechtigten Teilhabekultur und dem christlichen Grundverständnis von Freiheit.

2.2   Diversity Management in der Schule

Die Herausforderung für die Schule ist darin zu sehen, konzeptionelle Antworten für die tägliche Unterrichtspraxis anzubieten, die geeignet sind, die Vielfalt an Begabungsgraden und ihre individuell sichtbaren Ausprägungen zu erkennen und zu fördern. Ein gelingendes Diversity Management garantiert Gleichstellung, Gleichbehandlung, gewährleistet eine Nachbildung demografischer, ethnischer, kultureller und sozialer Gesellschaftsstrukturen in der Schule und stärkt Arbeitsgestaltung, Arbeitsplanung oder Wertschätzung und eine Kultur der Anerkennung über die positive Bewertung von Diversität. Diversity Management in besonderer Weise betont den Wert der Einzigartigkeit des Menschen, insofern, als sie eine Absage an eine exklusive Förderung religiös-kulturell homogener Lerngruppen unterstreicht, die, so die Vermutung, auf Konfundierungen von Traditionen und Unkenntnis gründet.

Letztlich wird mit der Übernahme dieser Herausforderung die Verantwortung für die Mitgestaltung des schulischen Bildungs- und Erziehungsprozesses übernommen und sie ist zugleich Ausdruck eines pädagogisch-professionellen Ethos.

Gerade das Bewusstsein darüber, dass eine Pädagogik der Vielfalt zum Ziel hat, dass sich jeder gemäß seiner Einzigartigkeit entfalten und entwickeln kann und dass in der Unterschiedlichkeit der Menschen Ressourcen und nicht Probleme zu sehen sind, bedingt ein kreatives Potenzial zur Bewältigung der großen Menschheitsfragen. Annedore Prengel (2006) sieht gar in einer Unterdrückung oder Einschränkung von Lebensäußerungen, wie sie durch die Einzigartigkeit eines jeden zum Ausdruck gebracht wird, eine Zerstörung oder gar den Verlust des Reichtums an Lebensmöglichkeiten.

Eine vom Reichtum der Vielfalt geprägte Unterrichtsdidaktik ist Ausdruck eines Unterrichtsverständnisses, das „Bildung für Alle" und die Umsetzung einer potenzialorientierten Pädagogik in der Schule und im Unterricht ermöglicht.

Entsprechend ließe sich über ein modifiziertes Schulmodell eine potenzialorientierte Pädagogik als struktural-organisationale Antwort auf Diversität und Heterogenität[2] in der Schule diskutieren (vgl. Abb. 1). In der Folge würden die Schulen einen Zugewinn erfahren, indem

- sie die Stärken der Schülerinnen und Schüler systematisch erfassen und deren Begabungspotenzial gezielt fördern können;
- Schülerleistungen über alle Fächer hinweg verbessert werden können;
- die Professionalität der Lehrenden erweitert wird;
- eine Lerngemeinschaft wachsen kann, in der Diversität und gegenseitige Wertschätzung mit demokratischen Prinzipien und unter Wahrung natürlicher Ressourcen gelebt werden;
- sich eine Schulkultur entfalten kann, die auf Partizipation baut und gleichzeitig Entscheidungskompetenz ermöglicht.

Ein solches Modell greift wesentliche Überlegungen einer subjektivistisch-konstruktivistischen Lernkultur auf (Dubs, 1997, S. 31–32), die nicht mehr das Unterrichtsverhalten der Lehrkräfte, sondern das Lernverhalten der Lernenden in den Mittelpunkt des Unterrichtsgeschehens stellt. Wenngleich ein grundsätzliches Einvernehmen darüber vorweggenommen werden kann, dass eine Schülerorientierung wesentliches Merkmal gelingenden Umgangs mit Diversität und Heterogenität im Unterricht ist, kann für die Förderung von Begabungen nicht per se eine subjektivistisch-konstruktivistische Unterrichtsdidaktik favorisiert werden. Vielmehr ist Weinert zustimmend festzuhalten:

> „Im Allgemeinen hat sich [...] gezeigt: Je monolithischer und rigider ein Lehr-Lernmodell praktiziert wird, umso größer sind neben den erwünschten Wirkungen die unerwünschten Nebenwirkungen [...]. Ein kräftiges ‚Sowohl als auch' ist die Botschaft" (1997, S. 24).

---

2   Mit „Diversität" ist nicht eine Beschränkung auf Unterschiedlichkeit gemeint, sondern das ausdrückliche Anerkennen von Talenten, Erfahrungen und Kreativität über vermeintliche Grenzen von Kulturen, Religionen, Nationalitäten, Hautfarben, ethnischen und gesellschaftlichen Gruppen, Geschlechtern und Altersgruppen hinweg. „Heterogenität" erfasst jene Unterschiedlichkeit innerhalb von Lerngruppen, die als lernrelevant einzuschätzen sind, die durch Alter, Geschlecht oder kulturelle Hintergründe in einer Lerngruppe wirken.

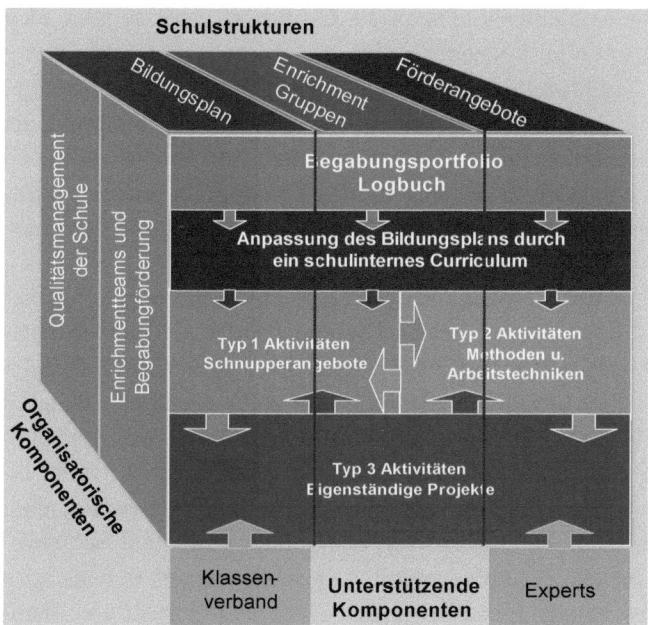

Abbildung 1:   Schulmodell potenzialorientierter Pädagogik; Quelle: Rausch (2013).

Das gilt gleichsam für den Religionsunterricht. Dem Lehrenden und seiner Handlungskompetenz im Umgang mit Diversität kommt insofern eine besondere Rolle
zu, als er das „Sowohl-als-auch" im Wechselspiel von zieldifferenten Lerninhalten,
Didaktik(en) und Handlungs- und Methodenkompetenzen umzusetzen sucht. Leitdi-
daktik bleibt in diesem Modell eine subjektivistisch-konstruktivistische Unterrichtsdidaktik, die im Kontext eines beruflichen Religionsunterrichts in besonderer Weise
zum Ausdruck kommen kann, da es das Wesen des Religionsunterrichts ist, individuelle Glaubenserfahrungen zu reflektieren und eine dem Schüler eigene Lebens- und
Sinninterpretation als individualisierte Deutungskompetenz zur Hand zu geben. Das
gilt in besonderer Weise für den beruflichen Religionsunterricht, da dort vom Lehrenden grundsätzlich eine Kompetenz erwartet wird, mit Diversität, bezogen sowohl auf
die Lebenslagen der Schülerschaft als auch auf die religiöse Zugehörigkeit, die unterrichtliche Organisation, die beruflichen Ausbildungsbedingungen u.a., professionell
umzugehen und Unterricht entsprechend auszurichten und zu planen.

Der Religionsunterricht an beruflichen Schulen ist als wesentlicher Bestandteil
beruflicher Bildung anerkannt. Ziel beruflicher Schulen ist die Vermittlung einer
beruflichen Erstausbildung. An die berufliche Ausbildung, vorwiegend im dualen
System, also dem Wechsel von betrieblicher Praxis und theoretischer Ausbildung
an den Berufsschulen, gekoppelt ist die Berufspädagogik, die in den letzten Jahrzehnten eine Entwicklung von der Berufsbildungstheorie im Sinne Kerschensteiners
hin zu einer subjektorientierten Berufspädagogik vollzogen hat. Subjektorientierung
in berufspädagogischen Lernprozessen findet ihren Ausdruck in einer (beruflichen)
Handlungskompetenz, also der Fähigkeit, in beruflichen aber auch gesellschaftlichen
und familialen Kontexten sachgerecht und verantwortlich entscheiden und handeln

zu können. Zweifellos ist die Subjektbezogenheit als Grundsatz einer zeitgemäßen Berufspädagogik noch nicht in voller konzeptioneller und theoretischer Ausprägung gewährleistet, jedoch zeigen strukturelle Veränderungen der Unterrichtsorganisation, wie etwa die Lernfelddidaktik als curriculares Prinzip, die Handlungsorientierung als Unterrichtsprinzip sowie wechselnde Lehr-Lern-Arrangements mit lebensweltlichen Bezügen, dass die Jugendlichen auch in der beruflichen Bildung als Subjekte ihres Lernens vor dem Hintergrund konstruktivistischer Theorieansätze identifiziert werden können.

Die Tatsache, dass sich in der Berufspädagogik Subjektorientierung behauptet hat, rückt den Menschen in den Mittelpunkt des Bildungshandelns. Die Berufspädagogik löst sich damit von utilitaristischen Momenten eines funktionalen Berufsausübungsverständnisses als Ziel beruflicher Bildung und stellt berufliche Bildung im Humboldt´schen Sinne als Bildung des Menschen in das Zentrum pädagogischer Überlegungen. Der Berufsbezug als funktionaler Bezug zu einer Berufstätigkeit, einem Ausbildungs- und Arbeitsplatz, wird durch eine umfassende Berufsbezogenheit abgelöst, die um die „außerberufliche" Lebenswelt der Schülerinnen und Schüler – Familie, Peer, Freizeit, Partnerschaft, Ablöseverhalten vom Elternhaus, Lebenslagen usw. – weiß. Ein so gefasstes Verständnis von Berufsbezogenheit spricht eine theologisch-anthropologische Sicht auf den Menschen an. Das schließt eschatologische Perspektiven und religiöse Interpretationen der Lebenssituation ebenso ein wie die Unverfügbarkeit der Würde des Menschen. Der Wert eines Menschen bestimmt sich nicht über seine berufliche Leistungsfähigkeit.

Die Religionspädagogik in Gestalt des Religionsunterrichts an beruflichen Schulen lässt sich neben einer theologischen Begründungslinie auch mit Obermann (2011) über einen kategorialen Berufsbezug begründen, der über die funktionale Dimension hinaus

> *„alle jene beruflichen Aspekte zu identifizieren, zu klassifizieren und didaktisch zu operationalisieren [sucht], die einen Einfluss haben auf die persönliche Entwicklung und gesellschaftliche Sozialisation der Auszubildenden, auf ihre berufsbiographischen Aussichten (Chancen), auf ihre persönliche Wahrnehmung von Ausbildung und Berufswelt, auf ihre vom Beruf abhängige persönliche Lebensplanung oder auf ihre damit verbundenen existentiellen Fragen nach dem Leben angesichts des lebensbiographisch gewichtigen Übergangs von der Schule ins Berufsleben"* (Obermann, 2011).

Der Berufsbezug ist zugleich als signifikante Kategorie religionspädagogischer Reflexion auszumachen und legitimiert den Religionsunterricht als ordentliches Unterrichtsfach einerseits, weist zugleich auf die Bezogenheit des Religionsunterrichts zur Berufspädagogik hin, wie sie mit der Subjektorientierung unterstrichen wird und in einen Kompetenzbegriff mündet, wie er diesen Ausführungen vorangestellt ist. Der Religionsunterricht und die berufsspezifische Bildung entwickeln in einem additiv-komplementären Verhältnis die Kompetenzen des Einzelnen und ermutigen darüber die Jugendlichen, ihre individuellen Potenziale zu entfalten und zu entwickeln, indem der Religionsunterricht die Lebenswirklichkeit um die religiöse Dimension erweitert und den Jugendlichen ein vertieftes Verständnis der Sinnorientierung im Leben zu vermitteln mag. Jugendliche sind befähigt, sich ihre Lebensvollzüge in beruflichen, gesellschaftlichen und persönlichen Bezügen sinnhaft zu erschließen und berufs- und lebensbiografische Brüche und das Scheitern als Herausforderungen anzunehmen und zu meistern.

Gleichsam erschließen sich aus den Eigenerfahrungen mit dem Religionsunterricht für die beruflichen Tätigkeiten jene Kompetenzen, die dazu befähigen, die religiöse Dimension des eigenen (beruflichen) Handelns als Reflexionshintergrund in die Berufspraxis einzubinden. Insofern ist die Diskussion um den Stellenwert einer berufsorientierten Religionspädagogik nicht nur notwendig, sondern auch dienlich, um beruflichen Handlungskompetenzen eine ethische und religiöse Orientierung zur Seite zu stellen, um Berufstätigen auf allen Verantwortungsebenen Entscheidungssicherheit im Sinne einer berufsorientierten theologischen Individualethik zu geben.

3.   Diversity Managing als Lehrerkompetenz

Im potenzialorientierten Schulmodell, das in besonderer Weise Perspektiven für einen gelingenden Umgang mit Diversität aufzeigt, lässt sich das Diversity Managing als Lehrerkompetenz anschaulich darstellen. Dazu ist es hilfreich, eine Konkretisierung des dreistufigen Enrichment vorzunehmen. Auf den Lernstoff bezogen, leistet das dreistufige Enrichment als Unterstützungsangebot, neben einem Begabungsportfolio und der Anpassung des Curriculums, einen zentralen Beitrag für ein gelingendes Diversity Management an der Schule. Das dreistufige Enrichment basiert auf den Ideen u.a. von John Dewey, Jean Piaget, Maria Montessori oder auch Albert Bandura und lässt sich über folgende Prinzipien konkretisieren (Renzulli, Reis & Stedtnitz, 2001, S. 39–40):

- Jeder Lernende ist einzigartig, deshalb müssen Lehren und Lernen mit Rücksicht auf die Fähigkeiten, Interessen und den Lernstil des Individuums geplant werden.
- Lernen ist nachhaltiger, wenn es Freude macht. Deshalb sollte bei der Planung und Evaluation verschiedener Lernerfahrungen die Lernfreude gleich stark wie andere Gesichtspunkte gewichtet werden.
- Lernen ist sinnvoller und persönlich bedeutungsvoller, wenn Lerninhalte (Wissen) und Lernprozesse (Denkfertigkeiten, Untersuchungsmethoden) innerhalb eines realen und aktuellen Kontextes, einer echten Problemstellung erworben werden können. Deshalb sollte den Schülern und Schülerinnen die Gelegenheit gegeben werden, persönlich bedeutsame Problemstellungen auszuwählen und entsprechend reale Problemlösetechniken anzuwenden.
- Enrichment-Lernen kann ein gewisses Ausmaß formeller Instruktion beinhalten. Ein Hauptziel dieses Lernens liegt jedoch darin, formell erworbenes Wissen und Fertigkeiten auf persönlich relevante Inhalte anzuwenden.

Das dreistufige Enrichment (vgl. Abb. 2) leistet dabei im Vergleich zu nicht abgestimmten Maßnahmen der Binnendifferenzierung im Unterricht viererlei:

1. Es greift verschiedene Methoden der unterrichtlichen Begabungsförderung auf: z.B. Arbeit mit Lehrplänen und Freie Arbeit (Achermann, 1992), projektorientiertes Lernen (Bastian, Gudjons, Schnack & Speth, 1997) oder Wochenplanunterricht (Strote, 1985).
2. Es erlaubt eine systematische, zielorientierte innere und äußere Differenzierung.
3. Es gewährleistet eine Durchlässigkeit entlang unterschiedlicher Begabungen in verschiedenen Lernfeldern und eröffnet damit jedem Schüler/jeder Schülerin die Teilnahme am schulischen Enrichment.
4. Es gewährt eine Übertragbarkeit von Aktivitäten, Maßnahmen und Lernarrangements im Sinne einer ökonomischen Unterrichtsplanung auf andere Netzwerk-Schulen und fördert die Zusammenarbeit von Schulteams über die eigene Schule hinaus.

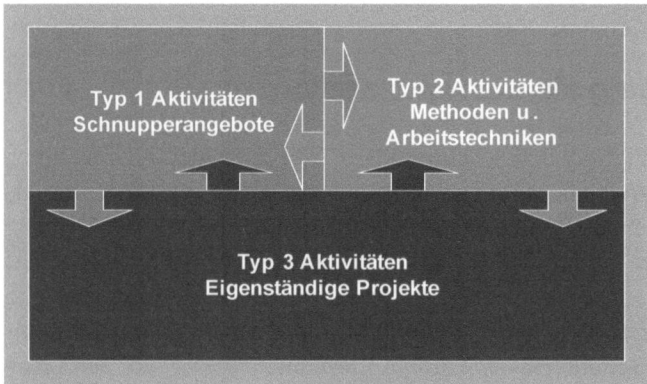

Abbildung 2:   3-stufiges Enrichment; Quelle: nach Renzulli (2001).

Von Stufe I (Stufe des Kennenlernens) über Stufe II (Aneignung von Fähigkeiten) bis Stufe III (Anwendung und Erkenntnisgewinnung) leistet das Modell einen hohen Grad an Individualisierung entlang unterschiedlicher Lernausgangslagen der Schüler. Insgesamt entfaltet sich in diesem Modell ein hohes Maß an eigenständigem Lernen, das zur Folge hat, dass Wissen vernetzt wird und Anwendung findet und im Falle der Präsentation auch reflektiert und analysiert wird. Die Ergebnisse dieses Metalernens lassen sich dann als Eintrag in einem Lerntagebuch oder Logbuch sichern. In der Summe lässt sich in diesem Modell eine Subjektbezogenheit abbilden, wie sie der Berufspädagogik und dem beruflichen Religionsunterricht zuschreibbar ist. Neben dieser Dimension des Unterrichtens baut Diversity Management auf eine Diversity-Kompetenz seitens der Lehrkräfte, insbesondere der Religionslehrkräfte. Gerade im Religionsunterricht an beruflichen Schulen stehen religiöse und kulturelle Vielfalt der Schülerinnen und Schüler in unmittelbarem Bezug zu den Unterrichtsinhalten. Daraus leitet sich eine latente Präsenz eines dialogischen Diskurses zu Interkulturalität und Interreligiosität im Unterricht ab. Es sind die Kerninhalte des Religionsunterrichts, für Sinnfragen und existenzielle Lebensfragen zu sensibilisieren, christliche Traditionen kennen zu lernen, aber auch interkulturelle und interreligiöse Kompetenzen zu erwerben, die über eine strukturale bzw. organisationale Dimension der differenziellen

Unterrichtsgestaltung hinaus eine Diversity Managing-Kompetenz der Religionslehrkräfte einfordern. Denn anders als in naturwissenschaftlichen oder technischen
Unterrichtseinheiten sind im Religionsunterricht Problembearbeitungs- und Lösungs-
strategien gefragt. Nach diesem Verständnis ist das dreistufige Enrichmentmodell um
die personale Dimension als Querschnittskompetenz der Lehrkraft in das Enrichmentmodell einzubinden. Mit den folgenden Beispielen aus der Unterrichtspraxis soll das
nachdrücklich veranschaulicht werden.

4.   Illustrierende Beispiele aus dem Unterricht

4.1   Drei Fallbeispiele aus dem Bereich des Diversity Managing

Fall 1: Mustafa und die Klassenlehrerin: In einer beruflichen Schulklasse, z.B. KFZ-
Mechatroniker, fällt ein Schüler besonders auf, da er regelmäßig schwänzt und sich
nicht an die Schulordnung hält. Dieser Schüler ist türkischer Herkunft und heißt Mustafa. Die Klassenkonferenz beschließt, dem Schüler eine Verwarnung auszusprechen,
nachdem er uneinsichtig an seinem bisherigen Verhalten festhält und fortgesetzt den
Klassenfrieden stört. Die Klassenlehrerin bestellt Mustafa zu einem Gespräch ein. In
diesem Gespräch, zu dem der Schüler nur unwillig geht, erklärt Mustafa gleich zu
Beginn, die Klassenlehrerin habe ihm nichts zu sagen und außerdem seien ihre Worte
für ihn bedeutungslos, da sie eine Frau sei. Wenn, dann höre er überhaupt nur auf
einen Mann. Auf die Rückfrage der Lehrerin, womit er das begründe, legt der Schüler
später einen Zettel vor, auf dem folgender Text zu lesen ist:

*Sure 4:34 Die Männer haben Vollmacht und Verantwortung gegenüber den Frau-
en, weil Gott die einen vor den anderen bevorzugt hat und weil sie von ihrem Vermögen (für die Frauen) ausgeben. Die rechtschaffenen Frauen sind demütig ergeben und
bewahren das, was geheim gehalten werden soll, da Gott es geheim hält. Ermahnt
diejenigen, von denen ihr Widerspenstigkeit befürchtet, und entfernt euch von ihnen in
den Schlafgemächern und schlagt sie. Wenn sie euch gehorchen, dann wendet nichts
Weiteres gegen sie an. Gott ist erhaben und groß.*

Diese Bevorzugung des Mannes drückt sich auch in dem Bild der Frau als „Saatfeld" aus, das der Mann nach Belieben bestellen darf und soll.

*Sure 2:223 Eure Frauen sind für euch ein Saatfeld. Geht zu eurem Saatfeld, wo
immer ihr wollt. Und schickt für euch (etwas Gutes) voraus. Und fürchtet Gott und
wisst, dass ihr Ihm begegnen werdet. Und verkünde den Gläubigen frohe Botschaft.*

Die Klassenlehrerin ist zunächst ratlos und bespricht dann in der Klassenkonferenz das weitere Vorgehen.

Fall 2: Ismail und das Schullandheim: Ismail ist muslimischer Schüler in einer elften Klasse am Beruflichen Gymnasium. Die Klasse fährt im Oktober für eine Woche
zu ihrem Schullandheim. Natürlich fährt auch Ismail mit, zur Zeit des Schullandheimaufenthaltes ist gerade Ramadan. Das bringt Ismail, den die Schüler ja noch nicht gut
kennen – die Klasse ist ja erst seit September zusammen – in einige Schwierigkeiten.
Erstens wollen seine Mitschüler „einen drauf machen", Ismail wehrt ab, ist dadurch

Einzelgänger und wird von seinen Mitschülerinnen und Mitschülern als Weichei und Spielverderber angesehen. Darunter leidet Ismail sehr, gleichzeitig will er aber den Ramadan einhalten, weil er sehr gläubig ist und die Vorschriften des Korans ihm viel bedeuten. Zweitens bekommt Ismail Schwierigkeiten mit dem Lehrer: Zunächst ist der Lehrer Herr Maier erbost, dass sich Ismail ständig verweigert, nichts isst und beim Wandern nicht mit will. Als er aber erfährt, dass Ismail gerade Ramadan feiert, ist er sehr besorgt um ihn und seine Gesundheit und behandelt Ismail besonders nachsichtig und schonend – auch vor seinen Klassenkameraden. Aber das will Ismail gerade nicht! Er wird so noch mehr zur Extra-Wurst und steht nun in einem schlimmen Konflikt: dabei sein mit seinen Freunden auf der einen Seite, sein Glaube auf der anderen Seite.

Fall 3: Leyla und der Mathematiklehrer: Leyla ist Muslima und besucht die zehnte Klasse eines Gymnasiums. Im Mathe-Unterricht kam es vor einiger Zeit zu einem großen Eklat. Der Mathe-Lehrer hatte große Auseinandersetzungen mit seinen Schülern. Der Streit entzündete sich an den Base-Caps der Schüler. Hintergrund war, dass der Lehrer von Beginn des Jahres an das Tragen einer Kopfbedeckung im Unterricht untersagen wollte. Nach heftigem Disput mit der Klasse lenkte er ein, unter der Voraussetzung, dass die Kopfbedeckungen der Schülerinnen und Schüler zu keinem Zeitpunkt den Fortgang des Unterrichts beeinträchtigen dürften. Nach einer kurzen Zeit kam es allerdings zu Auseinandersetzungen zwischen zwei Schülern, die sich auch während des Unterrichts die Caps vom Kopf rissen. Zwei weitere Schüler schliefen regelmäßig mit ihrer Kappe auf dem Kopf im Unterricht ein. Der Lehrer beschloss daraufhin, das Kappenverbot im Unterricht durchzusetzen. Dies bedeutete allerdings nach heftigen Diskussionen mit den Schülerinnen und Schülern, dass jegliche Kopfbedeckung während des Unterrichts verschwinden musste. Leyla weigerte sich beharrlich, den Anweisungen zu folgen und behielt ihr Kopftuch. Der Lehrer führte daraufhin ein Gespräch mit ihr und begründete das Verbot auch folgendermaßen: ... *das Kopftuch sei Ausdruck kultureller Abgrenzung und damit nicht nur religiöses Symbol, sondern auch politisches Symbol. Die mit dem Kopftuch verbundene ‚objektive' Wirkung kultureller Desintegration lasse sich mit dem Gebot des Grundgesetzes einer staatlichen Neutralität in Glaubensfragen nicht vereinbaren.* Also sei ihr, Leyla, aus religiösen Gründen kein Sonderstatus einzuräumen, sie müsse – wie jeder andere Schüler – ihre Kopfbedeckung abnehmen.

4.2   Kommentare zu den drei Fällen

Fall 1: Mustafa und die Klassenlehrerin: Mustafa argumentiert natürlich mit dem, was er zu Hause von seiner Familie hört. Deshalb ist es sinnlos, dass man auf diesen Fall mit Drohungen, Verwarnungen oder ähnlichen Maßnahmen reagiert. Mustafa muss darauf aufmerksam gemacht werden, dass der Koran das Streben nach Wissen als Pflicht empfiehlt; das Geschlecht des Lehrenden ist hierbei ohne Bedeutung. So spricht die Sure 96, 1–5 nur vom Lesen. Und dieses Lesen muss man lernen und zwar in einer Schule. Das schulische Lernen wird als Weisung Gottes interpretiert. Wenn man also in der Schule das Lernen verweigert, so verhält man sich gegen den

Willen Gottes. Gott unterscheidet auch zwischen den Wissenden und Nichtwissenden, wobei die Wissenden von Gott bevorzugt werden, wie es in Sure 39,9 steht. Es gibt noch viele andere Stellen im Koran und in der Sunna, die darauf hindeuten, dass die Muslime (Männer und Frauen) immer nach Wissen suchen müssen. Ein Hadith des Propheten Mohammad sagt: *Verlange nach dem Wissen von der Wiege bis zum Grab.* Nach dieser Feststellung muss Mustafa den Lehrer, resp. die Lehrerin, respektieren und ehren, gleich, ob diese Person eine Frau oder ein Mann ist. Außerdem sollte man ihn bitten, über dieses Thema und über diese und andere Koranverse mit dem Mullah der Moschee oder mit seiner Familie zu sprechen, um ihre Meinung dazu zu hören und die Schule darüber zu informieren. Noch besser in dieser Angelegenheit wäre, einen Kontakt zum Elternhaus bzw. zur Moscheegemeinde herzustellen. Was den Ausdruck *schlagen* als Übersetzung des arabischen Verbs (*dherebe*) angeht, so gehen die Meinungen auseinander. Einige Interpreten nehmen den allgemeinen Inhalt des Verbs, worunter die Benutzung der Hand gegen eine andere Person verstanden wird, also die physische Berührung. Andere interpretieren es als eine Art Strafe, die in verschiedenen Formen zum Ausdruck gebracht werden kann. Es ist aber tatsächlich so, dass in arabischen Wörterbüchern mehrere Bedeutungen existieren, wie z. B. *Gleichnis prägen, Beispiel geben, reisen* usw. In unserem Zusammenhang muss aber dieser Ausdruck im Sinne von Bestrafung verstanden werden. In der Entstehungszeit des Korans war es auf der arabischen Halbinsel tatsächlich Männern erlaubt, Frauen zu schlagen; nach moderner Koraninterpretation ist jedoch heute eine gewalttätige Handlung nicht mehr erlaubt. Damit bleibt dieser Text als heiliger Text im Koran vorhanden, aber ohne tatsächliche Funktion, und darf keineswegs als Legitimation von Gewalthandlungen hinzugezogen werden.

Fall 2: Das Verhalten Ismails in der Schule und seine Beziehungen zu den Mitschülern, sowohl in der Klasse als auch in der Schule, müssen keine religiösen Ursachen haben. Vorliegender Fall ist eine psychosoziale Störung, die eine medizinische sowie psychologische Behandlung benötigt. Was das Verhalten wegen des Fastens im Ramadan angeht, so kann man mit ihm darüber sprechen und ihm erklären, dass das Fasten in seiner Situation als Reisender, der sich von seinem Heimatort entfernt hat, nicht verpflichtend sei. Er könne die Tage des Schullandheimaufenthaltes durch andere Tage im Jahr ersetzen. Denn der Koran sagt darüber: „Wer von euch krank ist oder sich auf einer Reise befindet, für den gilt eine Anzahl anderer Tage" (Sure 2,184). Allerdings müsste man ihm sagen, wenn er trotzdem fasten möchte, so müsse er alleine die Konsequenzen tragen. Dieses freiwillige Fasten auf der Reise könne man nicht unbedingt als Erfüllung einer religiösen Pflicht betrachten.

Fall 3: Das Problem mit den Base-Caps der Schüler gehört zu alltäglichen Verhaltensweisen von Schülern. Deshalb unterscheidet sich dieses Verhalten von der religiösen Motivation Leylas, ein Kopftuch zu tragen. Warum denkt Leyla so, und wie soll man mit ihr darüber sprechen?

In den Entstehungsgebieten der drei abrahamitischen Religionen, also im alten Orient, haben die klimatischen Verhältnisse die Menschen veranlasst, passende Kleider und eine bestimmte Form der Bekleidung zu nutzen. Das Kopftuch z. B. war ein

Kleidungsstück gewesen, welches von allen Menschen getragen wurde. Die Männer haben andere und einfachere Farben als die Frauen getragen. Ebenso unterschied sich die Form der Kopfbedeckung von Männern und Frauen. Sie haben aber alle aber ein Kopftuch getragen, was im Übrigen gesamtorientalisch sein dürfte. Nach der Islamisierung der arabischen Halbinsel hat man dieses schon vorhandene Phänomen als Schutz der Frauen vor der Belästigung der Männer benutzt und eine bestimmte Art des Tuchtragens vorgeschrieben. Heute noch können wir in vielen orientalischen Gebieten Männer und Frauen beobachten, die ihre Kopftücher als Fortsetzung der alten Tradition tragen und auch als Schutz gegen die Sonne. In vielen muslimischen Gebieten, sowohl im Orient als auch außerhalb, sehen wir heute Frauen, die verschiedene Formen des Kopftuches verwenden. Aus diesem Kopftuch wurde ein Körpertuch mit unterschiedlichen Formen und Farben entwickelt. So tragen die Frauen in Afghanistan die Burka, um den ganzen Körper und das Gesicht zu bedecken. Im Iran bedecken die Frauen ihren Körper mit dem Tschador, wobei das Gesicht frei bleibt. In Arabien wird der Niqab für die Bedeckung des Körpers und des Gesichtes, ohne die Augen, verwendet. Und der Hidjab ist die Bedeckung des ganzen Körpers mit freiem Gesicht. Bei vielen Menschen wurde diese späte Entwicklung des Tuchtragens als ein Symbol der Frömmigkeit betrachtet und aus diesem Grund je nach Grad der Religiosität eingeführt. In diesem Zusammenhang muss man die Einflüsse der verschiedenen Kulturen betrachten, die die islamische Religion geprägt haben. Wir können zwar von dem einheitlichen Islam sprechen, was die religiösen Pflichten angeht, wie z. B. Beten, Fasten, Pilgern usw., wir können aber nicht von *dem* Islam sprechen, was Sitten und Gebräuche der verschiedenen islamischen Gesellschaften betrifft.

Bei den anderen Gesellschaften, die dieses Phänomen nicht kennen, wird dies als eine Art der Unterdrückung der Frau wahrgenommen; das Kopftuch wird dann von anderen gesellschaftlichen Kontexten her interpretiert, was dann auch zu Fehleinschätzungen führen kann. Viele Mädchen in den islamischen Ländern wurden von ihrer Kindheit an in dieser Richtung erzogen und darauf vorbereitet, dass sie ab einem bestimmten Alter ein Kopftuch tragen. Wenn diese Mädchen es dann tun, so tragen sie ihre Kopftücher aus Überzeugung, und sie werden es tragen, solange sie davon überzeugt sind. In vielen Fällen kommen diese Frauen in eine Konfliktsituation, in der sie ihre Überzeugung verlieren oder daran zweifeln. Sie können aber und dürfen, aus verschiedenen Gründen, das Kopftuch nicht ablegen. Andere Frauen schaffen diesen Schritt, wenn sie sich in anderen gesellschaftlichen Strukturen befinden. Natürlich gibt es Situationen, in denen Mädchen oder Frauen vorgeschrieben wird, wie sie sich bekleiden sollen. In solchen Situationen spielen verschiedene Faktoren wie Bildung, die Einstellung zur Religion und die gesellschaftlichen Verhältnisse eine große Rolle.

Die Islamisten haben aus diesem Thema ein Politikum gemacht. Sie versuchen die These zu verbreiten, dass das Tragen des Kopftuches bei den Frauen ein Zeichen der Frömmigkeit sei. Sie verbinden auch damit das Verhalten der nichtislamischen Gesellschaften. Ganz besonders in Europa verbinden die Islamisten ihre guten oder schlechten Beziehungen zu den europäischen Gesellschaften oder Regierungen mit dem Erlaub oder Verbot dieses Tuches. Auch hier gibt es zu wenig Differenzierung seitens westlicher Gesellschaften oder auch Einzelpersonen. Das Tragen des Kopftuches wird dann eher als politisches Symbol und als Zugehörigkeitsbeweis zu einer islamistischen Bewegung verstanden. Diese Einschätzungen sollten gründlich reflektiert und auch die jeweiligen Motivationen geklärt werden. In diesem Zusammenhang soll aber auch erwähnt werden, dass heute noch in vielen orientalischen Gesellschaften diese Tradition des Kopftuchs nicht nur von den Muslimen fortgesetzt wird, sondern auch unter Christinnen und Christen, wenn sie ein bestimmtes Alter erreicht haben, verbreitet ist.

5.   Managing Diversity im Religionsunterricht

An den besprochenen drei Fällen wird sehr schnell deutlich, um was es geht. Lehrkräfte müssen z.B. im interreligiösen Dialog zuerst einmal sprachfähig werden, was auch heißt, sich entsprechendes religionskundliches Wissen anzueignen und dieses auch angemessen zu kommunizieren. Managing Diversity als Methode im Schulunterricht ist ein ganzheitlicher Ansatz, der seinen Ursprung in der Managementlehre hat und mit einem positiven Umgang mit Vielfalt einhergeht. Managing Diversity zielt immer auch darauf ab, die soziale und organisationale Vielfalt und Verschiedenheit einer Organisation und seiner Akteure in produktiver Weise zu erschließen und Systeme neu zu gestalten.

Schulen und Einrichtungen der beruflichen Bildung sind Orte, an denen Jugendliche und Pädagoginnen und Pädagogen mit verschiedensten Hintergründen zusammen kommen, voneinander lernen und in Konflikt miteinander geraten. Das gilt in besonderer Weise für den Religionsunterricht. Zum einen ist der Religionsunterricht nicht zentraler Bestandteil der beruflichen Bildung, was zur Folge hat, dass dem Religionsunterricht in der Regel nur eine Wochenstunde zur Verfügung steht, in der neben dem Input von fachbezogenen Themen auch gruppenpädagogische Prozesse initiiert werden sollen. Zum zweiten ist der Religionsunterricht oft Schmelztiegel unterschiedlichster Religionen, interkulturelle Schnittstelle und für Schülerinnen und Schüler Auffanggefäß für ihre gesellschaftlichen Herausforderungen.

Diese Situation kann einerseits Konfliktpotenzial in sich bergen, andererseits auch Chance sein, bei den Akteuren im Unterricht eine positive Haltung gegenüber Vielfalt aufzubauen. Ziel eines gelingenden Managing Diversity im Religionsunterricht ist es, die im Allgemeinen Gleichbehandlungsgesetz (AGG) genannten Merkmale (Geschlecht, ethnische Herkunft, Hautfarbe, Alter, Beeinträchtigung/Behinderung, sexuelle Orientierung und Religion bzw. Weltanschauung) wahrzunehmen als auch weiteren wie Familienstand, Elternschaft, Ausbildung, berufliche Vorerfahrungen usw. Raum zu geben, sie sichtbar zu machen und Schülerinnen und Schüler dafür zu sensibilisieren, um neue Denk- und Handlungsweisen zu vermitteln.

Für Religionslehrkräfte gilt, dass sie mit einer Diversity-Kompetenz insbesondere
• ihre individuelle Handlungsfähigkeit zum produktiven Umgang mit Vielfalt und Verschiedenheit stärken;
• die Grundsätze des AGG praktisch umsetzen können;

- Handlungssicherheit bei sachlich begründeter Unterscheidung und Ungleichbehandlung erlangen;
- eine höhere Konfliktlösungskompetenz erlangen, insbesondere im Umgang mit interreligiös begründeten Störungen;
- zu einem wertschätzenden Umgang mit Vielfalt, zu einer Verbesserung der Arbeitsatmosphäre und des Schulklimas beitragen können.

Damit positionieren sich Religionslehrende und der Religionsunterricht in einer neuen Rolle bzw. in einem erweiterten Bildungsauftrag. Religionslehrende haben die Kompetenz für kollegiales Coaching insbesondere in interkulturell und interreligiös begründeten Konfliktsituationen.

Selbst wenn Lehrkräfte einer Schule über Kompetenzen im interkulturellen und interreligiösen Dialog verfügen, ermöglicht nur der Religionsunterricht eine fachliche Thematisierung und Vertiefung dazu. Der Religionsunterricht eröffnet die Chance zu einem fächerverbindenden Unterricht; mit dem konfessionsorientierten Unterricht und insbesondere in Konfliktsituationen lassen sich im Kontext eines konkreten Unterrichtsgeschehens methodische Handlungsschritte skizzieren, die zugleich als Indikatoren für eine Diversity-Management-Kompetenz der Lehrkraft geeignet sind (Abb. 3).

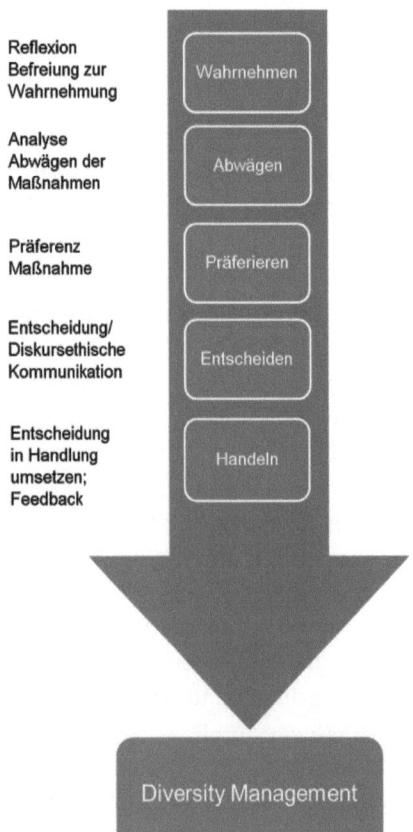

Abbildung 3: Handlungsschritte Konfliktsituation

Literatur

Achermann, E. (1992). *Mit Kindern Schule machen.* Zürich: LCH.

Bastian, J., Gudjons, H., Schnack, J. & Speth, M. (Hrsg.) (1997). *Theorie des Projektunterrichts.* Hamburg: Bergmann & Helbig.

Biehl, P. & Nipkow, K. E. (2003). *Bildung und Bildungspolitik in theologischer Perspektive* (Schriften aus dem Comenius-Institut, 7). Münster: Lit.

Bourdieu, P., Passeron, J.-C. & Hartig, I. (1971). *Die Illusion der Chancengleichheit: Untersuchungen zur Soziologie des Bildungswesens am Beispiel Frankreichs* (Texte und Dokumente zur Bildungsforschung) (1. Auflage). Stuttgart: Klett.

Dietrich, W. (2003). Begründung und Würdigung des Berufsschulreligionsunterrichts und des Beruflichen in ihm – 12 Ansätze. In W. Läwen, H.-J. Pabst & A. A. Pabst-Dietrich (Hrsg.), *Berufsbezug im Religionsunterricht der Berufsbildenden Schule: Theoretische Grundlegung und Praxisbeispiele* (Quellen und Forschungen zum evangelischen sozialen Handeln, 16, S. 33–43). Hannover: Blumhardt.

Dubs, R. (1997). Konstruktivismus im Unterricht. *Schweizer Schule, 84* (6). 26–36.

Härle, W. (2004). Zeitgemäße Bildung auf der Grundlage des christlichen Menschenbildes. In K. E. Nipkow, V. Elsenbast, W. Kast & K. H. Potthast (Hrsg.), *Verantwortung für Schule und Kirche in geschichtlichen Umbrüchen: Festschrift für Karl-Heinz Potthast zum 80. Geburtstag* (Schule in evangelischer Trägerschaft, 3. Band) (S. 69–81). Münster: Waxmann.

Heilmann, K.(1999). *Begabung – Leistung – Karriere: Die Preisträger im Bundeswettbewerb Mathematik 1971 – 1995.* Göttingen: Hogrefe.

Heller, K. A., Nickel, H. & Neubauer, W. (1980). *Psychologie in der Erziehungswissenschaft, Bd. 1: Verhalten und Lernen* (3. Auflage). Stuttgart: Klett-Cotta.

Kaufman, A. S. (1994). *Intelligent testing with the WISC-III* (Wiley series on personality processes). New York: Wiley & Sons.

Kilian, J. (1983). Personality characteristics of intellectually gifted secondary students. *Roeper Review 5*(3), 39–42.

Klafki, W. (1993). *Neue Studien zur Bildungstheorie und Didaktik: Zeitgemäße Allgemeinbildung und kritisch-konstruktive Didaktik* (Reihe Pädagogik) (3. Auflage). Weinheim: Beltz.

Liebau, E. (2004). Braucht die Pädagogik ein Menschenbild? In C. Bizer (Hrsg.), *Menschen Bilder im Umbruch – didaktische Impulse* (Jahrbuch der Religionspädagogik, 20. Band) (S. 123–135). Neukirchen-Vluyn: Neukirchener.

Obermann, A. (2011). Der kategoriale Berufsbezug des BRU: Überlegungen zu einem alten Thema aus berufspädagogischer Sicht. *BRU-Magazin, 55,* 48f.

Pirner, M. L., Hany, E. & Nipkow, K. E. (2008). *Christliche Pädagogik: Grundsatzüberlegungen, empirische Befunde und konzeptionelle Leitlinien.* Stuttgart: Kohlhammer.

Prengel, A. (2006). *Pädagogik der Vielfalt: Verschiedenheit und Gleichberechtigung in Interkultureller, Feministischer und Integrativer Pädagogik* (Schule und Gesellschaft, 2. Band) (3. Auflage) Wiesbaden: VS Verlag für Sozialwissenschaften.

Rausch, J. & Schwendemann, W. (2009). Bildung und Gerechtigkeit – die Aktualität des pädagogisch-theologischen Bildungsansatzes von Jan Amos Comenius. In W. Schwendemann & H.-J. Puch (Hrsg.), *Armut – Gerechtigkeit* (Evangelische Hochschulperspektiven, 5. Band) (S. 95–107). Freiburg i. Br.: FEL.

Rausch, J. (in Druck). *Bildungsgerechtigkeit statt Exklusivität: Zum Widersinn exklusiver Förderung von Hochbegabung aus christlicher Perspektive.* Hohengehren: Schneider.

Renzulli, J. S. (1994). *Schools for talent development a practical plan for total school improvement.* Mansfield Center, CT: Creative Learning Press.

Renzulli, J. S., Reis, S. M. & Stedtnitz, U. (2001). *Das schulische Enrichment Modell SEM: Begabungsförderung ohne Elitebildung.* Aarau: Sauerländer.

Rost, D. H. (Hrsg.) (2009). *Hochbegabte und hochleistende Jugendliche: Befunde aus dem Marburger Hochbegabtenprojekt* (Pädagogische Psychologie und Entwicklungspsychologie, 72. Band) (2. erweiterte Auflage) Münster: Waxmann.

Schweitzer, F. (1999). Bildung und Bildungsverständnis an evangelischen Schulen. In C. T. Scheilke & M. Schreiner (Hrsg.), *Handbuch Evangelische Schulen* (S. 121–130). Gütersloh: Gütersloher Verlagshaus.

Strote, I. (1985). *Das Wochenplanbuch für die Grundschule.* Heinsberg: Dieck.

Weinert, F. E. (1997). Lernkultur im Wandel. In E. Beck, T. Guldimann & M. Zutavern (Hrsg.), *Lernkultur im Wandel.* St. Gallen: UVK.

Franz Kaiser

Fundamente kaufmännischer Beruflichkeit. Wirtschaftliches Handeln zwischen Marktorientierung, Finanzialisierung und ethischen Entscheidungen

1. Einleitung

„In der Berufsarbeit sind wir gewiss ökonomischen Zwängen unterworfen, wie wir uns diesen Zwängen stellen und wie wir sie bewältigen, wird jedoch in nicht geringem Maße auch heute durch eine Berufsethik geprägt, deren Anforderungen das Prestige des Berufs und deren Einhaltung die Achtung des Berufsausübenden bestimmt. Identität, gesellschaftlicher Status, Achtung oder Missachtung werden gerade in der vollkommen säkularisierten Gesellschaft durch Berufsarbeit erworben" (Münch, 1994, S. 389).

Der nachfolgende Beitrag skizziert einleitend die Bedeutung von Beruf und Beruflichkeit aus der Perspektive der an der Berufsausbildung beteiligten unterschiedlichen gesellschaftlichen Gruppen und Akteure. Dabei wird deutlich, dass Beruf nicht nur Qualifikationsbündel für die Erwerbsarbeit ist, sondern zugleich prägendes „Erziehungsmittel" im Hinblick auf die Wahrnehmung bestimmter Aufgaben gesellschaftlicher Arbeitsteilung und damit verbunden Selbstverbindung mit bestimmten Verhaltens- und Denkweisen. Der daran anschließende Abschnitt fokussiert auf die Kaufleute bzw. kaufmännischen Berufe. Er beschreibt deren Bedeutungszunahme, Kennzeichen und branchenspezifische Heterogenität. Der Beitrag schließt mit der Begründung einer Werterziehung als konstitutives Element der kaufmännischen Berufsausbildung ab.

2. Berufe – schillernde soziale Konstrukte einer Gesellschaft aus unterschiedlichen Perspektiven

Die Interpretation und Wahrnehmung von Berufen hängt immer auch von der Perspektive der jeweiligen wissenschaftlichen Disziplin und der für sie relevanten Parameter ab. Betrachtet man Beruf aus der Systemtheorie, so bestimmt er sich als Vermittlungsform zwischen zwei Subsystemen als Bildungs- und Wirtschaftssystem bei Kurtz (2005) oder als Person und betriebliche Organisation. Die soziologisch fundierte Arbeitsmarktforschung betrachtet den Beruf als Vermittlungsform zwischen personenbezogener Qualifikation und arbeitsmarkt- bzw. arbeitsplatzbezogenem Qualifikationsbedarf.[1] Versteht man Beruf als soziales Konstrukt in der Vermittlung

---

1 Dabei erweist sich das deutsche System der Berufsbildung im internationalen Vergleich aufgrund seiner mehrdimensionalen Funktion, bezogen auf das Individuum, den wirtschaftsbezo-

zwischen Individuen (Auszubildenden), spezialisierter Tätigkeit, Unternehmen und Welt bzw. Gesellschaft, so lassen sich aus diesen Perspektiven unterschiedliche Anforderungen an (Ausbildungs-)berufe formulieren.

Die Perspektive Auszubildender

Berufe bescheinigen den beruflich Qualifizierten am Ende einer Ausbildung, dass sie über die Fähigkeiten, Fertigkeiten und Kenntnisse in einem umfangreichen Aufgabengebiet verfügen. Mit dem Erwerb beruflicher Qualifikationen und Kompetenzen unterscheiden sich die Individuen in ihrem Wissen und Können also von Laien sowie An- und Ungelernten, aber auch in ihren Logiken untereinander. „Die Bedingungen, in denen Menschen der Welt begegnen, sind überformt von der Ausführung bestimmter Tätigkeiten [...]. Der Beruf bestimmt die Möglichkeiten der individuellen Lebensgestaltung" (Schapfel-Kaiser, 2008, S. 13). Der Erwerb einer beruflichen Qualifikation dient der Verbesserung der Arbeitsmarktchancen und zugleich der Teilhabe an einem gesellschaftlichen Subsystem, zu dessen professionalisierten Agenten die jeweils beruflich Qualifizierten werden. Damit einher geht auch die Erwartung auf eine bestimmte Entlohnung, die je nach Art der Tätigkeit und dessen gesellschaftlichen Stellenwert und Anerkennung in der Tarifpolitik ausgehandelt wird.

In einer Zeit der zunehmenden Auflösung von gesellschaftlichen Traditionen und Mustern sowie kulturellen Übereinkünften schaffen Berufe eine nicht zu vernachlässigende Identitätsfolie für die Einzelnen, die Fortbestand hat, wenn die betriebliche Bindung durch eine regionale oder karrierebedingte Veränderung oder aufgrund von betriebsbedingter Kündigung aufgelöst wird. „[G]erade in einer Periode gesellschaftlicher Umbrüche [bietet] die berufsförmige Arbeit wichtige psychosoziale Erfahrungs-, Entwicklungs-, und Handlungschancen" (Heinz, 2005, S. 321, zitiert nach Schapfel-Kaiser, 2008, S. 18). Letztlich bildet der Beruf immer noch einen, wenn nicht den Kristallisationspunkt sozialer Identität (Brötz, 2005). Nun hat sich auch und gerade in der beruflichen Bildung die Rolle der Lernenden von der klassischen Beistelllehre zur handlungsorientierten Lernprozessgestaltung verändert und setzt damit mehr Potenzial für selbstverantwortliches Handeln frei. Damit verbunden ist ein schneller Rollenwechsel der Auszubildenden vom Lernerstatus hin zur/zum beruflich verantwortlich handelnden Arbeitnehmerin und Arbeitnehmer.

---

genen Arbeitsmarkt und die Gesellschaft in besonderer Weise an den Beruf gekoppelt. Dies unterstreichen Bosch und Charest in ihren Schlussfolgerungen bezüglich der beruflichen Bildung aus einem Vergleich von zehn Ländern: „The only countries in which such a renaissance could be observed are Germany and Denmark. In these countries, the integration of occupations into the labour market has been achieved through the modernisation of occupational profiles, a process in which the social partners, with their centralised organisational structures, have played an important role. Occupations are nationally recognised and closely linked to pay systems, work organisation and career structures" (2006, S.10).

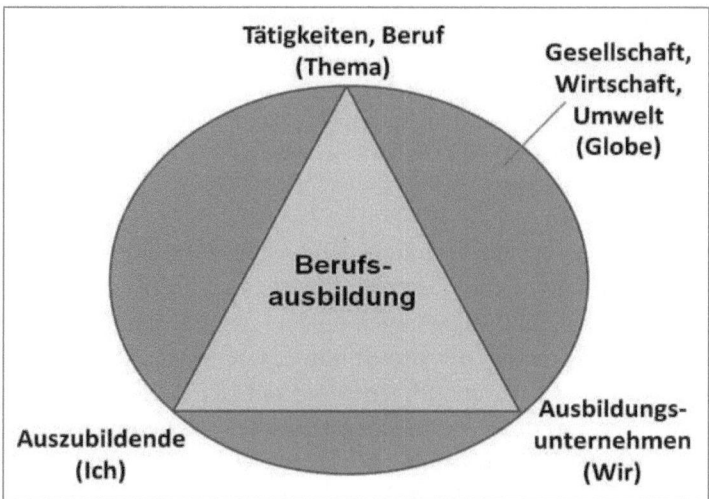

Abbildung 1: Berufsausbildung aus unterschiedlichen Perspektiven
in Anlehnung an das TZI-Modell von Ruth Cohn
(Schapfel-Kaiser, 1997)

Die Perspektive der Unternehmen

Auf der anderen Seite des Ausbildungsvertrages steht ein Unternehmen mit seinem Selbstverständnis und seinen Interessen. Es will für die bei ihm anfallenden Tätigkeiten Arbeitskräfte haben, die in der Lage sind, diese in einer sehr guten Art und Weise auszuführen. Dafür benötigt es qualifiziertes Fachpersonal und ist bereit, Geld und Zeit zu investieren. So trachtet ein Unternehmen nach der Ausbildung von beruflich fundierten Qualitätsansprüchen, die eine hohe Dienstleistungs- und Produktqualität ohne permanente Kontrolle wahrscheinlicher machen (Kaiser, 2012b). Zugleich wünscht es sich Mitarbeiterinnen und Mitarbeiter, die nicht nur die fachliche Seite der Arbeit übernehmen, sondern zugleich eine „gute Art" haben, sorgsam mit Einrichtungen und Materialien und freundlich mit Kolleginnen und Kollegen, Führungskräften und den Kunden umzugehen. Die Fachkräfte sollen zunehmend mitdenken und zur Verbesserung der Kultur im Unternehmen und der Erstellung der Leistungen (Produkte, Reparaturen, Verkäufe, Abrechnungen etc.) beitragen. Mit den veränderten Organisationsformen in den Unternehmen und indirekten Steuerungsformen findet eine deutliche Verantwortungsdelegation nach unten statt (Haipeter, 2011), die sich auch in den anspruchsvolleren Formulierungen der Ausbildungsordnungen niederschlägt. Damit schaffen berufliche Identifikationsmuster Qualitätsstandards, an denen auch den Unternehmen und ihren Verbänden gelegen ist, wie deren Engagement für spezifische Ausbildungsberufe immer wieder deutlich zeigt. Andererseits wehren sich Teile der Wirtschaft und Ausbildungsbetriebe zugleich gegen eine zu starke Reglementierung der Qualifikationsentwicklung, die ihre betriebliche Flexibilität einschränkt und zu einer aufwändigeren Ausbildung führt, die teilweise durch Ausbildungsverbünde realisiert wird. Aus einer solchen Perspektive erwachsen dann Flexibilisierungskonzepte,

die an die Grenzen des Fortbestands der Beruflichkeit reichen und von einigen Arbeit-
geberverbänden begrüßt und zugleich von gewerkschaftlicher Seite kritisiert werden
(Wissenschaftlicher Beraterkreis, 2008; Ehrke, 2011).

Die gesellschaftliche Perspektive

Die Verantwortung der Gesellschaft für die berufliche Bildung schlägt sich sowohl in
der Beteiligungsstruktur bei der Entwicklung der Berufe[2] als auch in der Formulie-
rung der Zielsetzung in den gesetzlichen Regelungen nieder. Das Berufsbildungsge-
setz definiert in § 1 Absatz 3 das Ziel der Berufsausbildung wie folgt: „Die Berufsausbildung hat die für die Ausübung einer qualifizierten beruflichen Tätigkeit in einer
sich wandelnden Arbeitswelt notwendigen beruflichen Fertigkeiten, Kenntnisse und
Fähigkeiten (berufliche Handlungsfähigkeit) in einem geordneten Ausbildungsgang
zu vermitteln. Sie hat ferner den Erwerb der erforderlichen Berufserfahrungen zu
ermöglichen." Damit wird aus gesellschaftlicher Perspektive unterstrichen, dass es
ein Interesse an einer erfolgreichen Integration in das gesellschaftlich relevante Wirtschaftssystem durch die berufliche Bildung geben soll. Diese Integration findet in der
Obhut des Staates statt und soll durch ihn reglementiert und überwacht werden. Der
Fokus der Gewerkschaften liegt auf einem hohen Ausbildungsniveau, das wertvolle
und breit einsetzbare Qualifikationen erzeugt. Weitere gesellschaftliche Gruppen wie
NGOs sind nicht beteiligt, so dass eine starke Dominanz betrieblicher und branchen-
bezogener Perspektiven die Gestaltung der beruflichen Bildung prägt.

Berufe führen zur Einpassung der jeweiligen Individuen in die Handlungslogiken
der aus der fortschreitenden Arbeitsteilung hervorgegangenen Wirtschaftssegmente.
Beruflich Handelnde übernehmen deren Logiken, internalisieren die dort geltenden
Modelle und Verhaltensweisen und deren Form der Weltwahrnehmung. „Die Berufsform negiert durchweg individuelle Unterschiede und Eigenheiten und hobelt
sie glatt" (Beck, Brater & Daheim, 1980, S. 229). Konstituierendes Element der
Berufe sind die Tätigkeiten, auf die sie sich beziehen. Sie haben sich im Laufe der
gesellschaftlichen Arbeitsteilung weiter ausdifferenziert und zu einer Fülle von spe-
zialisierten Tätigkeiten und Technologieanwendungen geführt, die ohne das Vorhan-
densein spezieller Qualifikationen weder begriffen noch gehandhabt werden können.
In einem Neuordnungsverfahren, in dem Berufe modernisiert oder neue Aus- oder
Fortbildungsberufe entwickelt werden, sind die Leistungserstellungsprozesse und die
Arbeitsprozesse deshalb immer der Ausgangspunkt der Erarbeitung von Aus- und
Fortbildungsprofilen. Von ihnen ausgehend werden dann die Kompetenzen/Berufs-
bildpositionen mit ihren Lernzielen und die berufsschulischen Lernsituationen und
Lernfelder entwickelt.

---

2   An der Entwicklung der Ausbildungsordnung sind die Bundesländer, Bundesministerien,
    Gewerkschaften und Arbeitgeber beteiligt (Bundesinstitut, 2011). Es bleibt nicht mehr dem
    Lehrherrn und der Zunft alleine überlassen, wie Ausbildung gestaltet wird und welche Inhalte
    vermittelt werden.

3. Bedeutungszunahme, Kennzeichen und Mentalitätsentwicklung kaufmännischer Berufe

Über den Zuwachs von Tätigkeiten, die stärker mit der Verarbeitung von Information und Wissen und der zwischenmenschlichen Interaktion befasst sind, im Verhältnis zu denen, die mit der Gewinnung von Rohstoffen und deren Verarbeitung zu tun haben, braucht man heute nicht mehr zu schreiben (Walden, 2007). Dies spiegelt sich auch in der Neustrukturierung der aktualisierten Klassifikation der Berufe wider, bei der die kaufmännischen und dienstleistungsorientierten Berufe deutlich mehr Raum bekommen haben (Paulus, Schweitzer & Wiemer, 2011). Es zeigt sich, dass sich im Ausbildungssystem dieser oben beschriebene Wandel bereits quantitativ dadurch niedergeschlagen hat, dass mittlerweile ca. 60% in Dienstleistungsberufen ausgebildet werden und ca. 40% in Produktionsberufen.[3] Außerdem ist auch die Zahl der in diesem Bereich zur Verfügung stehenden Ausbildungs- und Fortbildungsberufe erheblich gewachsen.

Betrachtet man alleine die Tatsache, dass in den vergangenen 15 Jahren zwölf neue kaufmännische Ausbildungsberufe entstanden sind (vgl. Abbildung 2), die keine Vorgängerberufe hatten, so wird die Dimension dieser Veränderung deutlich. Hinzu kommen die zwischenzeitlichen Modernisierungen bestehender Ausbildungsberufe, in denen sich die zunehmende Anforderung nach Dienstleistungsorientierung ebenso niederschlägt, wie dies bspw. die neue Bezeichnung der Fachangestellten für Arbeitsmarkt*dienstleistungen* für die Ausbildung im öffentlichen Dienst beispielhaft verdeutlicht.

In einem seit 2009 am Bundesinstitut für Berufsbildung durchgeführten Forschungsprojekt wird dem spezifischen Charakter kaufmännischer Aus- und Weiterbildungsberufe nachgegangen und deren Gemeinsamkeiten und Unterschiede untersucht (Brötz, Peppinghaus, Schapfel-Kaiser & Brings, 2009).

Der Blick in die Geschichte zeigt, dass der kaufmännische Beruf in seiner gesellschaftlichen Funktion auf die Versorgung der Menschen mit produzierten Gütern abzielt. Dies unabhängig davon, ob diese Tätigkeit auf eigene Rechnung erfolgt oder der Sicherung der Vorräte am Hofe dient.[4] Die Form abhängiger Beschäftigung als Angestellte tritt dabei erst in nennenswerter Zahl auf, als die Handelsherren ihren Gewinn nicht mehr nur aus dem Handel und den Finanzgeschäften ziehen, sondern in die industrielle Produktion und die Errichtung großer Kaufhäuser in Ballungsgebieten investieren (Reinisch & Götzl, 2011). Kaufmännische Angestellte als Massenphänomen gehen nun delegierten Aufgaben des Unternehmers nach, bilanzieren Gewinne und Verluste, übernehmen die Geschäftskorrespondenz, steuern betriebswirtschaftli-

---

3 Im Jahr 1996 waren die Ausbildungszahlen zwischen den Produktionsberufen und Dienstleistungsberufen ausgeglichen und zuvor waren die Anteile der Produktionsberufe durchweg größer.

4 Am Hofe und in den großen kirchlichen Besitztümern entwickelten sich die „Vorläuferberufe" der Verwaltungsberufe des öffentlichen Dienstes in Form von Schreibern, Lageristen und Vögten.

che Produktions- und Logistikprozesse und werden in Beratung und Verkauf eingesetzt. Diese Übernahme der unternehmerischen Denkweise prägt in besonderer Weise
ihre Mentalität. Sie handeln und verhandeln anstelle des Unternehmers zur Mehrung
dessen Gewinns. Sie dokumentieren Vorgänge und steuern Produktions- und Trans-
portprozesse unter der Maßgabe der Effizienzsteigerung.

Nr.	Berufsbezeichnung	Erlassjahr
1.	Kaufleute für Verkehrsservice	1997
2.	Automobilkaufleute	1998
3.	Kaufleute für audiovisuelle Medien	1998
4.	Kaufleute im Gesundheitswesen	2001
5.	Veranstaltungskaufleute	2001
6.	Sport- und Fitnesskaufleute	2001/2007[5]
7.	Investmentfondskaufleute	2003
8.	Kaufleute für Tourismus und Freizeit	2005
9.	Fachangestellte für Markt- und Sozialforschung	2006
10.	Kaufleute für Dialogmarketing	2006
11.	Servicefachkräfte für Dialogmarketing	2006
12.	Personaldienstleistungskaufleute	2008

Abbildung 2: Neu entstandene kaufmännische Ausbildungsberufe von 1997 – 2012;
eigene Darstellung auf der Basis der Genealogie der Ausbildungsberufe
(BIBB Verzeichnis, 2011).

So entsteht ein breites Spektrum von Verwaltungstätigkeiten in der Privatwirtschaft
(seinerzeit noch Industriebeamte genannt), das sich später ebenso ausdifferenziert wie
die gleichzeitig sich entwickelnden Verkäuferberufe im Einzelhandel.

Diese kaufmännischen Angestellten unterscheiden sich sowohl von den technischen Angestellten als auch von der Arbeiterschaft. Sie organisieren sich erst deutlich
später in Interessensvertretungsorganisationen[6] und sind von einer Beitragsorientierung geprägt, die darauf vertraut, dass das Unternehmen den eigenen Beitrag schon
entsprechend wertschätzt und honoriert. Dementsprechend beziehen sie Monatsge-
hälter und nicht leistungsorientierte Löhne oder Stundenlöhne (Haipeter, 2011).

Erst relativ spät in den 1930er-Jahren werden Ausbildungsordnungen für die
kaufmännischen Berufe erlassen, die deren Qualifizierung systematisieren. Aktuell
gibt es im deutschen Berufsausbildungssystem mehr als 50 Ausbildungsberufe und
über 30 spezialisierte Fortbildungsberufe mit kaufmännisch-betriebswirtschaftlichen
Schwerpunkten, die bundeseinheitlich Geltung haben. Die im Rahmen des o.g. Projekts durchgeführten Inhaltsanalysen weisen Kernqualifikationen und gemeinsame

---

5   Die Verordnung zum Ausbildungsberuf der Sport- und Fitnesskaufleute wurde bereits nach 6
    Jahren überarbeitet.
6   So gründen sich in der Weimarer Republik Vorläufer der Deutschen Angestellten Gewerkschaft,
    und die HBV (Handel, Banken, Versicherungen) erst 1949.

Handlungsfelder dieser Berufe aus (Brötz & Schapfel-Kaiser, 2010). Diese beziehen sich auf (Reihenfolge entspricht der Häufigkeit der Nennungen in den Verordnungen):

1. Kaufmännische Steuerung und Kontrolle
2. Absatzwirtschaft
3. Information und Kommunikation
4. Recht und Vertrag
5. Unternehmensorganisation
6. Logistik
7. Volkswirtschaftliche Rahmenbedingungen
8. Personalwesen
9. Einkauf

Trotz des vergleichsweise hohen Bedeutungsanteils der kaufmännischen Steuerung und Kontrolle haben sich in den vergangenen Jahren in den meisten Berufen Verschiebungen von „Buchhaltungskaufleuten" zu „Dienstleistungskaufleuten" ergeben. Das bedeutet, dass sich die Aufgabenzuschnitte in den Unternehmen verschoben haben und Detailprozesse des Rechnungswesens mittlerweile in EDV-gestützte Steuerungssysteme übergegangen sind, so dass komplexe Berechnungen automatisiert erfolgen. Die Kenntnis der Realprozesse, die dort lediglich abgebildet sind, ist wichtiger geworden als das eigene Durchführen von Bilanzrechnungen. Außerdem hat die Gestaltung von kommunikativen Schnittstellen, die gezielte Aufnahme, Verarbeitung, Weitergabe und Dokumentation von Information, an Bedeutung zugenommen. So finden sich als bedeutungsvolle Bestandteile der Absatzwirtschaft der Bereich der Kundenberatung und -bindung und die damit verbundenen kommunikativen Aspekte ebenso in den Ausbildungsordnungen wieder, wie die Abstimmung und wechselseitige Information innerhalb des Unternehmens, hier aufgeführt unter Punkt 2 „Information und Kommunikation".[7]

Es spiegelt sich demzufolge in den Ausbildungsordnungen die zunehmende selbstständige Handlungsweise der kaufmännischen Angestellten wider, die in nur noch teilbestimmten Situationen (um sie nicht fälschlicherweise offen zu nennen[8]), agieren müssen (Kaiser, 2012a). Zunehmend wird Verantwortung für Projekte auf die Ebene kaufmännischer Facharbeit delegiert, stehen dort kleine, selbstständig zu bewirtschaftende Budgets zur Verfügung, werden zunehmend Ziele vorgegeben, ohne die Umsetzungswege in allen Details vorab zu strukturieren. Damit durchdringt die Finanzlogik, die Rentabilität des Kapitals als dominante Orientierungskategorie sämt-

---

7   Die hohe Bedeutung des Umgangs mit der Sprache hat eine aktuelle Analyse zu diesem Zusammenhang bei den Kaufleuten gezeigt. Der versierte Umgang mit Sprache reicht von der Marktschreierei als Kunstform über die feineren Facetten des Marketings bis hin zur Geschäftskorrespondenz in vielen Sprachen und ausgeklügelten Vertragsformulierungen bzw. Geschäftsbedingungen, derer sich Kaufleute bedienen.

8   Wären die Situationen tatsächlich offen, so gäbe es nicht so viele Vorgaben seitens des Managements zur Zielerreichung im Hinblick auf eingesetzte Mittel, die über verkaufte Produkte, absolvierte Gespräche in bestimmten Zeitmargen etc. definiert sind.

liche betrieblichen Prozesse und Entscheidungen und prägt zunehmend unmittelbarer
die Entscheidungen kaufmännischer Angestellter (Haipeter, 2011).

Diese Marktorientierung und Finanzialisierung bedroht auch die „konservati-
ve Mentalität" der kaufmännischen Angestellten. Ihr Vertrauen in die Funktion der
Beitragsorientierung löst sich auf, wenn Prämien- und Leistungslöhne bedeutsamer
werden und ihre Qualifikation auf einem globalisierten Markt schneller entwertet
wird. Sie geraten in einer beschleunigten, an Kapitalerträgen orientierten Wirtschaft
in Bedrängnis. Informationstechnische Bedingungen erlauben das sogenannte „Off-
shoring" standardisierter Verwaltungstätigkeiten ins Ausland. Die zunehmende
Ausrichtung aller Prozesse an ihrem Marktbeitrag zwingt auch die kaufmännischen
Angestellten zur Nachweiskontrolle ihres konkreten Beitrages, nicht mehr nur im
Verkauf, sondern auch in internen Organisationseinheiten. Auch ihre Prozesse werden
Gegenstand der kaufmännischen Abbildsysteme, rationalisiert und kontrolliert. Zugleich steigen die Handlungsmöglichkeiten und Freiheitsgrade in einigen Bereichen,
erlauben Flexibilisierung von Arbeitsort und -zeit sowie Entgrenzung von Arbeit mit
ihren Vor- und Nachteilen. Schließlich werden neue Formen der Interaktion gefordert,
es erfolgt der Vertrieb in sozialen Netzwerken, die Einbindung der Konsumenten in
Produktentwicklungen und individualisierte Beratung und Betreuung. Dies führt zur
Kundensegmentierung mit sog. Premiumkunden einerseits und dem Massengeschäft
andererseits.

4.   Zur Notwendigkeit ethisch basierter Wertentscheidungen im kaufmännischen Denken und Handeln

Kaufmännisches Handeln ist wesentlich geprägt durch Entscheidungshandeln, in dem
sich die Abwägung unterschiedlicher Interessen niederschlagen. Welche Kundin spreche ich als Verkäufer wie an, wo räume ich Rabatte ein, welche Lieferzeiten setze ich
fest, wie formuliere ich ein Einladungsschreiben, welche Kosten ordne ich welcher
Kostenstelle zu etc. Dabei orientiert sich das Handeln primär an der unternehmerischen Gewinnabsicht und wird u.a. eingeschränkt durch eine Fülle von Rechtsnor-
men, deren Berücksichtigung einen bedeutenden Anteil in der kaufmännischen Praxis
und Berufsbildung spielen (SOKO, 2012; Brötz & Schapfel-Kaiser, 2010).

Die Sicherstellung des unternehmerischen Gewinns, so die Logik, sichert den
Arbeitsplatz, das Einkommen und die unternehmerische Einheit, in deren Anstel-
lungsverhältnis die Tätigkeit erfolgt. Die Umwelt der eigenen Organisation wird als
Markt der Konkurrenten wahrgenommen. „Die moderne Mikroökonomie geht von
dem Menschen, der von unbegrenzter Habgier getragen wird, als dem Normalfall
aus" (Albach, 2003, S. 37). Hierauf zielt auch die berufliche Qualifizierung in der
kaufmännischen Berufsausbildung, die in erster Linie dazu befähigt, entsprechende
Instrumente zur Absicherung der Finanzen (Doppelte Buchführung, Verträge, Dokumentation) und zur Steigerung der Umsätze und Leistungen (Marketing, Controlling,

Verkaufsgespräch) einzusetzen. Letztgenanntes „tarnt" sich unter neuen Begriffen wie Information und kundenorientierte Beratung.

Um diese Verhaltensweisen ethisch zu rechtfertigen, wird ökonomisches Verhalten zu moralischem Verhalten stilisiert. Wirtschaftliches Denken, so das Argument, schützt vor Verschwendung, achtet auf effizienten Einsatz von Ressourcen und erzieht damit zu wertorientiertem, ehrbarem Verhalten. Hier findet sich die Streitlinie der Wirtschaftsethiker, von denen die einen Entscheidungssituationen unterscheiden und verdeutlichen, dass unethisches Verhalten zulässig ist, weil es der Logik des Subsystems entspricht. Wohingegen andere eine solche Betriebsmoral für unzulässig halten, wie dies Zabeck in Auseinandersetzung mit Becks Ausführungen deutlich macht (Zabeck, 2002; Lempert, 2006). Demgegenüber entlarvt eine auf Emanzipation ausgerichtete ökonomische Bildung den scheinbaren ökonomischen Sachzwang und ermächtigt zum „verantwortungsvollen Entscheiden unter gegebenen Bedingungen" entgegen einer „ökonomischen Komplexitätsreduktion, die in ihrer simplen, reinen ökonomischen Ethik so verführerisch ist, dass sie sich mit einer unglaublichen Wucht hat durchsetzen können" (Tafner, 2012, S. 38–39) und religiöse Züge trägt (Deutschmann, 2008).

Begreift man kaufmännische Berufsausbildung neben der Erzeugung von funktionaler Beschäftigungsfähigkeit auch als ökonomische Bildung, die zu selbstbestimmtem Handeln in den betrieblich engen Grenzen ermächtigen soll, so sind die Bildungsziele zu erweitern. „Kritische Einstellung zur ‚Wirtschaftsgesellschaft' ist die Basis für ökonomische Bildung", formulierte Bokelmann bereits 1968 im Hinblick auf sozialökonomische Bildung (Kutscha, 2009, S. 60). Wenn nun sogar Karl Homann, Professor für Wirtschaftsethik in München und Bezugspunkt für Becks „Betriebsmoral", bilanziert: „Wir haben die Marktwirtschaft 40 Jahre lang nur ökonomisch diskutiert und nicht ethisch" (Kaluza, 2008) und damit deutlich macht, dass ein Teil der Krise des zunehmend an der Finanzwirtschaft ausgerichteten Wirtschaftssystems eben in der Vernachlässigung der Balance von Gewinnorientierung und nachhaltigen Zielen gesellschaftspolitischer Gesamtentwicklung besteht und damit letztlich den Erhalt des Wirtschaftssystems selbst bedroht, so ist es an der Zeit, ethische Urteilsbildung zum integralen Bestandteil kaufmännischer Bildung zu machen.

Ethische Urteilsbildung ist dann nicht nur Gegenstand der Wirtschaftsethik an Wirtschaftsgymnasien, wenngleich sich dort hilfreiche Anregungen für die komplexe Thematisierung der Zusammenhänge entnehmen lassen (Jetzschke, 2005) und auch nicht nur des Religionsunterrichts an berufsbildenden Schulen (Schweitzer, Ruopp & Wagensommer, 2012). Sie muss integraler Bestandteil der Wirtschaftspädagogik (Tafner, 2012; Lempert, 2006) und viel stärker eingebunden sein in die betrieblichen Ausbildungsrahmenpläne und berufsbezogenen Lernfelder der kaufmännischen Ausbildungsberufe und in gelebte betriebliche Wirklichkeit (Schapfel-Kaiser, 2005).

Es sind gerade die Studien von Wolfgang Lempert aus den 1990er-Jahren, die deutlich machen, dass die Entwicklung der Urteilsfähigkeit nicht in der pädagogischen Provinz des Unterrichtsraumes durch kognitive Aneignung entwickelt werden kann. Sie ist eingebunden in soziobiographische Bedingungen, die wesentlich befördert werden mit: Wertschätzung durch anerkannte Partner, zwangloser Kommunikation, partizipativer Kooperation, Verantwortungsattribution, Handlungsspielräumen und dem Vorhandensein von sozialen Konflikten, die zur offenen Auseinandersetzung über Interessen, Normen und Werte führen (Lempert, 1993).

Viele dieser Bedingungen finden sich in förderlicher oder hinderlicher Form in den Handlungssituationen einer beruflichen Ausbildung in Behörden und Betrieben. Sie ermöglichen in einer Situation der Angewiesenheit auf Berufserfahrene und dem eigenen Trachten nach dauerhafter Versorgung mittels beruflicher Facharbeit „per ‚Ich-Stärke' und durch eine realistische Selbstbildung dagegen gefeit zu sein, sich im Sog wechselnder Chancen und als effizient geltender Handlungsmuster zu verlieren und damit das einzubüßen, was der Mensch eigentlich ist, nämlich das zu Autonomie und sittlicher Freiheit bestimmte Wesen" (Zabeck, 2004, S. 20). Wie dies insbesondere in kaufmännischen Berufen beispielhaft bezogen auf Dilemmata im Hinblick auf nachhaltige Entwicklung und Bewahrung der Natur ausgestaltet werden kann, hat Börner (2012) herausgearbeitet. Er schlägt den Einsatz von Produktlinienanalysen vor, in denen die gesamte Wertschöpfungskette von der Rohstoffgewinnung bis zum Verkauf analysiert wird und die Reflexion von Entfremdungssituationen im beruflichen Handeln. Aus den Zielen nachhaltiger Entwicklung kann eine übergreifende Berufsbildposition (Lernziel) entwickelt werden, die in sämtliche Ausbildungsordnungen Eingang finden könnte und evtl. wie nachfolgend lautet: „Im Zusammenhang mit dem Leitbild einer nachhaltigen Entwicklung können die Auszubildenden den Wert der natürlichen Lebensgrundlagen und ihr eigenes berufliches Handeln in einen übergeordneten Gesamtzusammenhang einordnen und dabei die Möglichkeiten ihrer Einflussnahme auf wirtschaftliche Prozesse problematisieren und reflektieren" (Börner, 2012, S. 96).

Außerdem sollten aber Entscheidungssituationen an die spezifische Beruflichkeit gebunden sein und in den Ausbildungsordnungen die Fähigkeit zur Reflexion des eigenen Handelns unter ethischen Gesichtspunkten berufsbezogen entwickelt werden. Beispielsweise die Berücksichtigung von Herstellungsbedingungen bei Lieferanten in der Einkaufsabteilung oder die Wahl der Reisemittel unter ökologischen Aspekten bei der Vorbereitung von Dienstreisen in den Sekretariaten, um eher einfache Beispiele zu benennen. Insbesondere die Bankbranche, aber auch die Ehrbarkeit der Kaufleute insgesamt, leidet immer wieder an Verfehlungen ihrer Repräsentanten und einzelner Unternehmen, wie der jüngste Skandal um den rein betriebswirtschaftlich hoch effizienten Einsatz europäischer „Berufssklaven" beim webgestützt, global agierenden Handelsunternehmen „Amazon" gezeigt hat (ARD, 2013). Dies sind aber keine neuen Phänomene, sondern insbesondere Phänomene ruinösen Handelns von Kaufleuten, wie das nachfolgende Zitat bei Albach zeigt: „Schon im 14. Jahrhundert stöhnten die Scholastiker, es sei einfacher, die Trinität zu beweisen, als den Kaufleuten auf die Schliche zu kommen" (2003, S. 37).

Literatur

Albach, H. (2003). Zurück zum ehrbaren Kaufmann. Zur Ökonomie der Habgier. *WZB-Mitteilungen, 100*, 37–40.

ARD (2013). *Ausgeliefert! Leiharbeiter bei Amazon. Sendung am 13.02. 2013, 22:45h.* http://www.ardmediathek.de/das-erste/reportage-dokumentation/ausgeliefert-leiharbeiter-bei-amazon?documentId=13402260 [30.07.2013].

Beck, U., Brater, M. & Daheim, H. (1980). *Soziologie der Arbeit und der Berufe: Grundlagen, Problemfelder, Forschungsergebnisse.* Reinbek: Rowohlt.

Börner, M. (2012). *Reformbedarf kaufmännischer Ausbildungsordnungen unter der Perspektive einer Berufsbildung für eine nachhaltige Entwicklung.* Nicht veröffentlichte Diplomarbeit im Rahmen des GUK-Projekts an der Universität Jena.

Bosch, G. & Charest, J. (2006). *Vocational training systems in ten countries and the influence of the social partners.* Paper submitted to the IIRA 14th World Congress, Lima, Peru, September 11–14, 2006. http://www.iaq.uni-due.de/aktuell/veroeff/2006/bosch07.pdf [30.07.2013].

Brötz, R. (2005). Das Berufsprinzip im Kontext neuer Strukturkonzepte der Aus- und Weiterbildung und der Flexibilisierungsdiskussion. In M. Jacob & P. Kupka (Hrsg.), *Perspektiven des Berufskonzepts: die Bedeutung des Berufs für Ausbildung und Arbeitsmarkt* (S. 161–176). Nürnberg: IAB.

Brötz, R., Peppinghaus, B., Schapfel-Kaiser, F. & Brings, C. (2009). Gemeinsamkeiten und Unterschiede kaufmännisch-betriebswirtschaftlicher Berufe (GUK) – Ausgangspunkte und Ziele des Forschungsprojekts. In R. Brötz & F. Schapfel-Kaiser (Hrsg.). *Anforderungen an kaufmännisch betriebswirtschaftliche Berufe aus berufspädagogischer und soziologischer Sicht* (S. 9–43). Bielefeld: Bertelsmann.

Brötz, R. & Schapfel-Kaiser, F. (2010). Gemeinsamkeiten in kaufmännischen Ausbildungsberufen ermitteln. Zwischenergebnisse einer computergestützten Dokumentenanalyse. *Berufsbildung in Wissenschaft und Praxis, 4*, 26–30.

Bundesinstitut für Berufsbildung (2011). *Ausbildungsordnungen und wie sie entstehen...* http://www.bibb.de/dokumente/pdf/Ausbildungsordnungen_deutsch_pdf(2).pdf [30.07.2013].

Deutschmann, C. (2008). *Kapitalistische Dynamik: Eine gesellschaftstheoretische Perspektive.* Wiesbaden: VS.

Ehrke, M. (2011). *Dienstleistungsfacharbeit und Beruflichkeit – ein Interview im Projekt GlobePro.* http://www.globe-pro.de/cms/upload/PDFs/Interview_Ehrke_Beruflichkeit.pdf [30.07.2013].

Haipeter, P. (2011). *Kaufleute zwischen Angestelltenstatus und Dienstleistungsarbeit: Eine soziologische Spurensuche* (Wissenschaftliches Diskussionspapier, 126). Bonn: Bundesinstitut für Berufsbildung.

Jetzschke, M. (2005). The man in black und das Tagpfauenauge der Wirtschaftsethik oder: Wirtschaftsethik in den AHR-Bildungsgängen des Berufskollegs „gehirngerecht" unterrichten. In J. Kluthe & H.-U. Schneider (Hrsg.), *Auf dem Weg der Gerechtigkeit ist Leben. Sozialethische Anmerkungen zur sozialen Gerechtigkeit heute* (S. 215–228). Münster: Lit.

Kaiser, F. (2012a). Was kennzeichnet Kaufleute? Ihr berufliches Denken und Handeln aus historischer, soziologischer und ordnungspolitischer Perspektive. In U. Faßhauer, B. Fürstenau, & E. Wuttke (Hrsg.), *Berufs- und wirtschaftspädagogische Analysen* (S. 165–178). Opladen: Budrich.

Kaiser, F. (2012b). Dienstleistungskunst und kaufmännische Berufsbilder. Künstlerisches Handeln, Dienstleistungsarbeit, Erforschung kaufmännischen Handelns und die Entwicklung von Ausbildungsverordnungen. In C. Munz, J. Wagner & E. Hartmann (Hrsg.), *Die Kunst der guten Dienstleistung: Wie man professionelles Dienstleistungshandeln lernen kann* (S. 221–233). Bielefeld: Bertelsmann.

Kaluza, M. (2008). Auf der Suche nach der verlorenen Moral – Die Wirtschaft entdeckt die Ethik neu – und das mit ganz unterschiedlichen Motiven. *Sonnemann Businessmagazin der Frankfurt School of Finance and Management. Auf der Suche nach dem richtigen Weg im Labyrinth der Ökonomie, 1,* 4–7.

Kurtz, T. (2005). *Die Berufsform der Gesellschaft.* Weilerswist: Velbrück.

Kutscha, G. (2009). Ökonomische Bildung zwischen einzel- und gesamtwirtschaftlicher Rationalität – Kompetenzentwicklung und Curriculumkonstruktion unter dem Anspruch des Bildungsprinzips. In R. Brötz, & F. Schapfel-Kaiser (Hrsg.), *Anforderungen an kaufmännisch-betriebswirtschaftliche Berufe aus berufspädagogischer und soziologischer Sicht.* (S. 45–64). Bielefeld: Bertelsmann.

Lempert, W. (1993). Moralische Sozialisation im Beruf. Bedingungsvarianten und –konfigurationen, Prozessstrukturen, Untersuchungsstrategien. *Zeitschrift für Sozialisationsforschung und Entwicklungspsychologie, 13*(1), 2–35. http://nbn-resolving.de/urn:nbn:de:0168-ssoar-10038 [30.07.2013].

Lempert, W. (2006). Wirtschaftsberufliche Erziehung angesichts des real expandierenden Kapitalismus: ein Beitrag zur Funktionsbestimmung zeitgemäßer Berufs- und Wirtschaftspädagogik, provoziert durch ein aufregendes Buch. *Zeitschrift für Berufs- und Wirtschaftspädagogik, 102* (1), 108–133. http://www.ssoar.info/ssoar/handle/document/19084 [30.07.2013].

Münch, R. (1994). Zahlung oder Achtung. Die Interpenetration von Ökonomie und Moral. *Zeitschrift für Soziologie, 23*(5), 388–411. http://zfs-online.ub.uni-bielefeld.de/index.php/zfs/article/viewFile/2872/2409 [30.07.2013].

Wiemer, S., Schweitzer, R. & Paulus, W. (2011). Die Klassifikation der Berufe 2010: Entwicklung und Ergebnis. *Wirtschaft und Statistik, 3,* 274–288.

Reinisch, H. & Götzl, M. (2011). *Geschichte der kaufmännischen Berufe* (Wissenschaftliches Diskussionspapier des BIBB, 125). Bonn: Bundesinstitut für Berufsbildung.

Schapfel, F. (1997). Themenzentrierte Interaktion als Gestaltungsinstrument und Forschungshilfe für berufliche Bildungsprozesse in aktuellen Wandlungsprozessen. *Zeitschrift für Berufs- und Wirtschaftspädagogik, 93*(5), 500–520. http://www.ssoar.info/ssoar/handle/document/21213 [30.07.2013].

Schapfel-Kaiser, F. (2005). Wirtschaft im Widerspruch zu neoliberaler (Ver-)Wert(ungs) Herrschaft. Das Unternehmen Hoppmann als praktischer Versuch zur Vereinbarkeit von Mitbestimmung, sozialer Gerechtigkeit, Bildung und wirtschaftlichem Erfolg. In J. Kluthe & H.-U. Schneider (Hrsg.), *Auf dem Weg der Gerechtigkeit ist Leben. Sozialethische Anmerkungen zur sozialen Gerechtigkeit heute* (S. 199–214). Münster: Lit.

Schapfel-Kaiser, F.(2008). *Beruf und Zeit.* Bielefeld: Bertelsmann.

Schweitzer, F., Ruopp, J. & Wagensommer, G. (2012). *Wertebildung im Religionsunterricht. Eine empirische Untersuchung im berufsbildenden Bereich.* Münster: Waxmann.

SOKO (2012). *Abschlussbericht zur Durchführung einer CATI Befragung von Erwerbstätigen mit kaufmännisch-betriebswirtschaftlichem Tätigkeitsbereich für das BIBB.* Nicht veröffentlichtes Manuskript, Bielefeld.

Tafner, G. (2012). Reflexive Wirtschaftspädagogik: Wie Ethik, Neo-Institutionalismus und Europapädagogik neue Perspektiven eröffnen könnten. In U. Faßhauer, B. Fürstenau & E. Wuttke (Hrsg.), *Berufs- und wirtschaftspädagogische Analysen* (S. 35–46). Opladen: Budrich.

Walden, G. (2007). *Qualifikationsentwicklung im Dienstleistungsbereich: Herausforderungen für das Duale System der Berufsausbildung.* Bielefeld: Bertelsmann.

Wissenschaftlicher Beraterkreis der Gewerkschaften IG Metall und ver.di (2008). *Berufs-Bildungs-Perspektiven 2008: Solidarität und gemeinsame Verantwortung. Bildungspolitik zwischen falschem Zentralismus und falschem Föderalismus.* http://www.netzwerk-weiterbildung.info/upload/m483fe5df542d9_verweis1.pdf [30.07.2013].

Zabeck, J. (2002). Moral im Dienste betrieblicher Zwecke? Anmerkungen zu Klaus Becks Grundlegung einer kaufmännischen Moralerziehung. *Zeitschrift für Berufs- und Wirtschaftspädagogik, 4,* 485–503.

Zabeck, J. (2004). *Berufserziehung im Zeichen der Globalisierung und des Shareholder Value.* Paderborn: Eusl.

Dietmar Kokott und Andrea Roth

Wirtschaft und Kirche

1. Ausgangssituation

Das Zusammenwirken der Menschen wird in zunehmendem Maße von globalen Entwicklungen bestimmt. Unterschiedliche Gesellschaftsformen, Wirtschaftssysteme und Religionen führen gleichzeitig zu gemeinsamen und konfliktbehafteten Interessen. Hinzu kommt, dass tagtäglich vom Geschehen dieser Welt in einer Art und Weise berichtet wird, die in erheblichem Maße von Sensationen, Skandalen und oft von groben Vereinfachungen bestimmt wird. Die Möglichkeit, die Veränderungen und Ereignisse fundiert und im Kontext des Gesamtgeschehens zu beurteilen, nimmt stetig ab. Als Folge entsteht bei vielen Menschen ein Meinungsbild, das zu Verunsicherung und einer zunehmenden Distanz bis hin zu einer negativen Grundeinstellung gegenüber den tragenden Säulen der Gesellschaft beiträgt. Trendforschungen belegen seit langem, dass die Veränderungsgeschwindigkeit und die menschliche Anpassung immer mehr auseinanderdriften (Kernig, 1992), und aktuelle Studien belegen, dass z.B. das Grundwissen über die Wirtschaft immer weniger wird (Müller, 2013, S. 25). Daher ist es umso wichtiger, dass die Menschen den Gestalterinnen und Gestaltern gesellschaftlicher Entwicklungen hinreichend vertrauen.

Die Realität sieht anders aus, auch in Deutschland. Nach Langzeitstudien des Instituts für Demoskopie Allensbach (IfD) dominiert in zunehmendem Maße eine kritische bis negative Grundhaltung der Menschen; weniger als 50 Prozent der Deutschen haben eine positive Erwartung an die Zukunft und weniger als 15 Prozent haben noch Vertrauen in die Führungspersönlichkeiten aus Politik und Wirtschaft. Auch das Vertrauen der Gesellschaft in kirchliche Institutionen hat deutlich abgenommen.

Um das Vertrauen zurückzugewinnen, brauchen die Menschen in der einer hohen Dynamik unterworfenen Welt zum friedvollen Miteinander neben Regeln stets auch normative Orientierungen. Wichtig sind vor allem gemeinsame Grundwerte, die trotz kultureller Differenzen und unterschiedlicher Lebenswelten gleichermaßen als gemeinsame Bezugspunkte anerkannt werden (Homann, Enste & Koppel, 2009). Letztlich ist das menschliche Verhalten Ausdruck einer inneren Haltung, die bestimmt, was wir tun und wie wir etwas tun.

Die in allen großen Weltreligionen nachweisbare „Goldene Regel" kann eine solche Orientierung sein (Philippidēs, 1933), ebenso die „Erklärung zum Weltethos" des Parlaments der Weltreligionen, die Prinzipien eines religiösen und ethischen Miteinanders formuliert (Küng, 2012). UN-Resolutionen wie die Menschenrechtscharta oder Global Compact kommen als weitere Orientierung hinzu.

Ein kontinuierlicher Dialog zwischen den unterschiedlichen gesellschaftlichen Gruppen mit dem Ziel, gegenseitiges Verstehen und als Folge Vertrauen aufzubauen, ist daher unverzichtbar. Das betrifft auch das Miteinander von Wirtschaft und Kirche.

2.   Wirtschaft

Erfolgreiches unternehmerisches Handeln ist von zentraler Bedeutung für die gesamte gesellschaftliche Stabilität und behält auch für die Zukunft verpflichtende Bedeutung (EKD, 2008).

Unternehmen, wollen sie nachhaltig erfolgreich sein, tragen auf mehreren Ebenen Verantwortung, und zwar

- Handlungsverantwortung, d. h. Verantwortung für ihr Kerngeschäft und für die unmittelbaren Folgen ihres Handelns,
- Ordnungsverantwortung, d. h. Mitverantwortung für die Gestaltung der politischen und sozialen Rahmenordnung unter den Bedingungen der Globalisierung,
- Diskursverantwortung, d. h. Mitverantwortung für die Aufklärung und Lösung von gesellschaftlichen Konflikten, gerade wenn sie die Grundlagen oder unmittelbaren Prozesse des Wirtschaftens betreffen (Homann, 2006).

Die deutsche Wirtschaft ist global ausgerichtet; viele Unternehmen verkaufen mehr als 80 Prozent ihrer Produkte außerhalb Deutschlands. Auf globaler Ebene fehlt jedoch ein umfassender und funktionsfähiger Ordnungsrahmen; es gibt lediglich Teile einer Rahmenordnung wie die der Welthandelsorganisation (WTO), der Internationalen Arbeitsorganisation (ILO) oder der Internationalen Handelskammer (ICC) (Goldschmidt & Homann, 2011). Hieraus resultieren Anforderungen an die Führungspersönlichkeiten der Wirtschaft, die über Fachwissen hinaus weitere Kompetenzen wie interkulturelle Erfahrung, Respekt vor den Unterschieden, Soft Skills etc. betreffen. Denn Unternehmen können nur dann nachhaltig erfolgreich sein, wenn Mitarbeiter und Öffentlichkeit ihre Handlungsweisen nachvollziehen und darin die Verantwortung gegenüber der Gesellschaft erkennen können. Ansonsten entziehen die Menschen den Unternehmen das Vertrauen oder leisten gar Widerstand, zum Beispiel durch Boykott von Produkten. Letztlich bestimmt die Art und Weise, wie Unternehmen handeln, wie sie mit den Menschen kommunizieren und Vertrauen aufbauen, den Erfolg ihrer Geschäftsbeziehungen.

Aus Sicht des wissenschaftlichen Ansatzes der Ökonomischen Ethik lässt sich der Vertrauensaufbau in der Gesellschaft wie folgt begründen (Suchanek, 2007):[1]

Fundierte Entscheidungen beruhen stets auf zwei Arten von Prämissen:

1. Moralische / ethische Ideale
   Gemeinsame Ziele, konsensfähige Werte, geteilte Überzeugungen etc.
2. Empirische Bedingungen der Praxis
   Die Welt, wie sie ist, Wettbewerb, Engpässe, Gesetze / Regeln, vorhandenes Wissen etc.

Gesellschaftliche Zustimmung erfordert ein Handeln, das beiden Prämissen angemessen Rechnung trägt. So unverzichtbar Gesetze und Regeln sind, so unverzichtbar

---

[1]   Siehe außerdem die am Wittenberg-Zentrum für Globale Ethik veröffentlichten Diskussionspapiere (http://www.wzge.de/html/de/57.htm).

sind auch auf ethischen Grundsätzen basierende Haltungen und Überzeugungen der Führungspersönlichkeiten.

Generell gilt:

- Wer Handlungsempfehlungen primär aus normativen Idealen ableitet, ist ein Moralist oder gar Fundamentalist.
- Wer sich primär von den empirischen Bedingungen leiten lässt und seine Entscheidungen damit rechtfertigt, unterliegt der Ideologie des Sachzwangs und wird die Menschen nicht überzeugen können.
- Wird entweder die normative oder empirische Prämisse ganz herausgebrochen, wird die Stabilität des gesamten Entscheidungsprozesses gestört.

Darüber hinaus erfordern Entscheidungen auf globaler Ebene ein Handeln im Respekt vor anderen Gesetzen, Religionen und Kulturen, denn es gibt weder national noch weltweit ein dogmatisch vorgegebenes Menschenbild. Die ethische Fundierung des Handelns und des Diskurses ist daher als Vertrauensbindeglied eine conditio sine qua non.

Und – auch das ist eine unverrückbare Erkenntnis der Verantwortungsethik – wer die Welt an den Gesetzmäßigkeiten der Welt vorbei verändern will, wird an mangelnder Akzeptanz scheitern. Denn „eine Moral, die dabei die Sachkenntnis der Wirtschaftsgesetze überspringen zu können meint, ist nicht Moral, sondern Moralismus, also das Gegenteil von Moral" (Ratzinger, 1986, S. 58).

Ohne Vertrauen der Menschen in die Führungsfähigkeit und die Haltung der Entscheidereliten kann daher auf Dauer kein Unternehmen – auch kein Staat – bestehen. Vertrauen ist das kostbarste Gut und hat doch keinen Preis, man kann es nämlich nicht kaufen. Aber es ist und bleibt das unverzichtbare Element einer funktionierenden Gesellschaft.

Allerdings setzt Vertrauen *gemeinsame* Prämissen voraus, anhand derer Unternehmen und Anspruchsgruppen wechselseitig Entscheidungen und Handlungen nachvollziehen und beurteilen können. Denn wer sich Vertrauen erwerben will, „muss in der Lage sein, [auch] fremde Erwartungen in die eigene Selbstdarstellung einzubauen" (Luhmann, 1968, S. 59). Das ist die Grundregel.

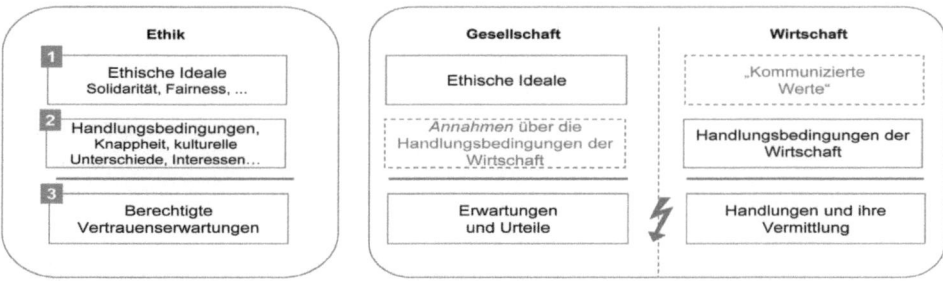

Abbildung 1: Ethische Herausforderungen der Wirtschaft

Eine aktuelle Studie des IfD zeigt aber, dass es gravierende Diskrepanzen zwischen der Innensicht der Wirtschaft und der Außensicht ihrer Anspruchsgruppen gibt, denen es entgegenzuwirken gilt.

Während sich die Innensicht der Unternehmen vornehmlich an den – zum Teil sehr komplexen – unternehmerischen realitätsbezogenen Handlungsbedingungen orientiert, gründet die Außensicht der Anspruchsgruppen überwiegend auf ethischen Idealvorstellungen, bei denen allenfalls Annahmen über die Handlungsbedingungen der Unternehmen berücksichtigt werden. Es entsteht eine Inkonsistenz zwischen den Erwartungen und Urteilen der Gesellschaft einerseits und den Handlungen und ihrer Vermittlung der Wirtschaft andererseits. Was fehlt, sind gemeinsame Prämissen für den Vertrauensaufbau, denn anschlussfähige Maßnahmen der Vertrauensbildung können nicht allein auf Sachzwanglogik beruhen. Vielmehr müssen die Führungspersönlichkeiten der Wirtschaft deutlicher als bisher herausstellen, wie sie ihre Rolle in der Gesellschaft definieren und auf welchen Werten und Prinzipien ihr Handeln basiert, ohne dabei unvermeidliche Konfliktfelder zu verschweigen. Verantwortliche Führung erfordert daher von den Führungskräften ein Entscheidungsverständnis, das fachliche und soziale Kompetenzen ebenso umfasst wie die Bereitschaft zu Transparenz, Toleranz und Dialog.

Zweifellos sind Unternehmen auf eine verlässliche Rahmenordnung angewiesen, um nachhaltig erfolgreich sein zu können. Aber keine Rahmenordnung, keine Verfassung kann sich selbst erhalten. Jedes Set von Regeln benötigt ein hinreichendes Maß an allgemeinem Grundvertrauen von Seiten der Bürger. Und dieses Vertrauen kann eben nicht durch Sanktionen aufgebaut und gar erhalten werden – in Deutschland gibt es mehr als 80.000 Einzelgesetze (Deutscher Bundestag, 2009) und die EU-Regeln umfassen über 100.000 Druckseiten. Der Einzelne kann aber bei seinen Entscheidungen nicht permanent alles prüfen. Daher ist eine ethisch fundierte Grundhaltung der Führungspersönlichkeiten so wichtig, denn verantwortliches Handeln gründet sich nicht allein auf Recht, Gesetz und Regeln, sondern auf ebenso vielen Vertrauensbeziehungen. Und im Übrigen beschreibt die deutsche Redewendung „Dienst nach Vorschrift" nun ja gerade genau das Gegenteil von verantwortlichem Handeln.

Unter diesen Vorzeichen haben führende Vertreterinnen und Vertreter der deutschen Wirtschaft gemeinsam mit dem Wittenberg-Zentrum für Globale Ethik das „Leitbild für verantwortliches Handeln in der Wirtschaft" erarbeitet, das mittlerweile über sechzig Vorstands- und Aufsichtsratsvorsitzende, Geschäftsführer, Gewerkschafts- und Verbandsvorsitzende unterzeichnet haben.[2]

Hintergrund der Initiative ist die geteilte Überzeugung, dass kein Unternehmen allein das Vertrauen in *die* Wirtschaft und ihre Entscheider beeinflussen kann. Das Leitbild stellt daher eine gemeinsame Investition in die gesellschaftliche Vertrauensbildung dar.

Mit ihm bringen die Unterzeichner ihre übereinstimmende ethische Haltung zum Ausdruck. Zugleich fungiert das Leitbild als eine Art „Dach" für die Vielzahl der bestehenden nationalen und internationalen Initiativen wie Global Compact oder Deut-

---

2   Zur Leitbildinitiative siehe www.verantwortlich-handeln.com.

scher Corporate Governance Kodex. Ausgangspunkt ist der zuvor angeführte, vom Wittenberg-Zentrum vertretene Ansatz einer „alltagstauglichen Ethik" (Suchanek & von Broock, 2011), der wiederum anschlussfähig an die christlichen Werte ist. Denn das europäische und in weiteren Teilen der Welt vorhandene Werteverständnis wird primär von Traditionen des christlichen Abendlandes geprägt.

Alltagstauglich heißt dabei: Begründete ethische Urteile müssen ausgehend von allgemeinen Werten wie Solidarität oder Fairness immer auch Knappheit, kulturelle Unterschiede und daraus resultierende Interessendivergenzen in den Blick nehmen. Wenn die Menschen bei der Beurteilung von Wirtschaft diese Bedingungen ausblenden und umgekehrt Unternehmen ihre Handlungen allein auf der Grundlage von Sachzwängen begründen, fehlt die gemeinsame Basis für berechtigte Erwartungen.

Dementsprechend benennt das Leitbild sechs Kernprinzipien und führt sie aus; das erste lautet: *Die Wirtschaft muss das Wohl der Menschen fördern.* Damit ist gewissermaßen die kürzeste und prägnanteste Zusammenfassung werteorientierten Handelns als normative Basis unmissverständlich gelegt. Die nachfolgenden Prinzipien benennen die Bedingungen für eine Wirtschaft, die auf das Wohl der Menschen abzielt: Wettbewerb, Leistung, globale Zusammenarbeit, Nachhaltigkeit und Regeltreue. Aber das Leitbild geht noch einen Schritt weiter: Dargelegt werden außerdem Positionen zu wiederkehrenden Konfliktthemen, namentlich zu Gewinnen und Moral, Stellenabbau, Managervergütungen, Regelverletzungen, Lobbying und Umweltschutz. Um ein Beispiel zu geben: Zum Thema „Managervergütungen" führt das Leitbild aus:

„Die Bezüge von Top-Managern erscheinen vielen überzogen; bemängelt wird vor allem, dass selbst Nichtleistung belohnt wird.

Leistung und Gegenleistung müssen nachvollziehbar sein. Verantwortliche Unternehmensführung bedeutet, dass sich finanzielle Einschnitte für die Belegschaft auch in der Vergütung von Führungskräften widerspiegeln müssen.

Das Prinzip von Leistung und Gegenleistung muss für alle Beschäftigten inklusive Führungskräften gleichermaßen gelten: Unzureichende Leistung darf nicht honoriert werden. Führungskräfte tragen eine besondere Verantwortung – ihr Handeln entscheidet maßgeblich über den Erfolg eines Unternehmens. Diesen Anforderungen muss die Managervergütung Rechnung tragen. Kriterien für die Angemessenheit der Vergütung sind sowohl die Aufgaben der Führungskraft, ihre persönliche Leistung, die wirtschaftliche Lage, der Erfolg und die Zukunftsaussichten des Unternehmens als auch die Üblichkeit der Vergütung unter Berücksichtigung des Vergleichsumfelds und der Vergütungsstruktur, die ansonsten im Unternehmen gilt. Vergütungskriterien sind so zu gestalten, dass sie verantwortliches Handeln belohnen." Ein konkretes Beispiel ist die „Ethische Fundierng von Managementvergütungen in der Kreditwirtschaft"[3]. Danach finden sowohl betriebswirtschaftliche Kennziffern als auch die ethische Dimension des Handelns Eingang in die Führungskräftebewertung und -vergütung.

---

3 Das Grundsatzpapier wurde unterzeichnet von der Commerzbank AG, der Deutschen Bank AG, der DZ Bank Ag, der HSBC Trinkaus & Burkhardt AG, der Hypo Vereinsbank und dem Wittenberg-Zentrum für Globale Ethik. Die Endversion der Erklärung sowie weitere Informationen finden sich unter www.wzge.de.

In seiner Struktur spiegelt das Leitbild und die darauf aufbauenden Grundsatz-papiere den zuvor dargelegten Ansatz einer „alltagstauglichen Ethik" wider: Verant-wortliches Handeln wird auf der Basis von Werten und Bedingungen hergeleitet. Auf dieser Grundlage nehmen die Unterzeichner Stellung zu Themen, die von außen als inkonsistent mit verantwortlicher Führung wahrgenommen werden. Und es ist gerade dieser offene, selbstbewusste Umgang mit Konflikten, der das Leitbild von anderen Initiativen unterscheidet.

Generell gilt: „Ethik ohne Ökonomik ist leer, Ökonomik ohne Ethik ist blind, denn ohne normative Rückkoppelung ist sie nicht in der Lage, den Menschen Orientie-rung zu geben, insbesondere in unübersichtlichen Problemlagen" (Homann, 2002). Verständnis, Toleranz, Respekt – darauf baut die verbindende Wertebasis zwischen den Stakeholdern der Gesellschaft auf. Das so entstandene Vertrauen reduziert Kom-plexität, da man sich auf das Verhalten anderer verlassen kann. Die Realität zeigt aber, dass der interdisziplinäre Dialog zwischen den verschiedenen gesellschaftlichen Anspruchsgruppen Verbesserungspotenziale aufweist; insbesondere dann, wenn Wis-sensdefizite oder gar Wunschdenken und Weltanschauung über Fakten dominieren, aber auch, wenn reines Effizienzdenken gemeinsame ethische Grundlagen ausblendet. Hier ist der bereits eingangs angesprochene Dialog zwischen den gesellschaftlichen Gruppen gefordert.

Nach einer Darstellung aus der Perspektive der Wirtschaft (Dietmar Kokott), folgt die Darlegung kirchlicher Sichtweisen (Andrea Roth). Es werden Diskussionsimpul-se aus einem Workshop zur Zukunftsfähigkeit des Berufsschulreligionsunterrichts in Deutschland integriert. Dort ging es um das Verhältnis zwischen Wirtschaft und Kir-che. Folglich wird der Fokus auf den Religionsunterricht der Berufsschule als einem der zentralen Orte der Auseinandersetzung mit wirtschaftsethischen Fragen gerichtet.

3.   Kirche

Beide christlichen Kirchen in Deutschland haben in unterschiedlichen Erklärungen eine Verhältnisbestimmung von Wirtschaft und Kirche auf der Basis christlicher Theologie veröffentlicht.[4]

Aus ihnen spricht sowohl anerkennende Achtung vor den Leistungen der Unter-nehmen für die Gesellschaft wie auch mahnendes Erinnern daran, den Grund jeg-lichen Wirtschaftens, das Wohl aller Menschen in der Gesellschaft, nicht aus den Augen zu verlieren. So heißt es dazu von Seiten der Katholischen Kirche in der 2012 erschienenen Handreichung *Zum Unternehmer berufen*:

---

4   Vgl. hierzu die Denkschrift der EKD (Hrsg.) (2008), *Unternehmerisches Handeln in evange-lischer Perspektive* sowie die Handreichung des Pontifical Council for Justice and Peace und Bund Katholischer Unternehmer (Hrsg.) (2012), *Zum Unternehmer berufen*. Ebenso kann das gemeinsame Wort von EKD und Deutscher Bischofskonferenz zur wirtschaftlichen und sozialen Lage: *Für eine Zukunft in Gerechtigkeit und Solidarität* von 1997 als ökumenische Äußerung zu sozialen und wirtschaftlichen Fragen als Grundlage dienen, die Positionen der beiden großen Kirchen in Deutschland nachzuvollziehen.

„Die Achtung der Menschenwürde und das Gemeinwohl sind grundlegende Prinzipien, die die Art und Weise bestimmen sollten, wie wir den Einsatz von Arbeit und Kapital und die Innovationsprozesse in einem marktwirtschaftlichen System organisieren. Der tiefere und bleibende Zweck einzelner Unternehmen und kommerzieller Systeme liegt darin, echte menschliche Bedürfnisse zu befriedigen" (Pontifical Council for Justice and Peace & Bund Katholischer Unternehmer, 2012, S. 14).

Kritische Reaktionen, sowohl aus innerkirchlichen Kreisen[5] wie aus der Gesellschaft, auf diese Positionierungen zeigen, wie schwierig es ist, sich über gemeinsam zu vertretende Werte unternehmerischen Handelns zu verständigen. Grundsätzlich stellt sich die Frage nach dem Theoriemodell, welches einer Betrachtung des Verhältnisses zwischen Ethik und Ökonomie zu Grunde gelegt wird. Wird als Ausgangsparadigma für eine Verhältnisbestimmung Ethik (Ulrich, 2007) oder Ökonomie (Homann & Suchanek, 2004) gewählt? Ist die Ökonomie der Ethik gänzlich unterzuordnen (Herms, 2008) oder ist so etwas wie eine Wirtschaftsethik überhaupt real existent (Luhmann, 1993, S. 134–147)?

Das oben bereits beschriebene Spannungsfeld zwischen faktischen Vorgaben des globalen Marktes und ethischen Vorstellungen von wirtschaftlichem Handeln, wie sie die beiden christlichen Kirchen propagieren, besteht, jenseits aller theoretischen Verortungen, real und führt zu den bereits angeführten Problemen (Vertrauensverluste, Perspektivlosigkeit etc.).

Dennoch muss festgehalten werden: Eine Gesellschaft ist maßgeblich selbst dafür verantwortlich, welche „Spielregeln", welchen – zumindest nationalen – Ordnungsrahmen sie sich gibt. Sie bestimmt bzw. gestaltet letztlich auch jene „Sachzwänge" mit, die meist als naturalistisch determiniert definiert werden. Wird den Mitgliedern einer Gesellschaft bewusst, dass sie durchaus ein hohes Einflusspotential besitzen, um Gesellschaft zu verändern, dann können gestalterische Kräfte wirksam werden, die letztlich auch zu realen Veränderungen führen. Politisch, oder besser kirchenpolitisch, sei hier auf die Eine-Welt-Bewegung hingewiesen, die maßgeblich von kirchlichen Gruppen an der Basis ausging und mittlerweile in den großen Supermarktketten Fairem Handel ein Gesicht verleiht.

Das zeigt, dass eine Gesellschaft selber aushandelt, von welchen Wertorientierungen sie sich leiten lässt, welche Güter unter welchen Prämissen gegeneinander abgewogen werden. Bezugnehmend auf das gezeigte Beispiel könnte solch eine Güterabwägung aus einer Entscheidung für faire Handelsbeziehungen gegen maximalen Profit sein. Genau dieses Abwägen zwischen unterschiedlichen Gütern muss immer wieder neu dialogisch geschehen, je nachdem, auf welche Veränderungen der aktuellen welt- und marktpolitischen Lage zu reagieren ist, oder je nachdem, wie sich Wertvorstellungen innerhalb der Gesellschaft verändern (z. B. Fairem Handel wird innerhalb der Gesellschaft eine stärkere Bedeutung zugemessen).

---

5 Vgl. dazu u.a. die Kritik der Theologen Silke Niemeyer und Ulrich Duchrow (2008) mit ihrer Positionierung unter dem Titel *Frieden mit dem Kapital? Wider die Anpassung der evangelischen Kirche an die Macht der Wirtschaft*, in der sie sich ideologiekritisch mit der Wirtschaftsordnung des Kapitalismus an sich auseinandersetzen.

Von Seiten der christlichen Kirchen sind Maßgaben für einen derartigen Dialog ethische Sinn- und Wertorientierungen, wie sie der christlichen Tradition entspringen. Der Sozialethiker Franz Segbers beschreibt es so: „Auch wenn die Bibel nicht die einzige Erkenntnisquelle für den Christen darstellt, ist sie dennoch norm- und formgebend für die christliche Ethik" (Segbers, 1999, S. 34). Er stellt in diesem Zusammenhang folgende These auf:

„Wie ein roter Faden durchzieht die Bibel eine normative Logik der Humanität, die in Auseinandersetzung mit der Ökonomie ihrer Zeit entstanden ist. Die Tora enthält eine eindeutige Vorzugsregel: Die Logik der Humanität erhält einen unbedingten Vorrang gegenüber anderen Ansprüchen" (ebd., 1999, S. 25).

So dienen die von Gott herrührende Würde des Menschen (Gen 1,26–28) und die sich daraus ableitende, in den biblischen Traditionen verankerte vorrangige Option für die Schwachen (Bedford-Strohm, 1993, S.150ff.) als übergeordnete Leitmotive einer kirchlich verantworteten wirtschaftsethischen Reflexion und Diskussion. Dies macht deutlich, dass das Ausgangsparadigma für wirtschaftsethische Betrachtungen seitens der Kirchen eine theologische Ethik ist.

Die Würde des Menschen, wie sie sich in der Allgemeinen Erklärung der Menschenrechte und in Artikel 1 des Grundgesetzes der Bundesrepublik Deutschland widerspiegelt, darf in keinem Fall einem wirtschaftlichen Interesse untergeordnet werden.

Dazu heißt es in der Denkschrift der Evangelischen Kirche

„Die vorliegende Denkschrift betont die Bedeutung unternehmerischer Verantwortung in einer Zeit, in der das Ansehen von Unternehmerinnen und Unternehmern aufgrund ethisch problematischer Verhaltensweisen Einzelner, medial veröffentlichter Skandale, vor allem aber aufgrund des immer stärker fühlbaren Auseinanderdriftens unserer Gesellschaft in Arme und Reiche, Erfolgreiche und Unterstützungsbedürftige auf dem Prüfstand steht" (2008, S. 8).

Leider sind es genau die hier angesprochenen Fälle „ethisch problematischer Verhaltensweisen" (Lohndumping, Videoüberwachung …), in denen die Würde von Menschen massiv verletzt wird, was dazu führt, dass das Ansehen von Unternehmen und Wirtschaft insgesamt leidet. Verhalten sich Unternehmen so, dass fundamentale Menschenrechte verletzt werden, trifft sie in aller Regel gesellschaftlicher Zorn. Aufgabe von Kirche ist es hier, wie es das Impulspapier zur Wirtschaftsethik der ELKB propagiert, „die Lebenswirklichkeit der Schwächsten wahrzunehmen, ihnen zuzuhören und sie nach Kräften zu unterstützen" (Bedford-Strohm, Bergmann, Jungkunz, Preidel & Vieweger, 2009, S. 3), oder allgemeiner mit den Worten Dietrich Bonhoeffers gesprochen: „Die Kirche ist nur Kirche, wenn sie für andere da ist" (Bonhoeffer, 1977, S. 415–416).

Die Denkschrift spricht hier von problematischen Verhaltensweisen Einzelner, wobei die zahlenmäßige Bestimmung „Einzelner" durchaus zu diskutieren ist. Tatsache bleibt jedoch, dass es eine Vielzahl an Unternehmen gibt, die in ethisch korrekter

Weise wirtschaften. Von daher sollen Unternehmer und Unternehmerinnen, die in vorbildlicher Weise zum Wohl der Gesellschaft agieren, nach Ansicht der Kirchen auch unterstützt und ermutigt werden. Initiativen von Unternehmen, seien es Kleinbetriebe des Mittelstands oder global agierende Unternehmen, die sich in oben beschriebener Weise für ein Leitbild verantwortlichen Handelns in der Wirtschaft engagieren, müssen von Seiten der Kirche ebenso begrüßt und unterstützt werden wie Unternehmen, die würdemissachtend agieren, kritisiert werden sollen. „Viele von ihnen, darunter nicht zuletzt auch etliche Mitglieder unserer Kirche, nehmen jetzt ethische Orientierungen ernst und praktizieren gelebte Sozialpartnerschaft; sie gilt es in ihrer Vorbildfunktion zu ermutigen und zu bestärken" (Bedford-Strohm et al., 2009, S. 3), heißt es dazu in einem Impulspapier der Landessynode der Evangelischen Landeskirche in Bayern.

Wenn wir von der christlichen Perspektive des Menschen als Gestalter von Welt ausgehen, wie es in Gen 1,28 von Gott her gedacht ist, dann sollte davon ausgegangen werden, dass dieser Gestalter die Gestaltungsaufgabe auch aktiv und verantwortungsvoll ausführt. Das hieße folglich, versteht man Wirtschaftsethik, wie Traugott Jähnichen, prozessorientiert „als einen institutionalisierten Dialog von Ethik und Ökonomik" (2008, S. 108), dass es immer wieder neuer Aushandlungsprozesse bedarf, in denen Wirtschaftsverantwortliche und Vertreter anderer gesellschaftlicher Gruppen, z. B. Kirchenvertreter, Politiker, Umweltverbände etc. darüber diskutieren, welche gemeinsamen Handlungsnormen handlungsleitend sein können.

Motivierend und keinesfalls realitätsfern formuliert es die Evangelische Kirche in der Denkschrift wie folgt:

> *„Es ist nicht leicht, sachgerecht über die Herausforderungen zu sprechen, vor denen nicht nur die deutschen Unternehmen, sondern auch die Ordnung der Sozialen Marktwirtschaft angesichts des weltweiten Wettbewerbs stehen. Unser Land braucht aber überzeugende, glaubwürdige und tatkräftige Unternehmer und ein positives Leitbild für unternehmerisches Handeln, wenn das Vertrauen der Menschen in die Wirtschaft wieder gewonnen werden soll"* (2008, S. 18).

Vom Vertrauensaufbau und Vertrauensgewinn war bereits im Abschnitt über die Wirtschaft die Rede. Vertrauen kann dann entstehen, wenn Menschen ehrlich, offen, transparent und verantwortungsvoll und damit auch verbindlich miteinander umgehen. Vertrauensbildungsprozesse zwischen Menschen geschehen auf unterschiedliche Weise und auf verschiedenen Ebenen. Vielfach erwähnt wurde bereits die Ebene des Managements. Hier gibt es während des Wirtschaftsstudiums oder über Managerfortbildungen vermehrte Möglichkeiten der Auseinandersetzung mit Prinzipien ethischer Urteilsbildung.

Im Kontext von Kirchen als Bildungsinstitutionen wird im Folgenden der Berufsschulreligionsunterricht als ein Ort, an dem Vertrauensbildung und ethische Urteilsbildung zu wirtschaftsethischen Fragestellungen angeregt werden kann, fokussiert, denn in dieser, solchermaßen von vielen Menschen als schwierig empfundenen Zeit, verstärkt sich nicht nur der Ruf nach verantwortungsvollem, am Wohl des Menschen orientierten Handeln auf der Ebene von Wirtschaftsordnungen (Makroebene des wirtschaftsethischen Diskurses) oder auf Unternehmensebene (Mesoebene), sondern es wird auch auf der personalen, individuellen Ebene (Mikroebene) erwartet, dass der Mensch an seinem Arbeitsplatz in seinem Berufsfeld ethisch begründete Werte beruflichen Handelns entwickelt. Hier leisten die Kirchen ihren Beitrag im zumeist noch konfessionell getrennten Religionsunterricht an der Berufsschule.

So muss allerdings in diesem Zusammenhang davor gewarnt werden, dass es wie etwa durch den aktuell beklagten Fachkräftemangel zu einer einseitigen Fokussierung auf die Vermittlung fachlicher Kompetenzen oder der Verzweckung von Verantwortungsübernahme innerhalb der Berufsausbildung kommt. Dabei ist es dem Religionsunterricht an der Berufsschule ein Anliegen, dass das Leben der jungen Auszubildenden nicht in zwei Bereiche geteilt wird – auf der einen Seite der zukünftige Beruf mit seinen fachlichen Anforderungen, auf der anderen Seite die Privatperson mit ihren persönlichen Einstellungen und Werthaltungen. Studien haben gezeigt, dass das moralische Urteilsniveau von Auszubildenden im kaufmännischen Bereich über die Dauer der Ausbildung abnahm, fragwürdige Vorgaben beruflichen Handelns also zu einer Verschlechterung moralischer Urteilsfähigkeit führte (Beck, Brütting, Lüdecke, Minnameier, Schirmer & Schmid, 1996, S. 187–206). Nur durch die aktive Auseinandersetzung mit den Geschehnissen innerhalb des Berufsalltags kann sich der junge Mensch zu einer integrierten Persönlichkeit entwickeln. Der Auszubildende soll dabei sein Leben in diesem Spannungsfeld zwischen Beruf und Privatleben ganzheitlich und sinnvoll zu gestalten lernen.

So werden im Religionsunterricht

- Fragen nach dem eigenen Ich und nach der persönlichen und gemeinsamen Zukunft gestellt und Antworten auf der Basis des christlichen Glaubens gesucht.
- Spannungsfelder des menschlichen Lebens wie Vergänglichkeit, Leid und Ängste und dagegen die Suche nach Glück, Geborgenheit und Vergebung benannt und im Horizont der christlichen Botschaft von Freiheit und Heil aufgeschlossen.
- in Anbetracht der aktuellen gesellschaftlichen Situation mit ihren Herausforderungen und ihren Grenzen Wege christlich-verantworteten Handelns gezeigt.

Mit dem Unterrichtsprinzip des ethischen Lernens lassen sich die wirtschaftsethischen Themen und Fragestellungen bearbeiten. Dazu Peter Biehl und Friedrich Johannsen:

„Die *Grundaufgabe ethischen Lernens* besteht darin, Lernende helfend dabei zu begleiten, das Handeln nach Grundsätzen der Alltagsmoral zu suspendieren und in *reflexives, verantwortliches* Handeln zu überführen und eine elementare ethische Urteilsfähigkeit anhand diskutierbarer Kriterien und Maximen zu fördern" (2003, S. 238).

Die Befähigung zu ethischer Urteilsbildung im Rahmen des Berufsschulreligionsunterrichts ist einerseits zweckfrei als adäquates Mittel zur Lebensbewältigung und Lebensgestaltung zu betrachten und andererseits als Teil der beruflichen Sozialisation. So zeigen die rechtlichen Grundlagen der betrieblichen Berufsausbildung, dass die Ausbildenden nach § 6 (1) Nr. 5 des Berufsbildungsgesetzes dazu angehalten sind, für die charakterliche und sittliche Förderung der ihnen anvertrauten Auszubildenden zu sorgen und körperliche Gefährdung von ihnen fern zu halten haben. Hierbei geht es neben dem Schutz des jungen Menschen auch um die Befähigung zur Bewältigung moralischer Anforderungen, die der berufliche Alltag mit sich bringt. Auch die Kultusministerkonferenz sieht die Aufgabe der Berufsschule darin, die „Fähigkeit und Bereitschaft zu fördern, bei der individuellen Lebensgestaltung und im öffentlichen Leben verantwortungsbewusst zu handeln" (Kultusministerkonferenz, 2000, S. 3). Zu ihrem Bildungsauftrag gehört weiterhin die Entwicklung reflektierter „Wertvorstellungen und die selbstbestimmte Bindung an Werte" (ebd.).

Verantwortung übernehmen zu können für etwas, was man zu tun gedenkt, oder für etwas, was man bereits getan hat, setzt ein Bewusstsein sowohl für Bedingungen wie auch für Folgen des eigenen Handelns voraus (Heid, 2005, S. 58–62). Darin implizit ist die Annahme, dass das Individuum unterschiedliche Handlungsoptionen hat und dass von Handlungsalternativen ausgegangen werden kann. Diese gilt es im Unterricht zu erkennen und zu reflektieren, denn die berufliche Realität stellt sowohl Führungskräfte von Unternehmen wie auch jeden einzelnen Mitarbeiter gleichermaßen vor die Aufgabe, Entscheidungen für das Unternehmen, und damit auch für andere Menschen im Unternehmen, verantwortet treffen zu müssen. Verantwortung über einen längeren Zeitraum zu tragen verlangt dem Verantwortungsträger ein nicht unerhebliches Maß an Mut und Kontinuität ab.

Der Religionsunterricht an der Berufsschule hat, im Sinne des Grundgedankens ethischen Lernens, zum Ziel, diese Verantwortungsbereitschaft zu wecken und zu fördern. Dabei kommt es darauf an, dass der Rahmen und die Möglichkeiten von Verantwortungsübernahme durch die Auszubildenden und künftigen vollwertigen Mitarbeiter im Unternehmen ebenso thematisiert und problematisiert werden (ebd.) wie dass die Motivation zur Übernahme von Verantwortung geweckt wird.

So zeigt sich, dass es Aufgabe von Berufsschulreligionsunterricht ist, sich in kritischer Auseinandersetzung mit dem Handeln von Wirtschaftsunternehmen (wie es die Auszubildenden oft in problematischer Weise erleben) zu üben und gleichermaßen ein positives Bild von gelingendem Wirtschaften zu vermitteln, welches den jungen Auszubildenden die Option des Mitgestaltens und Mitverantwortlichseins eröffnet. Ethisch verantwortete Entscheidungen zu treffen mithilfe eingeübter Prozesse ethischer Urteilsbildung, orientiert an christlichen Leitmotiven, dazu sollen Berufsschüler aller Ausbildungsbereiche befähigt werden.

4.   Ausblick

Ein erfolgreiches Miteinander bedarf eines gemeinsamen Verständnisses des Wollens, des gegenseitigen Respekts, der Verantwortungsübernahme und vor allem der Kenntnis der Haltungs- und Handlungsebene aller gesellschaftlichen Gruppen. Dies zu vermitteln ist eine fundamentale Aufgabe der Bildungseinrichtungen, also der Schulen und der Universitäten, aber auch der Unternehmen mit ihren Weiterbildungs- und Führungskräfteentwicklungsprogrammen. Deren Repräsentanten dürfen die Meinungsbildung allerdings nicht den Pessimisten und Angstmachern überlassen.

Die Zukunft ist offen, und gerade deshalb erfordert sie Mut zur Gestaltung und eine von Optimismus geprägte Grundhaltung. Gemeinsam getragene Werte von Kirche und Wirtschaft können dabei als „Leitplanken" für Entscheidungen und Handlungen innerhalb wirtschaftlicher Handlungsprozesse dienen.

Literatur

Beck, K., Brütting, B., Lüdecke, S., Minnameier, G., Schirmer, U. & Schmid, N. S. (1996). Zur Entwicklung moralischer Urteilskompetenz in der kaufmännischen Erstausbildung: Empirische Befunde und praktische Probleme. In K. Beck & H. Heid, Helmut (Hrsg.), *Lehr-Lern-Prozesse in der kaufmännischen Erstausbildung: Wissenserwerb, Motivierungsgeschehen und Handlungskompetenzen* (Beiheft 13 zur Zeitschrift für Berufs- und Wirtschaftspädagogik, S. 187–206). Stuttgart: Steiner.
Bedford-Strohm, H. (1993). *Vorrang für die Armen: Auf dem Weg zu einer theologischen Theorie der Gerechtigkeit.* Gütersloh: Gütersloher.
Bedford-Strohm, H., Bergmann, S., Jungkunz, A., Preidel, A. & Vieweger, H.-J. (2009). *Heilung in der Krise: Synodales Impulspapier zur Wirtschaftsethik in der Finanzkrise.* http://www.bayern-evangelisch.de/www/download/09–11-26-impulspapier-wirtschaftethik-neu.pdf [09.07.2013].
Biehl, P. & Johannsen, F. (2003). *Einführung in die Ethik: Ein religionspädagogisches Arbeitsbuch.* Neukirchen-Vluyn: Neukirchener.
Bonhoeffer, D. (1977). Entwurf einer Arbeit. In ders., *Widerstand und Ergebung: Briefe und Aufzeichnungen aus der Haft.* (hrsg. v. E. Bethge). Berlin: o. V.
Deutscher Bundestag (Hrsg.) (2009). *Drucksache 16/13825: Antwort der Bundesregierung auf die Kleine Anfrage der Abgeordneten Birgit Homburger, Dr. Karl Addicks, Christian Ahrendt, weiterer Abgeordneter und der Fraktion der FDP (*Drucksache 16/13719)*.* http://dip21.bundestag.de/dip21/btd/16/138/1613825.pdf [05.08.2013].
Duchrow, U. & Segbers, F. (Hrsg.) (2008). *Frieden mit dem Kapital? Wider die Anpassung der evangelischen Kirche an die Macht der Wirtschaft.* Oberursel: Publik-Forum-Verlagsgesellschaft.
EKD & Deutsche Bischofskonferenz (1997). *Für eine Zukunft in Gerechtigkeit und Solidarität.* Hannover.
EKD (2008). *Unternehmerisches Handeln in evangelischer Perspektive: Eine Denkschrift des Rates der Evangelischen Kirche in Deutschland.* Gütersloh: Gütersloher Verlagshaus.
Goldschmidt, N. & Homann, K. (2011). *Die gesellschaftliche Verantwortung der Unternehmen.* München: Roman-Herzog-Institut.
Heid, H. (2005). Erziehung zur Verantwortungsbereitschaft. Ideologiekritische Analyse. In Gesellschaft für Religionspädagogik und Deutscher Katechetenverein (Hrsg.), *Neues Handbuch für den Religionsunterricht an berufsbildenden Schulen.* Neukirchen-Vluyn: Neukirchener.
Herms, E. (2008). *Die Wirtschaft des Menschen: Beiträge zur Wirtschaftsethik.* Tübingen: Mohr Siebeck.
Homann, K. (2002). *Vorteile und Anreize: Zur Grundlegung einer Ethik der Zukunft.* Tübingen: Mohr Siebeck.
Homann, K. & Suchanek, A. (2004). *Ökonomik: Eine Einführung* (2. Auflage). Tübingen: Mohr Siebeck.

Homann, K. (2006). Gesellschaftliche Verantwortung von Unternehmen in der globalisierten Welt: Handlungsverantwortung – Ordnungsverantwortung – Diskursverantwortung. In v.-Wittenberg-Zentrum für Globale Ethik, *Diskussionspapier Nr. 2006–1*. Wittenberg.

Homann, K., Enste, D. H. & Koppel, O. (2009). *Ökonomik und Theologie*. München: Roman-Herzog-Institut.

Jähnichen, T. (2008). *Wirtschaftsethik: Konstellationen – Verantwortungsebenen – Handlungsfelder*. Stuttgart: Kohlhammer.

Kernig, C. D. (1992). Welttrend 2000 – Zur Struktur und Eigendynamik moderner Gesellschaftssysteme. *Chemie Ingenieur Technik*, 1053–1134. Weinheim: Wiley-VCH.

Küng, H. (2012). *Handbuch Weltethos*. München: Piper.

Kultusministerkonferenz (2000). *Rahmenlehrplan für berufsfeldbezogenen Lernbereich im Berufsgrundbildungsjahr: Berufsfeld Chemie, Physik, Biologie, Schwerpunkt: Produktionstechnik* (Beschluss der Kultusministerkonferenz vom 01.12.2000). http://www.kmk.org [05.08.2013].

Luhmann, N. (1968). *Vertrauen: ein Mechanismus der Reduktion sozialer Komplexität*. Stuttgart: Ferdinand Enke.

Luhmann, N. (1993). Wirtschaftsethik – als Ethik?. In J. Wieland (Hrsg.). *Wirtschaftsethik und Theorie der Gesellschaft* (S. 134–147). Frankfurt: Suhrkamp.

Müller, H. (12. März 2013). Die große Ahnungslosigkeit. *Handelsblatt: Deutschlands Wirtschafts- und Finanzzeitung*, 25.

Philippidēs, L. (1933). *Religionswissenschaftliche Forschungsberichte über die goldene Regel*. Athen: o. V.

Pontifical Council for Justice and Peace & Bund Katholischer Unternehmer (Hrsg.) (2012). *Zum Unternehmer berufen*. Rom/Köln.

Ratzinger, Joseph Kardinal (1986). Marktwirtschaft und Ethik. In L. Roos (Hrsg.), *Stimmen der Kirche zur Wirtschaft* (S.50–58). Köln: Bachem.

Segbers, F. (1999). *Die Hausordnung der Tora: Biblische Impulse für eine theologische Wirtschaftsethik*. Luzern: Edition Exodus.

Suchanek, A. (2007). *Ökonomische Ethik*. (2. Auflage). Tübingen: Mohr Siebeck.

Suchanek, A. & van Broock, M. (2011). *Konzeptionelle Überlegungen zum „Leitbild für verantwortliches Handeln in der Wirtschaft"*. Wittenberg-Zentrum für Globale Ethik, *Diskussionspapier Nr. 2011–2*. Wittenberg. http://www.verantwortlich-handeln.com [09.07.2013].

Ulrich, P. (2007). *Integrative Wirtschaftsethik: Grundlagen einer lebensdienlichen Ökonomie* (4. Auflage). Bern: Haupt.

Bonner evangelisches Institut für berufsorientierte Religionspädagogik (bibor)
Evangelisches Institut für berufsorientierte Religionspädagogik (EIBOR)
Katholisches Institut für berufsorientierte Religionspädagogik (KIBOR)

Frankfurter Erklärung zur Zukunftsfähigkeit des Berufsschulreligionsunterrichts (BRU)

anlässlich des Zukunftskongresses Gott – Bildung – Arbeit am 16. November 2012 in Frankfurt / M.

1. GOTT und der BRU – Menschen haben ein Recht auf Religion

1 Auszubildende und Berufsschülerinnen und Berufsschüler befinden sich in einer lebensbiografischen und entwicklungspsychologischen Umbruchsituation. Der BRU ist ein wichtiger Baustein für eine umfassende Entwicklung der Auszubildenden.
   - Der BRU eröffnet den Auszubildenden religiöse, lebensweltanschauliche und ethische Perspektiven. Er bietet ihnen Orientierungen in ihrer individualisierten und pluralen Arbeits- bzw. Lebenswelt.
   - Der BRU befähigt die Auszubildenden zur Bewältigung ihres Lebens im Blick auf Unsicherheiten, Krisen und „Wechselzwänge" – z.B. bei beruflichen Neuorientierungen.

2 Der BRU nimmt die Auszubildenden als Geschöpfe Gottes in den Blick und hilft ihnen, andere als Geschöpfe Gottes wahrzunehmen und zu achten.
   - Auszubildende sind weder die Summe ihrer Leistungen noch bloß Humankapital, sondern autonome und selbstverantwortliche Persönlichkeiten mit individuellen Stärken.
   - Der BRU unterstützt die individuelle Persönlichkeitsentwicklung der Auszubildenden und verhilft ihnen zu innerer Stärke.

3 Der BRU weckt die Frage nach Gott oder hält sie wach; er geschieht aus dem Geist christlicher Verantwortung und Nächstenliebe. Wer für den BRU eintritt, der trägt auch Sorge für das Recht der jungen Generation auf Anerkennung und eine Zukunft in der Gesellschaft.

4 Berufsschülerinnen und Berufsschüler haben ein Recht auf Religion. Der BRU ist für die Mehrheit aller Jugendlichen – die Berufsschule hat nach der Grundschule die größte Schülerzahl in der Bundesrepublik – ein unverzichtbarer Ort religiöser Erfahrung und Reflexion.

2.   BILDUNG zwischen Religion und Beruf – die gesellschaftlich-soziale Dimension

5   Der BRU leistet einen Beitrag zur Bildungsgerechtigkeit, weil er personale Kompetenzen fördert. Er trägt zum allgemeinbildenden Anteil der Berufsbildung bei und unterstützt Jugendliche dabei, ihre Stärken wahrzunehmen und zu schätzen.

6   Der BRU befähigt die Auszubildenden durch seine ökumenische Ausrichtung und seine interreligiöse Perspektive zum Dialog. Er fördert die Fähigkeit zur beruflichen Zusammenarbeit in der globalisierten und multireligiösen Welt und die aktive Teilhabe am öffentlichen Leben der pluralen Gesellschaft.

7   Ebenso befähigt der BRU die Jugendlichen durch Reflexion und Kritik gesellschaftlicher und wirtschaftlicher Verflechtungen unter Einbeziehung biblisch-theologischer Kriterien, grundlegende Zusammenhänge zu verstehen und die Bedeutung individueller Werte im „System Wirtschaft" einzuschätzen.

3.   ARBEIT und Religion in der Mitte der Gesellschaft

8   Der BRU macht sensibel für ethische und religiöse Fragen im Berufsfeld. Kaufleute z.B. brauchen Wirtschaftsethik – und soziale Berufe in Pflege und Erziehung brauchen Menschen, die wissen, was ihnen und anderen im Leben Bestand gibt.

9   Der BRU fördert auf Grund des Unterrichts in der Gesamtlerngruppe das „Lernen in und aus Differenz" und befähigt zur Kommunikation, zum Dialog und zur Teilhabe am kirchlichen Leben in einer pluralen Welt.

10 In einer globalisierten Welt gilt es die Wahrnehmung des Lebens in der einen Welt zu fördern. Der BRU erinnert von seinen biblisch-theologischen Wurzeln her an die auf Gottes Barmherzigkeit beruhende Solidarität mit den Armen und mit der gesamten Schöpfung.

4.   ZUKUNFTSPERSPEKTIVEN – Forderungen an Wirtschaft, Politik, Kirche und Gesellschaft

11 Der BRU muss auch in Zukunft gesichert bleiben. Dazu sind verlässliche Rahmenbedingungen erforderlich, die sich nur im Zusammenwirken von Wirtschaft und Bildungspolitik erreichen lassen.

12 Der BRU und die berufsorientierte Religionspädagogik müssen sowohl in den Kirchenleitungen als auch in der kirchlichen Öffentlichkeit als zentrales Arbeitsfeld,

das die Kirchen nachhaltig inmitten der Gesellschaft verortet, wahrgenommen und gefördert werden.

13 Der BRU muss in seiner Stellung in der Schule weiter gestärkt werden: durch die Sicherstellung seines Umfangs in Stundentafeln und Bildungsplänen sowie durch die erforderlichen Fortbildungsangebote.

14 Vor dem Hintergrund der breiten Akzeptanz des BRU bei Auszubildenden und seines profilierten Beitrags zur Berufsbildung muss die Sicherung des Nachwuchses von BRU-Lehrkräften in den Fokus kirchlicher und staatlicher Anstrengungen rücken: Eigene Aufmerksamkeit erfordern die Ausbildungsmöglichkeiten für den BRU an Hochschulen, die durch attraktive Anstellungsmöglichkeiten unterstützt werden sollten.

Autorinnen und Autoren

Erzbischof Hans-Josef Becker, Erzbischof von Paderborn, Vorsitzender der Kommission VII (Erziehung und Schule) der Deutschen Bischofskonferenz sowie Mitglied der „Gemeinsamen Konferenz" von Deutscher Bischofskonferenz und Zentralkomitee der deutschen Katholiken.

Prof. Dr. Albert Biesinger, Leiter des Katholischen Instituts für berufsorientierte Religionspädagogik (KIBOR) und Professor für katholische Religionspädagogik an der Universität Tübingen.

Prof. Dr. Roland Biewald, Professor für evangelische Religionspädagogik an der Technischen Universität Dresden.

Dr. Matthias Gronover, OStR und stellv. Leiter des Katholischen Instituts für berufsorientierte Religionspädagogik (KIBOR).

Dr. Ferdinand Herget, wissenschaftlicher Referent am Religionspädagogischen Zentrum Bayern und Lehrbeauftragter an der Ludwig-Maximilians-Universität München.

Dr. Sadik Hassan, Lehrbeauftragter an der Evangelischen Hochschule Freiburg.

Simone Hiller, wissenschaftliche Mitarbeiterin am Katholischen Institut für berufsorientierte Religionspädagogik (KIBOR).

Sven Howoldt, StD, Religionslehrer und Fachberater in Freiburg.

Dr. Franz Kaiser, wissenschaftlicher Mitarbeiter und Projektleiter am Bundesinstitut für Berufsbildung, Bonn, Lehrbeauftragter für Wirtschaftspädagogik an der Wirtschaftswissenschaftlichen Fakultät der Universität Jena.

Prof. DDr. Klaus Kießling, Leiter des Instituts für Pastoralpsychologie und Spiritualität sowie des Seminars für Religionspädagogik, Katechetik und Didaktik an der Philosophisch-Theologischen Hochschule Sankt Georgen.

Dietmar Kokott, Vorstandsvorsitzender der Stiftung Wittenberg Zentrum für Globale Ethik, ehemals Senior Vice President der BASF-Gruppe.

Claudia Märkt, StD und wissenschaftliche Mitarbeiterin am Evangelischen Institut für Berufsorientierte Religionspädagogik (EIBOR).

Prof. Dr. Michael Meyer-Blanck, Direktor des Bonner evangelischen Instituts für berufsorientierte Religionspädagogik (bibor) und Professor für evangelische Religionspädagogik an der Universität Bonn.

Prof. Dr. Andreas Obermann, stellv. Direktor des Bonner evangelischen Instituts für berufsorientierte Religionspädagogik (bibor).

Dr. Viera Pirker, Studienleiterin am Pädagogischen Zentrum der Bistümer im Land Hessen.

Dr. Jürgen Rausch, Geschäftsführer des SAK (Sozialer Arbeitskreis) e.V. Lörrach.

Andrea Roth, StR, wissenschaftliche Mitarbeiterin am Lehrstuhl für evangelische Religionspädagogik der Friedrich-Alexander-Universität Erlangen-Nürnberg.

Joachim Ruopp, StR, Pfarrer, wissenschaftlicher Mitarbeiter und Geschäftsführer am Evangelischen Institut für Berufsorientierte Religionspädagogik (EIBOR).

Dr. Hanne Schnabel-Henke, OStR, wissenschaftliche Mitarbeiterin am Evangelischen Institut für Berufsorientierte Religionspädagogik (EIBOR).

Dr. h.c. mult. Nikolaus Schneider, Vorsitzender des Rates der EKD.

Prof. Dr. Friedrich Schweitzer, Professor für Praktische Theologie/Religionspädagogik an der Universität Tübingen, Leiter des Evangelischen Instituts für Berufsorientierte Religionspädagogik (EIBOR).

Prof. Dr. Wilhelm Schwendemann, Professor für Theologie, Religionspädagogik und Schulpädagogik an der Evangelischen Hochschule Freiburg.

Carolin Simon-Winter, Schulpfarrerin an der Theodor-Heuss Schule Offenbach.

Jan Völkel, StR, wissenschaftlicher Mitarbeiter am Bonner evangelischen Institut für berufsorientierte Religionspädagogik (bibor).

Dr. Georg Wagensommer M.A., wissenschaftlicher Mitarbeiter am Evangelischen Institut für Berufsorientierte Religionspädagogik (EIBOR).